KB123417

북한 사회통제체제의 기원

북한 사회통제체제의 기원

초판 1쇄 발행 2018년 11월 20일

지은이 | 정일영
펴낸이 | 윤관백
펴낸곳 | 도서출판 선인

등 록 | 제5-77호(1998.11.4)
주 소 | 서울시 마포구 마포대로 4다길 4(마포동 324-1) 곶마루 B/D 1층
전 화 | 02) 718-6252 / 6257
팩 스 | 02) 718-6253
E-mail | sunin72@chol.com

정가 25,000원
ISBN 979-11-6068-226-7 93300

· 잘못된 책은 바꿔 드립니다.
· www.suninbook.com

* 이 도서는 한국출판문화산업진흥원 2018년 우수출판콘텐츠
제작 지원 사업 선정작입니다.

북한 사회통제체제의 기원

정일영 지음

책을 펴내며

어린 시절, 필자가 다니던 독서실 옥상에 작은 반상이 있었다. 그 반상에 누워 하늘의 별을 바라보는 것이 그 시절의 소소한 행복이었다. 저 별 어딘가에 외계인이 살고 있겠지? 우리와 다른 모습으로, 아마도 그들은 텔레파시로 대화할 거야… 그렇게 한 때는 우주인이 나의 꿈이었고 천문학과를 지망하기도 했다.

우주인을 꿈꾸던 필자가 정말 어울리지 않게 북한연구에 빠져든 것은 아마도 북한의 그 신비로움이 나의 호기심을 자극했기 때문일 것이다. 나에게 북한은 어린 시절 반상에 누워 바라보던 밤하늘의 별처럼 미지의 세계였다.

2005년 처음 북한을 방문했던 기억을 지금도 잊을 수 없다. 다른 곳도 아닌 평양이었다. 1990년대 중반 고난의 행군이 가져다준 고통이 채 아물지 않았던 시절이었다. 비행기가 순안공항에 닿기도 전에 나의 오감은 사방으로 레이더를 가동해 데이터를 수집해 갔다. 버스 안에서, 도로 위에서,

공연을 보는 도중에도 필자는 우리가 방문한 목적을 잊은 채 북한의 사회, 그 속에서 살아가는 사람들의 표정을 읽기 위해 집중했다. 아무 일 없는 듯 횡단보도를 걷는 인민복의 아저씨, 손주뻘 되는 아이들과 버스정류장에 앉아 있는 할머니, 그리고 평양단고기집 앞 잔디밭을 뛰어놀던 그 소녀들까지, 난 그들이 조작된 사회의 허수아비로 내 앞에 서 있는 것이 아닐까 끊임없이 의심하고 경계했다.

사람들이 많이 굶어 죽었다고 했다. 탈북자들이 중국으로, 한국으로 몰려들던 시절이었다. 그렇게 평양은 아무 일 없는 듯, 아니 아무 일 없는 것처럼 무거운 어둠 속에 평온해 보였다. 도대체 이 사회는 어떻게 돌아가는 것일까? 이 조금은 거친 질문에서 필자의 연구가 시작되었다. 그렇게 필자는 북한 사회통제체제의 기원을 찾아갔고 한국전쟁에 빠져들었다.

북한을 '안다'는 것은 학문적으로 매우 어려운 일이다. 북한을 방문할 수도, 그들의 자료를 마음대로 볼 수도 없다. 하지만 주변을 돌아보면 대한민국 국민은 모두 북한 전문가다. 그들은 북한 문제에 관해 확고한 어떤 주장을 가지고 있다. 그만큼 북한은 미지의 세계이자 우리의 일상을 떠나지 않는 만인의 연구주제이다.

다시 질문해 보자. 우리는 북한을 '제대로' 알고 있는가? 아쉽게도 우리가 살아가는 현실에서 북한은 하나이나, 그 해석은 늘 둘 이상으로 나뉘어 논쟁이 지속되어 왔다. 북한은 연구의 대상이자 우리 사회를 가르는 균열점으로 존재해 왔다. 이것이 북한 연구가 갖는 장점이자, 가장 큰 약점이다.

최근 학계는 북한의 현재에 매몰되어 있다. 과거로부터 현재를 해석하는 노력이 위축되고 있다. 필자는 과거로부터 북한을 다시 한번 돌아볼 것을 제안한다. 현재의 모습만으로 북한을 이해하려는 것은 학문적으로도,

정책적으로도 한계에 부딪히게 된다. 북한이란 연구대상은 그만큼 일반으로부터 벗어난 이례에 가깝기 때문이다.

이 책은 필자의 고민이 켜켜이 쌓여 만들어진 성균관대 박사학위논문 「북한의 사회통제체제 형성, 1945~1961: 규범 · 동의 · 재사회화」를 좀 더 다듬고 보완한 결과물이다. 부족한 나에게 가르침을 주신 선생님들과 동학들, 그리고 후배님들이 없었다면 이 책이 세상에 나오는 일은 없었을 것이다.

지면으로나마 그분들의 이름을 남깁니다.

먼저, 저의 짧지 않은 공부를 지도해주신 배재대학교 임유진 교수님, 충북대학교 김도태 교수님, 서강대학교 김영수 교수님, 그리고 성균관대학교 마인섭 교수님께 감사드립니다. 학자로서, 한 인간으로서 성장할 수 있도록 정성을 다해주신 선생님의 가르침이 없었다면 저는 아마도 이 긴 여정을 마치지 못했을 것입니다. 다시 한번 진심으로 감사드립니다. 또한, 논문을 심사해주신 이희옥 교수님, 조원빈 교수님, 졸업 후에도 연구를 독려해주신 유석진 교수님, 이근욱 교수님께도 감사의 말씀을 드립니다.

저의 좁은 시각을 넓혀주시고 한반도를 보는 지혜를 가르쳐주신 한반도평화포럼의 세 분 어른, 임동원 장관님과 백낙청 교수님, 정세현 장관님, 그리고 이종석 장관님께 감사드립니다. 늘 평화포럼과 함께했던 시간을 잊지 않고 있습니다. 그리고 작은 인연으로 만나 마음의 스승이 되어주신 박명서 선생님과 박종철 박사님, 조유현 교수님, 조봉현 박사님, 힘들 때 제게 내밀어주신 선생님의 따뜻한 손을 앞으로도 꼭 잡고 가겠습니다.

석사학위를 마치고 겁 없이 들어간 국회에서 통일정책을 경험할 수 있도록 이끌어 주신 최재천 의원님과 이미경 의원님 감사합니다. 우리 538식구들, 김기봉 보좌관님, 박영민 선배님, 유승준 보좌관님, 정창수 소장님, 백현석 선배님, 루이사, 법선비, 민선, 함께 울고 웃었던 그 시간이 늘 그립습니다.

성균관대 호암관 연구실에서 밤을 낮 삼아, 낮을 밤 삼아 함께 공부하며 서로에게 힘이 되어준 오상택 박사와 박성진 박사에게 따뜻한 인사를 드립니다. 그리고 늘 부족한 후배를 걱정해 주셨던 성균관대 차문석 선배님, 박영자 선배님, 서강대 최용환 선배님, 김정호 선배님. 함께 새로운 도전을 시작한 박신홍 박사님, 지우효 박사님, 황태연 박사님, 김상훈 박사님, 문인철 박사님, 조영주 박사님, 김종원 박사님, 김보미 박사님. 나의 자랑스런 후배 관용, 은지, 성숙, 인정, 모두 감사합니다.

작은 독서모임으로 시작해 이제는 없어서는 안 될 가족이 되어버린 우리 통일미래아카데미 식구들, 정대진, 조진희, 토모 모리, 강우철, 윤인주, 정유석, 최순미, 박일수, 김혁, 황주희, 노현종, 황소희, 윤세라, 이혜선, 임소라, 모두 사랑합니다. 그리고 우리 토마스회와 고사모 식구들, 나의 소중한 친구 이점호 박사에게도 특별히 고마움을 전합니다.

천주교 서울대교구 평화나눔연구소 정세덕 신부님, 최진우 소장님, 성기영 박사님, 통일경제연구회 강호인 장관님, 이재술 회장님, 통일연구원 김연철 원장님과 임강택 박사님, 김수암 박사님, 한반도개발협력네트워크 이상만 이사장님, 북한개발연구소 김병욱 소장님과 김영희 박사님, 북한연구학회 조성렬 회장님, 이우영 회장님, 김석향 회장님, 김병로 회장님, 늘 후학을 걱정해 주셨던 선생님들의 성함을 모두 담아드리지 못해 죄송합니다. 선생님들께서 지켜봐 주시고 염려해주신 덕분에 부족하지만 작은 결과물을 만들 수 있었습니다.

새로운 도전을 함께하고 있는 IBK기업은행 북한경제연구센터 이상엽 팀장님, 송재국 박사, 조현성 과장, 이희진 대리, 앞으로도 서로에게 힘이 되었으면 좋겠습니다. IBK경제연구소 장민영 소장님과 모든 연구소 식구들에게도 따듯한 감사의 인사를 드립니다.

이 책의 출판을 기꺼이 맡아주신 도서출판 선인의 윤관백 대표님, 원고 수정과 편집 과정에서 배려해주시고 궂은일을 도맡아 주신 선인 편집팀 분들께 죄송함과 감사의 말씀을 전합니다. 또한, 부족한 연구결과를 '우수출판콘텐츠'로 선정해주신 한국출판문화산업진흥원과 심사위원님들께 감사드립니다.

마지막으로, 기쁠 때도, 슬플 때도, 멀리 타국에 떨어져 있을 때도, 흔들림 없이 저를 믿어주시고 아낌없는 사랑으로 감싸 주신 아버님과 어머님, 고모님, 그리고 누님께 이 책을 드립니다.

2018년 11월
책과 음악과 커피 향에 빠져,
정일영 드림

차 례

서론 북한은 왜?

우리는 북한을 있는 그대로 이해하고 있는가? 가장 가까운 곳, 같은 언어를 사용하며 한민족임을 끊임없이 강조하고 통일을 기약하는 대상 북한, 아니 조선민주주의인민공화국을 우리는 얼마나 제대로 이해하고 있는가? 우리 사회에서 회자되고 있는 북한에 대한 해석은 언뜻 서로 다른 나라를 설명하는 듯한 착각마저 일으킨다. 어쩌면 우리는 그들을 흐릿한 유리창 너머의 대상으로 남겨두고 각자의 시각에 따라 해석하고 있는 것은 아닐까?

북한은 우리에게 가장 중요한 연구대상이자 가장 어려운 주제이다. 사회과학자로서 북한을 연구하는 것은 부서진 과자부스러기를 맞춰 온전한 모양을 찾는 것과 같다. 현장을 조사할 수 없는 지역 연구란 그 자체로 한계에 부딪히고 만다. 이런 이유로 북한을 연구하는 것이 과학적이지 못하다는 비판은 뼈아프지만, 그 자체로 북한연구의 현실을 반영한 지적이다.

북한은 대한민국이라는 국가와 사회, 그리고 개인의 삶에 가장 많은 영향을 끼쳐 왔으며 앞으로도 그럴 것이다. 북한연구가 갖는 현실적 한계를 이유로 북한이라는 흩어져 있는 모자이크의 끝자락만을 완성하는 데 만족

할 수는 없다. 우리는 북한을 이해하기 위해 끊임없이 질문해야 하고 그 질문에 대한 답을 찾기 위해 노력해야 한다. 특히 북한의 현재와 미래를 이해하기 위해 그들의 역사를 끈질기게 추적해야 한다.

필자가 이 책에서 던지는 질문은 우리가 늘 궁금해하던 원초적인 질문과 맞닿아 있다. 장기간 지속된 국가의 위기상황 속에서 북한 사회가 안정적으로 통제되고 있는 이유는 무엇인가? 1990년대 중반 '고난의 행군'으로 명명된 경제위기는 식량난에 따른 대량 아사와 탈북으로 이어졌고 엄청난 사회적 혼란을 야기했다. 그러나 당시 북한에서 어떠한 소요사태나 집단적 저항도 확인된 바 없다. 배급제도가 붕괴되면서 약 200만으로 추정되는 아사자가 발생했음에도 불구하고 북한주민이 저항하지 않은 이유는 무엇인가?

필자는 이와 같은 질문에 답하기 위해 북한의 역사적 특수성, 즉 해방 이후 한국전쟁을 거치며 북한에 형성된 사회통제체제의 기원에 관심을 갖게 되었다. 이 책은 그 결과물로서 작성된 필자의 박사학위논문 「북한의 사회통제체제 형성, 1945~1961: 규범 · 동의 · 재사회화」를 기초로 추가적인 연구를 통해 완성된 것이다.

필자는 북한 사회가 여타의 사회구성체와 다른 형태로 통제되고 있음을 주장한다. 북한은 마치 판옵티콘(panopticon)과 같은 사회통제체제를 구축하였다. 북한의 사회통제체제가 갖는 차별성은 일정한 역사적 과정, 즉 일련의 충격적이면서도 아이러니한 사건들의 시간적 나열과 중첩, 그리고 이들 상호 간의 인과관계 속에 구성된 결과이다. 우리는 이 역사적 시계의 중심에서 한국전쟁을 발견하게 될 것이다. 이 책은 해방 이후 한국전쟁을 경과하며 북한의 사회통제 양식에 나타난 독특한 굴절의 역사적 인과관계를 추적하고 그 결과로 성립된 사회통제체제가 어떤 특징을 갖는지 밝히고자 한다.

사회통제(Social Control)란 일반적으로 '하나의 집단이나 사회가 공동체의 규범적 기대에 구성원들이 순응하게 만드는 수단과 과정들'로 정의된다.[1] 사회통제는 개인의 자기통제에서 행위자와 집단 상호 간, 그리고 국가의 통제에 이르기까지 다양한 수준에서 물리적 강제와 회유, 그리고 동화 등의 형태로 나타난다. 결국, 사회통제는 하나의 조직이 구성원을 규제함으로써 질서를 유지하고 변화하는 과정을 설명하는 개념이라 할 수 있다.

이 책에서는 사회통제의 개념을 '사회통제체제'로 확대해 재구성하였다. 여기서 사회통제체제는 규범과 동의, 그리고 재사회화로 구성되며 이들의 상호작용을 통해 재생산된다.

첫째, 사회통제체제에서 규범은 권력자 혹은 권력집단이 구성원을 통제하는 준거이다. 사회통제는 구성원으로 하여금 사회규범에 따라 행위하도록 통제하는 모든 과정과 절차를 의미한다.[2] 이런 의미에서 규범은 사회통제체제의 성격을 규정하는 가장 중요한 구성요소이다.[3] 일반적으로 규범은 하나의 공동체가 탄생하는 과정에서 형성되지만, 통제자(집단)와 구성원의 상호작용을 통해, 혹은 특정 사건을 계기로 변화하기도 한다.

둘째, 동의는 사회통제체제의 안정적인 운용을 위한 절차라 할 수 있다. 사회통제는 기본적으로 공동체의 질서를 유지시키기 위해 존재한다.[4] 어떤 형태의 조직이건 규범에 대한 사회적 동의기반이 취약할 때 구성원의 저항에 부딪히게 된다. 또한 국가가 사회규범에 준거해 구성원을 통제하더라도 동의의 과정이 자발적인지 혹은 억압적인지에 따라 사회통제의 정당

---

1) Stanley Cohen and Andrew Scull "Introduction: Social Control in History and Sociology," in Stanley Cohen and Andrew Scull(eds.), *Social Control and State*(New York: St. Martin's Press, 1983), p.6.

2) Ronald M. Berndt, *Excess and Restraint*(Chicago: University of Chicago Press, 1962), p.11.

3) Jack P. Gibbs, "Law as a Means of Social Control," in Jack P. Gibbs(eds.), *Social Control: Views from the Social Sciences*(London: Sage Publications, 1982), p.84.

4) Gibbs(1982), pp.9-11.

성은 강화되거나 반대로 약화될 수 있다. 이와 같이 동의는 사회통제체제의 안정적인 운용을 뒷받침한다.

셋째, 재사회화는 사회통제체제의 궁극적인 목적이라 할 수 있다. 사회통제는 구성원의 일탈행위에 대한 제재를 기본으로 한다.[5] 이들이 재사회화의 과정을 통해 조직의 구성원으로 재편입됨으로써 사회통제체제는 안정적으로 운용될 수 있다. 조직에 저항하는 구성원이 조직을 이탈하지 않는 한 일탈자들을 조직과 영원히 분리시킬 수는 없기 때문이다. 이런 의미에서 일탈자에 대한 재사회화는 사회통제체제의 재생산 기제라 할 수 있다.

앞서 언급한 바와 같이 북한의 사회통제체제는 한국전쟁을 경과하며 그 독특한 성격이 형성되었다. 그렇다면 전쟁은 어떠한 특성을 갖는가? 일반적으로 전쟁은 적을 굴복시켜 자신의 의지를 강요하기 위해 사용되는 폭력행위를 말한다.[6] 전쟁은 폭력수단과 전쟁 준비의 부산물들, 즉 법정, 재무부, 조세제도, 지방행정 등을 발전시킴으로써 근대 국민국가의 탄생을 촉진 시켰다.[7] 전쟁은 적과의 물리적 충돌이라는 전시의 특수성으로 인해 국가의 억압적 사회통제를 가능하게 한다. 전쟁의 일반적 성격이 사회통제체제의 형성과 직접적인 상관관계를 형성한다고 단정하기는 어렵다. 다만 전쟁의 발발과 전개, 그리고 종결의 형태로부터 사회통제체제의 성격이 형성 혹은 변화되는 과정을 분석할 수 있다.

필자는 전쟁이 갖는 일반적 특성이 북한의 사회통제체제를 주조했다는 해석을 넘어, '한국전쟁'이란 역사적 사건이 다른 여타의 국가에서 나타나는 사회통제의 특성과 다른 북한만의 독특한 사회통제체제를 형성했다고

5) Stanley Cohen, *Deviance and Control*(Englewood Cliffs, N.J.: Prentice-Hall, 1966).

6) Carl Von Clausewitz, *On war*(Harmondsworth: Penguin, 1981), p.101.

7) Charles Tilly, *Coercion, Capital, and European States*(Cambridge, Mass: B. Blackwell, 1992), pp.70-75.

주장한다. 해방 이후 북한에서 진행된 소련군의 진주와 '민주개혁', 그리고 국가의 건설 등 역사적 사건들은 각각의 사건이 발생한 시점과 순서에 따라 북한 사회의 변화에 일정한 영향을 주었다. 한국전쟁은 이와 같은 역사적 과정이 응축된 사건이며 전후 북한에서 형성된 사회통제체제는 그 결과라 할 수 있다.

북한은 1950년 6월 28일 서울을 점령하고 9월 중순 낙동강 전선까지 진격하였으나 9월 15일 UN연합군의 인천상륙작전이 성공하면서 전선은 다시 북상하였다. 조선인민군은 북·중 국경선까지 후퇴하며 패전의 위기에 직면했으나 11월 27일 중국인민지원군의 참전으로 UN연합군과 한국군이 후퇴하면서 전선은 다시 남하하게 된다. 조·중연합군은 12월 26일 38선을 재차 돌파해 1951년 1월 서울을 재점령하였으나 UN연합군이 반격하며 2월 11일 서울을 재탈환하였다.

불과 7개월여의 짧은 기간에 점령과 피점령의 상황이 교차하면서 인민들의 동조와 저항, 그리고 탈출이 발생하였고 그에 따른 보복과 국가의 처벌이 뒤따랐다. 피점령기 UN연합군과 한국군의 점령정책에 동조한 인민들은 연합군이 후퇴하면서 함께 월남하거나 북한에 남아 군중심판에 처해졌다. 이와 같은 점령과 피점령의 상황은 남북한 각각의 체제통합의 정도와 상대방과의 체제 이질성 정도가 상호 비례적으로 높아지는 결과를 가져왔다. 결과적으로 전선의 이동은 북한체제 내 이질적 요소를 제거하고 억압적 통제체제를 강화하는 역사적 조건이 된 것이다. 특히 피점령의 상황은 피점령지를 회복한 북한이 사회구성원을 적(敵)과 아(我)로 구분하는 준거가 되었다.

이 책은 해방 이후 북한에서 사회통제체제가 형성되는 과정을 크게 세 시기, 즉 해방 이후의 국가건설기(1945~1950), 한국전쟁기(1950~1953), 그리고 국가재건기(1953~1961)로 나누어 분석하였다.

첫 번째로, 해방 이후 국가건설기(1945~1950)에 북한은 소련군의 점령 정책에 따라 '민주개혁'을 이행함으로써 '인민민주주의' 체제를 구축하였다. 1) 해방 이후 북한에서 진행된 토지개혁 등 민주개혁은 일제 식민지 정책과 봉건제로부터 억압받은 농민과 노동자, 여성이 국가의 새로운 주체라는 '인민민주주의' 규범을 정착시켰다. 2) 지주–소작제로 억압받던 대다수 농민이 토지개혁을 통해 자작농으로 전환됨에 따라 새로운 사회세력으로 등장한 반면, 해방 이전까지 북한지역을 지배하던 지주계급과 친일세력 등 구지배층은 정치 · 경제적 토대를 상실하고 남한으로 이탈하였다. 결과적으로 북한에서 조선로동당–북민전–인민위원회의 사회동의구조가 형성되었다. 3) 해방 이후 북한에서 일탈행위에 대한 처벌은 기본적으로 일본제국주의 잔재와 봉건제도의 청산이라는 반제 · 반봉건 조치의 연장선상에서 집행됐다. 국가건설과 함께 제정된 형법은 반제 · 반봉건 조치를 법규화하고 '인민민주주의' 규범에 기반한 재사회화를 이행하는 기제로 활용되었다.

두 번째로, 한국전쟁(1950~1953)은 북한에서 전시통제체제의 수립을 가져왔다. 1) 한국전쟁 이후 발생한 전시파괴와 집단학살은 반미의 저항의식이 전 사회로 확장되는 결과를 가져왔다. 북한은 한국전쟁을 미제국주의의 침략에 맞선 투쟁으로 신화화하였다. 결국, 전쟁 초기의 역동적 전개 이후, '반미'의 저항의식에 편승 한 전시애국주의 규범이 일상화된다. 2) 김일성은 전시 후퇴와 피점령의 상황에서 당과 국가기관의 무질서와 무규율을 비판하고 이를 경쟁세력을 숙청하는 기회로 삼았다. 또한 피점령기 이완된 사회체제를 재정비하는 과정에서 전시체제의 효율성을 강화한다는 이유로 정치적 지도, 즉 당의 통제가 전 사회로 확장된다. 3) 한국전쟁은 역동적인 전선의 이동과 함께 국가로부터 구성원의 이탈을 가능하게 하였다. 또한 UN연합군의 점령정책에 동조한 구성원은 그에 따른 보복적 처벌을 받게 된다. 인민재판과 군중심판의 형식으로 진행된 처벌은 사회적 낙인으로 남게 되었고 여타 구성원에게 '교육'의 사례로 재인식되었다.

세 번째로, 전후 한반도에서 휴전체제가 성립함에 따라 북한에서 전시체제의 특성이 내재된 '전시사회주의' 체제가 성립되었다. 1) 한반도 분단구조에서 북한은 항일무장투쟁을 성역화하고 사회주의적 집단주의를 강화함으로써 '사회주의적 애국주의' 규범을 정착시켜 나갔다. 전후 수직적인 통제와 수평적으로 단절된 사회구조 속에서 원자화된 개인은 자기통제의 행위규범을 일상화하게 된다. 2) 전후 8월 종파사건을 통해 단일지도체계를 구축한 김일성은 빨치산 세력이 장악한 당과 전쟁을 통해 양산된 무의식적 충성계층으로 연결되는 억압적 동의구조를 구축하였다. 최고지도자－조선로동당－무의식적 충성계층으로 이어지는 동의구조는 전후 휴전체제하에서 사회적 동의를 왜곡하고 '전시사회주의' 체제를 재생산하는 결과를 가져왔다. 3) 8월 종파사건을 통해 엘리트층 내부의 숙청을 마무리한 김일성은 1958년 중앙당 집중지도사업을 통해 전 사회적 숙청을 단행하였다. 전시행위에 준거해 저항적 요소(적대계층)로 분류된 구성원은 사회적 처벌(강제이주, 사형과 구속, 노동교화)을 받게 되었으며 인민들은 일상적 처벌과 감시, 동원을 통해 재사회화되었다.

이 책은 1945년 8월의 해방으로부터 1961년 제4차 당 대회까지를 연구범위로 한다. 1961년 제4차 당 대회는 1956년 8월 발생한 종파사건을 정리하고 김일성과 빨치산 세력이 당을 장악한 승리자의 대회로 알려져 있다.[8] 이 시기는 또한 전후 지속된 사회주의적 개조와 사회조사사업을 통한 사회계층의 재편이 마무리되면서 사회통제체제의 성격이 구체화된 시기이다.

8) 서동만은 그의 저서에서 북조선사회주의체제가 1961년 제4차 당 대회를 전후하여 확립되었음을 주장하고 있다. 서동만, 『북조선사회주의체제성립사』(서울: 선인, 2005), 30쪽.

북한연구에서 '자료의 문제'는 끊임없이 제기되어 왔다. 가장 큰 문제점은 자료의 부족과 신빙성에 관한 지적이다. 무엇보다도 자료원이 매우 부족하다. 지역 연구의 특성상 현지조사는 매우 중요한 부분을 차지함에도 불구하고 북한연구는 현지조사 없이 연구를 수행해야 한다. 또한, 북한 당국이 공식적으로 발행한 문헌과 통계 중 상당 부분이 수정되었거나 조작되었다는 지적이 꾸준히 제기되어 왔다. 이런 이유로 자료 문제의 해결은 북한연구를 해석, 평가하는 데 있어 중요한 기준이 되어 왔다. 이 책은 이러한 문제 제기를 수용하며 가능한 가장 신뢰할 수 있는 자료를 활용하고자 노력하였다.

이 책이 한국전쟁을 전후한 역사적 시간을 연구범위로 하는 만큼 역사적 사실에 대한 오해 없는 발굴과 증명이 필수적이다. 북한의 자료는 사건의 발생으로부터 시간적 거리가 멀어질수록 기록자들(chroniclers)에 의한 왜곡이 심화되어 왔기 때문이다.[9] 이런 점에서 한국전쟁 당시 미군이 노획한 문서들이 다량 존재한다는 점은 다행스러운 일이다.

이 책은 미군의 국립문서기록관리청(National Archives and Record Administraion, NARA)에 보관되어 있던 한국전쟁 당시 노획문서를 공간한 국사편찬위원회의 『북한관계사료집』[10]과 『남북한관계사료집』[11], 한국전쟁 전후 소련의 비밀해제 문서[12], 그리고 미 국무부의 『Foreign Relations of the United States(FRUS)』[13] 등을 1차 자료로 활용하였다. 추가적으로,

---

9) 사회적 행동의 역사적 결정요인 중 하나는 연대기 기록자들(chroniclers)로서, 이들은 기록하고자 하는 특정한 사건을 다양한 사건들 가운데 선택함으로써 역사적 왜곡을 가져올 뿐만 아니라 사회적 행동에 영향을 미치게 된다. B. 진 밀러 · 윤혜미, 『사회적 행동과 인관환경』(서울: 한울, 1995), 113-114쪽.

10) 국사편찬위원회(편), 『북한관계사료집』(과천: 국사편찬위원회, 1982~1998).

11) 국사편찬위원회(편), 『남북한관계사료집』(과천: 국사편찬위원회, 1995).

12) 국사편찬위원회(편역), 『한국전쟁, 문서와 자료, 1950년~53년』(과천: 국사편찬위원회, 2006).

한국전쟁과 관련한 연대기적 역사서로 한국에서 발행된 『한국전쟁사』[14], 『한국전란 일년지』[15], 『6 · 25전쟁사: 전쟁의 배경과 원인』[16], 그리고 『한국산업경제십년사: 1945~1955』[17], 『조선경제연보』[18] 등을 참고하였다. 또한, 북한에서 출간된 『조선전사』[19], 『조선통사』[20], 『해방후 10년 일지』[21] 등을 참고하여 역사적 사실관계를 보완하였다.

이상 한국전쟁 전후의 역사서와 함께 김일성의 주요 저술 중 『김일성선집』[22]과 조선로동당 중앙위원회 기관지인 『노동신문』, 『인민』, 그리고 『근로자』 등 해당 시기 가장 신뢰도가 높은 자료를 활용하였다. 또한, 매년 북한이 발간하고 있는 『조선중앙년감』[23] 중 학술적 가치가 있는 1949년부터 1953년도판을 분석하였으며 북한의 사회통제체제와 관련된 법제자료도 유의미한 자료원으로 활용하였다.

한국전쟁과 관련한 연구는, 전후 현재까지의 시간적 경과로 인해 전쟁 당시 구성원의 증언을 직접 발굴하기 어려운 한계가 존재한다. 이와 같

13) U.S. Department of State, *Foreign Relations of the United States(FRUS)*, 1950, Vol.VII; Korea(Washington, D.C.: United States Government Printing Office, 1976)

14) 대한민국 국방부 전사편찬위원회(편), 『한국전쟁사』(서울: 대한민국 국방부, 1970~1972).

15) 대한민국 국방부 전사편찬위원회(편), 『한국전란 일년지』(서울: 대한민국 국방부, 1951).

16) 국방부 군사편찬연구소, 『6 · 25전쟁사: 전쟁의 배경과 원인』(서울: 국방부군사편찬연구소, 2004).

17) 한국산업은행조사부, 『한국산업경제십년사: 1945~1955』(서울: 한국산업은행조사부, 1955).

18) 조선은행조사부, 『조선경제연보』(서울: 조선은행조사부, 1948).

19) 사회과학원 역사연구소, 『조선전사』(평양: 과학, 백과사전출판사, 1981).

20) 과학원 역사연구소(편), 『조선통사(하)』 1958년판(서울: 오월출판사, 1988).

21) 조선중앙통신사(편), 『해방후 10년 일지』(평양: 조선중앙통신사, 1955).

22) 김일성 문헌 중에서 가장 신빙성이 있는 모음집은 해방 후부터 1953년까지는 『김일성선집 초판』, 1954~1959년까지는 『김일성선집 재판』, 그리고 1961~1992년까지는 『김일성 저작선집』이라고 할 수 있다. 지금까지 출판된 김일성 문헌집 중에서는 『김일성 저작선집』이 가장 조리 있게 정리된 문헌집이라 할 수 있다[김용복, 「북한자료 읽기」, 박재규(편), 『새로운 북한 읽기를 위하여』(서울: 법문사, 2009), 44-45쪽].

23) 조선중앙통신사(편), 『조선중앙년감 1949~53』(평양: 조선민보사, 1949~1953).

은 한계를 최소한으로 극복하기 위해 한국전쟁 당시를 증언한 기존 자료들을 활용하였다.[24] 또한, 한국전쟁 전후 북한에 대한 국제적 시각을 참고하기 위해 한국전쟁과 관련하여 수많은 자료를 분석하고 정리한 브루스 커밍스(Bruce Cumings)[25], 와다 하루키(和田春樹)[26], 그리고 안드레이 란코프(Andrei Lankov)[27] 등의 연구 성과를 참고하였다.

최근 북한의 변화는 우리를 혼란스럽게 한다. 북한의 핵 개발과 장거리 미사일 발사로 촉발된 국제사회의 경제제재는 북한을 점점 옥죄고 있지만, 김정은 체제는 여전히 건재함을 과시하고 있다. 반면 북한 사회의 시장화가 확산되고 사회통제의 이완 현상 또한 지속적으로 목격되고 있다. 우리는 북한의 현재를 어떻게 해석할 것인가? 그리고 그들의 미래는 어떠할 것인가? 필자는 북한의 현재와 미래를 이해하기 위해 과거로의 여행을 독자들에게 제안한다. 이제 2차 세계대전이 종결되고 해방의 기쁨으로 가득했을 조선으로 돌아가 보자.

24) 한국전쟁 관련 증언자료로는 국방부 군사편찬연구소(편), 『6 · 25전쟁 참전자 증언록』(서울: 국방부 군사편찬연구소, 2003), 한국정신문화연구원 한민족문화연구소(편), 『내가 겪은 해방과 분단』(서울: 선인, 2001), 김진계, 『조국 上』(서울: 현장문학사, 1990) 등을 활용하였다.

25) Bruce Cumings, *The Korean War: A History*(New York: Modern Library, 2010); 브루스 커밍스 · 존 할리데이, 차성수 · 양동주(역), 『한국전쟁의 전개과정』(서울: 태암, 1989); 브루스 커밍스, 김자동(역), 『한국전쟁의 기원』(서울: 일월서각, 1986a); 브루스 커밍스, 김주환(역), 『한국전쟁의 기원 하: 해방과 단정의 수립: 1945~1947』(서울: 청사, 1986b).

26) 와다 하루키, 서동만 · 남기정(역), 『북조선』(서울: 돌베개, 2002).

27) 안드레이 란코프, 김광린(역), 『소련의 자료로 본 북한 현대정치사』(서울: 오름, 1995).

1부 〉

국가건설(1945~1950)

'인민민주주의' 체제의 성립

1장 해방

‘민주개혁’과 사회계층의 재편

36년, 일본 제국주의의 식민지배를 이겨내고 해방을 맞은 조선은 설레임으로 가득했을 것이다. 독립투사들이 만주의 벌판과 조선의 어느 이름 모를 곳에서 매일 꿈꾸었을 해방이 아닌가.

해방은 일본 제국주의 식민지배로부터 한민족의 주권 회복을 의미했다. 그러나 해방은 2차 세계대전에서 승리한 강대국들에 의해 조선 인민들이 예상하지 못한 방향으로 전개되었다. 그렇게 미국과 소련의 한반도 분할점령은 한반도 분단의 시발점이 되었다. 해방 이후 한반도 북반부에 등장한 사회주의 세력은 빠르게 북한지역을 장악해 갔으며 토지개혁과 산업국유화를 통해 사회계층을 새롭게 구성해 나갔다. 남한지역과 달리 북한에서 이와 같은 사회계층의 재편이 빠르게 진행된 이유는 무엇인가?

한반도 북반부에 진주한 소련군은 반일적인 민주주의 정당과 단체가 광범위하게 연합한 형태의 ‘부르주아민주주의정권’을 건설하고자 했다. 소련의 지원 아래 북한지역에서 정치권력을 장악한 김일성과 사회주의 세력은 일제 식민지배의 잔재와 봉건제도를 타파하는 한편 구지배층의 정치 · 경제적 기반을 무력화시킨 '민주개혁' 조치들을 단행하였다. 반제 · 반봉건 조치로 정치 · 경제적 기반을 잃은 구지배층은 결국 38선 이남으로 '이탈'을 선택한 반면 개혁조치의 혜택을 입은 농민과 노동자들은 북한 사회의 새로운 핵심계층으로 부상하게 된다. 이 장에서는 해방과 함께 북한에서 단행된 '민주개혁' 조치가 북한 사회를 어떻게 변화시켰는지 알아보고 그 결과로 형성된 '인민민주주의' 체제를 조망해 본다.

1. 소련의 진주: 사회주의 세력의 등장

한반도 북반부에 진주한 소련군은 일본군을 무장해제하고 각 단위, 지역에서 결성된 인민위원회에 행정과 치안업무를 이양하였다. 이 과정에서 소련은 사회주의 세력을 중심으로 각 단위 인민위원회를 구성하고 김일성을 중심으로 이들이 권력을 장악할 수 있도록 후원하였다.[1] 소련의 후원하에 건설된 임시인민위원회와 각 단위, 지역의 인민위원회는 해방 이후 북한에서 '민주개혁' 조치를 이행하는 핵심단위가 된다.

1) 미 · 소의 한반도 분할점령

2차 세계대전의 종결과 함께 미국과 소련이 38선을 기준으로 남북을 분할 점령함에 따라 남북의 정치 상황은 이들 강대국의 점령정책에 크게 의존하게 된다. 전쟁이 진행 중이던 1943년 11월 22일부터 미국의 루스벨트

1) 서동만(2005), 59-60쪽.

(Franklin Roosevelt) 대통령과 영국의 처칠(Winston Churchill) 수상, 중화민국(中華民國)의 장개석(蔣介石) 총통이 참가한 가운데 이집트에서 진행된 카이로 회담은 한반도 문제와 관련하여 "일본을 제1차 세계대전 발발 후 점령한 태평양상의 모든 도서, 중국으로부터 탈취한 모든 영토와 강압적으로 탈취한 그 밖의 영토로부터 추방한다. … 한국은 한국인이 처해 있는 노예 상태에 유의하여 적당한 시기에 자유롭고 독립된 국가"가 되도록 한다고 선언하였다. 이후 소련의 스탈린(Joseph Stalin)이 테헤란에 초청되고 카이로 선언의 원칙에 동의함으로써 이 선언의 관련 조항이 전후 한국 문제 처리의 기본 전제가 되었다. 일본의 패전이 임박한 1945년 2월 4일 미국, 영국, 소련의 수뇌들이 소련의 크림반도에 있는 얄타에서 회합하고 비밀협상을 진행하였다. 이 회담에서 루스벨트 대통령과 스탈린 수상은 한반도에서 미 · 소 · 영 · 중 4개국에 의한 신탁통치를 실시하되 신탁통치 기간 중 외국군은 주둔시키지 않기로 잠정 합의하게 된다.[2)]

당시 루즈벨트 대통령이 필리핀의 사례를 들어 한반도에서 20~30년의 신탁통치가 필요하다는 의견을 제시하였고 스탈린은 그 기간이 짧을수록 좋다는 의견을 내놓았던 것으로 알려졌다.[3)] 이러한 합의는 전후 모스크바 삼상회의에서 만들어진 신탁통치안의 기초가 되었다.

1945년 8월 15일 일본의 항복과 함께 미국과 소련은 38선을 기준으로 한반도 분할점령에 합의하였다. 연합군이 작성한 「일반명령 제1호」는 북위 38도선 이북 내의 일본군 선임지휘관과 모든 지상군 · 해군 · 공군 및 보조부대는 소련 극동군사령관에게 항복하고, 북위 38도선 이남의 모든 지상군 · 해군 · 공군 및 보조부대는 미국 태평양 육군사령관에게 항복할 것을

2) 양영조, 『韓國戰爭 以前 38度線 衝突』(서울: 국방군사연구소, 1999), 16-20쪽.

3) 국방부 군사편찬연구소(2004), 9쪽.

명령하였다.[4]

북한에 진입한 소련군은 5개 사단, 1개 여단으로 구성된 제1극동방면군 소속의 제25군으로, 태평양함대의 병력 등을 포함하면 약 15만 명의 규모였다. 소련군의 북한지역 진입은 1945년 8월 15일과 17일 사이에 이루어졌다. 함경남도에 소련군이 도착한 시기는 8월 21일이었으며 26일 약 3,000~4,000 명의 소련군이 평양에 진주하였다.[5] 북한지역으로 진주한 소련군은 좌우연립 형태인 인민위원회의 자치를 인정하고 치안과 행정 권한을 일제로부터 이양받도록 지원하였다.[6] 한반도의 남과 북에 진주한 미국과 소련의 점령 정책은 이후 새로운 국가를 설계하는 지침이 된다.

해방 당시 한반도의 유력한 정치세력들은 서울을 중심으로 경쟁하였다. 서울에는 우파민족주의의 이승만과 김구, 그리고 사회주의 진영의 여운형과 박헌영 등 각 정치세력이 해방정국을 주도하기 위한 경쟁으로 혼란이 가중되었다. 반대로 북한지역은 조만식을 비롯한 우파민족주의 세력과 김일성과 국내공산주의 세력이 소련의 통제하에 임시정권을 공동으로 건설해 나갔다. 남한과 달리 북한지역에서 건설된 각 단위, 지역의 인민위원회는 실질적인 권한을 행사할 수 있었다.

2) 소련의 점령정책: 김일성의 권력 장악과 사회주의 세력 우위의 인민위원회 건설

한반도 북부지역에서 소련군은 일본군의 무장해제와 함께 명확한 점령 정책, 즉 소련에 우호적인 정권의 창출이라는 목표를 설정하였다. 소련의

4) 국방부 전사편찬위원회, 『국방조약집 제1집』(서울: 국방군사연구소, 1981), 573-575쪽.

5) 국방부 군사편찬연구소(2004), 17-19쪽.

6) 김성보, 「해방 후 정치, 사회갈등과 민족분단」, 한국사연구회(편), 『한국사 길잡이(하)』(서울: 지식산업사, 2008), 384쪽.

점령정책은 궁극적으로 북한의 '소비에트화' 또는 '공산화'를 실현하는 것이었다.[7] 그러나 소련은 한반도의 상황에 적합한 '인민민주주의'[8]에 기반을 둔 개혁조치를 선차적 과제로 설정하였다. 당시 북한은 후진적 농업국가로서 노동계급은 소수에 불과했으며 농민이 대다수로 이들은 식민지 · 봉건제도의 철폐를 열망하고 있었다.

1945년 9월 스탈린이 바실리예프스키(Aleksandr Vasilevsky) 극동총사령관과 연해주군관할구역 군사평의회, 그리고 제25군 군사평의회에 보낸 암호전보에는 북한점령에 따른 소련군 최고사령부의 지시내용이 담겨있다.[9]

「소련의 한반도 점령정책」

첫째, 북한 영토 내에 소비에트 및 그 밖의 소비에트정권의 기관을 수립하지 않으며 소비에트 질서를 도입하지 않을 것.

둘째, 북한에서 반일적인 민주주의 정당, 단체가 광범위하게 연합한 형태의 부르주아민주주의정권을 확립할 것.

셋째, 한반도 각 지역에 반일민주주의 단체, 정당이 형성되는 것을 방해하지 않으며 그 활동을 지원할 것.

이와 같이 소련의 점령정책은 후진 농업 국가인 북한에서 '인민민주주의' 혁명을 통해 부르주아 민주주의 정권을 우선 수립하는 것이었다.

7) 안드레이 란코프(1995), 63쪽.

8) 북한은 인민민주주의를 「제2차 대전에 있어서 약소민족에 대한 쏘련의 해방적 역할이 있은 뒤에 나타난, 사회주의를 지향하는 새로운 형태의 인민적 민주주의"로 정의하고 있다[조선민주주의인민공화국 과학원 조선어 및 조선문화연구소, 『조선어소사전』(평양: 조선민주주의인민공화국 과학원, 1956), 683쪽]. 또한, 1968년 발생된 조선말사전에 따르면, 인민민주주의는 「로동계급이 영도하는 로농동맹에 기초한 각계각층의 통일전선에 의거하여 반제반봉건민주주의혁명과업을 수행하고 계속하여 사회주의혁명과업을 수행하는 국가조직형태"라 정의하고 있다[조선민주주의인민공화국 사회과학원 언어학연구소, 『현대조선말사전』(평양: 사회과학출판사, 1968), 1307쪽].

9) 「스탈린과 안토노프가 바실리에프키 원수, 연해주군관구군사회의, 제25군 군사회의에게」, 서동만(2005), 59-60쪽 재인용.

'인민민주주의' 혁명은 후진 농업 국가가 사회주의 혁명을 이행할 수 없는 현실을 반영해 사회주의 혁명의 전 단계로 공산주의자들에 의해 채택된 하나의 혁명전략이었다. 당시 '인민민주주의' 혁명은 식민지 혹은 반식민지를 벗어난 국가에서 식민지·봉건지배 세력의 정치·경제적 토대를 박탈하기 위한 개혁조치를 핵심으로 전개되었다. 무엇보다도 '인민민주주의' 혁명은 소상품 경제(농민적 토지 소유, 도시수공업 등), 자본주의 경제(도시의 중소상공업), 사회주의 경제(국유화된 대기업 및 몰수된 국유토지)가 공존하는 단계를 거쳐 사회주의 혁명을 단행할 수 있는 물질적 조건을 강화하는 과정이었다.[10)]

소련의 한반도 정책은 점령지역에 대한 소비에트화에 초점이 맞춰져 있었다. 소련은 한반도를 공동으로 점령한 미국과의 협조관계를 유지함으로써 자본주의 국가들의 포위로부터 벗어나려 했다.[11)] 소련의 이와 같은 한반도 전략은 한국전쟁 발발 이후에도 지속되었다. 소련은 가급적이면 미국과의 전면적인 대결을 회피하려 했으며 동북아에서 중국의 역할을 강조하는 차원에 머물렀다.

소련은 군정기관으로 25군사령부 산하에 로마넨코(Andrei A. Romanienko) 소장을 사령관으로 하는 민정관리총국을 설치하였다. 총국은 정치, 경제, 교육, 문화, 보건, 위생, 출판, 보도, 사법 지도부 등 군정에 필요한 9개의 지도부를 두었다.[12)] 일본군의 무장해제가 완료된 이후, 소련은 자국의 고려인들을 북한의 국가건설 과정에 투입하였다. 소련파로 명명된 이들은 북

10) 김주환, 「한국전쟁중 북한의 대남한 점령정책」, 최장집(편), 『한국전쟁연구』(서울: 태암, 1990), 169-171쪽.

11) 김부기, 「소련의 대한반도 정책과 냉전체제의 등장」, 『북한체제의 수립과정: 1945~1948』(서울: 경남대학교 출판부, 1991), 22-34쪽.

12) 국방부 군사편찬연구소(2004), 21쪽.

한에서 공산당 조직을 건설하는 역할을 담당하게 된다.

소련은 김일성이 사회주의 세력의 지도자로서 공산당과 임시인민위원회에서 핵심적인 역할을 수행할 수 있도록 지원하였다. 김일성이 소련군의 후원 아래 북한에서 권력을 장악할 수 있었던 이유 중 하나는 소련군 사령부가 서울에서 결성된 조선공산당 중앙위원회의 위상과 역할을 인정하고 지지하기보다는 김일성 세력과 소련파, 즉 고려인 소련공산당원을 북한지역의 당 책임조직으로 신뢰했기 때문으로 판단된다. 소련은 자국의 군대가 점령한 38도선 이북지역에 새로운 당 중앙지도기관(북조선분국)을 구성하고 한반도에서 공산주의운동의 근거지로 삼고자 하였다.[13] 이런 이유로 김일성은 조선공산당 책임비서인 박헌영의 통제로부터 벗어나 소련의 후원 아래 북한지역에서 권력을 장악해 나갈 수 있었다.

소련은 사회주의 세력과 기독민족주의 세력의 합작을 통해 북한지역의 중앙행정 조직을 건설하였다. 1945년 10월 8일 평양에서 25군사령관 치스차코프(I. M. Chischakov)의 제안으로 5도인민위원회 연합회의가 개최되었다.[14] 이 자리에서 치스차코프는 소련이 부르주아 민주주의 정권의 창설을 지원할 것이라 강조하고 각 도의 행정을 총괄하는 중앙조직의 창설을 제안하였다. 이미 소련은 북한지역을 단위로 한 중앙기관 설립의 필요성을 느끼고 있었던 것이다.

결국, 1945년 11월 19일 '북조선5도행정국'이 발족하였고 행정국 내에 10개의 국이 설치되었다. 이와는 별도로 북한의 사회주의자들은 1945년 10월 13일 '서북5도당 책임자 및 열성자대회'를 개최하고 '조선공산당 북부조선분국'을 결성하였다. 김일성은 12월 개최된 확대집행위원회에서 분국의 책

13) 김광운(2003), 251쪽.

14) 회의에는 평안남도 31명, 평안북도 15명, 황해도 11명, 함경남도 11명, 함경북도 7명의 5도 인민위원회 대표가 참석하였다. 조선중앙통신사(편)(1950), 196쪽.

임비서로 취임하게 된다.[15)]

미국과 소련의 군대가 남북으로 진주하기 전까지 한반도의 각 지역에서는 인민자치 조직이 건설되어 임시적이나마 통제 권한을 행사하였다. 인민자치조직은 그 구성과 형태의 차이는 있었으나 전국적으로 광범위하게 조직되었다. 소련의 점령정책은 각 단위 · 지역에 건설된 인민위원회의 활동을 군정치부와 경무사령부, 그리고 정치고문기관과 민정담당 부사령관직제 등을 통해 통제하는 방식으로 집행되었다. 인민위원회는 소련군정의 개입하에 사회주의 세력과 민족주의 세력이 연합하는 형태로 건설되었다.[16)] 해방과 함께 각 지역의 인민자치조직들은 1945년 8월 말 이미 북한의 70여개 시, 군에서 활동하고 있었다.[17)] 각 단위, 지역의 인민위원회 건설은 1945년 11월까지 대부분 완료된다.[18)]

북한지역의 정치적 수도인 평양의 경우 기독교 민족주의자 조만식의 주도하에 건국준비위원회 평남지부가 결성되었다. 평안남도 건국준비위원회(이하 평남건준)는 주로 기독교인과 우익인사들로 구성되었다. 평남건준은 소련이 진주한 이후 공산당 평남지구위원회와 함께 평안남도 인민정치위원회로 개편된다. 평야지대인 황해도는 지주의 영향력이 남아 있는 지역으로 인민위원회 건설과정에서도 좌우익 간 치열한 경쟁이 전개되었다.[19)] 다만 소련군이 진주한 이후 사회주의 세력이 인민위원회에서 과반 이상의 지분을 보장받게 되면서 이 지역에서도 소련의 점령정책에 우호적인 인민

15) 서동만(2005), 61-67쪽.

16) 당시 북한 전역에서 설립된 인민위원회는 '건국준비위원회', '인민정치위원회', '인민자치위원회', '보안위원회' 등 통일되지 못한 이름으로 불렸다[류길재, 「북한의 국가건설과 인민위원회의 역할」(고려대학교 박사학위논문, 1995), 77쪽].

17) 김광운, 『북한 정치사 연구 I』(서울: 선인, 2003), 82쪽.

18) 조선중앙통신사(편), 『조선중앙년감 1950년』(평양: 조선중앙통신사, 1950), 195쪽.

19) 류길재(1995), 78-110쪽.

위원회 체제가 성립되었다. 함경도와 강원도는 일제하에서 적색농노조 운동이 진행된 곳으로 사회주의 세력이 정치적 우위를 차지하였다.

소련의 통제하에 인민위원회의 건설이 진행됨에 따라 인민들의 저항하는 사례도 발생하였는데 1945년 11월 신의주에서 발생한 학생들의 반공시위가 대표적이었다. 신의주 반공시위는 11월 23일 신의주의 중고등학생 2,000여 명이 항의시위를 일으켜 공산당 본부와 인민위원회 본부 등을 습격한 사건이다. 결국, 11월 26일 김일성이 신의주를 직접 방문해 학생, 시민대표들과 간담회를 갖고 이들의 비판을 일부 수용하면서 무마된다.[20)]

해방과 함께 북한에서 건설된 각 단위, 지역의 인민위원회는 소련의 점령정책에 따라 그 구성과 권한이 부여되었다. 이렇게 건설된 인민위원회는 '인민민주주의' 규범을 전파하고 인민들의 동의를 획득하는 역할을 담당하게 된다.

3) 모스크바 삼상회의와 사회주의 세력의 확장

모스크바 삼상회의는 해방 정국에서 남북 간 정치적 간극을 더욱 확대시킨 사건이었다. 모스크바 삼상회의에 따른 탁치논쟁과 정치적 분열은 북한에서 정치의 다양성이 축소되고 사회주의 세력이 주도권을 장악하는 결과를 가져왔다. 소련은 북한점령 과정에서 사회주의 세력을 지원하되 기독교 민족주의 세력 등 다양한 정치세력의 정치참여를 일정부분 보장했다. 하지만 모스크바 삼상회의로 촉발된 탁치논쟁의 결과로 조만식이 연금되었고 기독교 민족주의 세력은 중앙정치에서 급속히 약화되고 만다.

20) 신의주 사건은 11월 18일 우익청년단체인 고려청년동맹 주최로 독립촉성시민대회가 열린 자리에서 학생자치대 대표인 신의주 동중학교 학생 이청일이 공산당의 횡포와 실정을 비난하는 과정에서 학생과 노동자, 농민 간에 격투가 벌어져 1명이 사망하고 12명이 부상하는 용암포사건을 계기로 확대 되었다. 류길재(1995), 91-95쪽.

1945년 12월 28일 미국과 소련, 영국의 외무상이 참석한 모스크바 삼상회의는 한반도에서 임시정부의 수립과 함께 5년 이내의 신탁통치를 결정하였다. 구체적으로 삼상회의에서 논의된 한반도 관련 내용은 다음과 같다.[21]

「모스크바 삼상회의의 한반도 관련 결정사항」

Ⅲ 조선

1. 조선을 독립국으로 부흥시키고 조선이 민주주의 원칙 위에서 발전하게 하며 장기간에 걸친 일본 통치의 악독한 결과를 신속히 청산할 모든 조건을 창조할 목적으로 조선민주주의임시정부를 창설하며…
2. 조선임시정부 조직에 협력하며 이에 적응한 방책들을 예비 작성하기 위해 남조선 미군사령부 대표들과 북조선 소련군사령부 대표들로 공동위원회를 조직한다.
3. 공동위원회의 제안은 조선임시정부와 협의 후 5년 이내를 기한으로 하는 조선에 대한 4개국 후견의 협정을 작성하기 위해 소, 미, 영, 중 제국 정부의 공동심의를 받아야 한다.

모스크바 삼상회의의 결과가 국내로 전달되는 과정에서 남북은 극심한 정치적 혼란에 빠지게 된다. 조만식, 이승만, 그리고 김구 등 우파민족주의자들은 신탁통치안을 반대하였으나 사회주의 세력은 초기의 반대 입장에서 선회해 4개국 후견의 임시정부안이 합리적 대안이라 주장하며 찬성하였다. 김일성은 모스크바 삼상회의의 결정에 대해 한반도 문제를 가장 정당하게 해결하는 방안이라고 주장하였다. 또한, 남한에서의 반탁운동은 미군정의 지원 아래 '반소 · 반공' 운동으로 변질되었다고 비난하였다.[22]

21) Kim Chum-Kon, *The Korean War*(Seoul: KwangMyoung Publishing Company, 1973), pp.19-20; 프라우다(1945년 12월 28일), 「조선에 대한 미국, 영국, 소련 외무장관 모스크바 회의에 대한 소련 정부의 보도(1945.12.27)」, 국사편찬위원회(편역)(2006), 5-6쪽.

반면 해방 이후 소군정과 협력관계를 유지해 왔던 조선민주당의 조만식은 1946년 1월 개최된 5도행정국회의에서 신탁통치 반대 입장을 고수하였다. 결국, 삼상회의의 결정에 반대 입장을 고수한 조만식은 1월 중순부터 소군정에 의해 연금 상태에 놓이게 된다. 조만식과 조선민주당을 중심으로 북한에서 일정한 영향력을 행사해 오던 기독교 민족주의 세력은 이후 진행된 토지개혁의 여파와 함께 북한정치에서 점차 소멸되고 만다.

미국과 소련은 1946년 3월 20일 모스크바 삼상회의에서 결정된 제3조 제2항, 제3항을 청취하기 위한 미소공동위원회를 개최하였다.[23] 그러나 미소공동위원회는 신탁통치에 반대하는 정당 및 사회단체가 자문단체에 참여하는 문제로 대립함으로써 성과 없이 종료된다.[24] 이후 유엔 총회에서 미국 주도로 '유엔 한국임시위원단(Nations Temporary Commission on Korea, UNTCOK)' 설립안이 채택됨에 따라 한반도 문제는 유엔의 개입과 이에 대한 북한의 저항이란 구도로 재편되었다. 북한은 '유엔 조선위원단'이 미군정을 도와 남한지역에 단독정부를 수립하기 위한 도구라며 비난하고 북한지역으로의 입국을 거부하였다.[25] 결국, 모스크바 삼상회의의 신탁통치안으로 인해 발생한 논쟁과 대결은 남과 북의 대결구도를 더욱 확대시키는 결과를 가져왔다.

22) 김일성, 「남조선 반동적 단독정부 선거를 반대하며 조선의 통일과 자주독립을 위하여」, 『김일성선집 2』(평양: 조선로동당출판사, 1954), 3쪽.

23) 국사편찬위원회(편역), 「조선에 대한 모스크바 삼상회의 결정 실행을 위한 미소공동위원회 코뮤니케 1(1946.3.21)」, 『한국전쟁, 문서와 자료, 1950년~53년』(과천: 국사편찬위원회, 2006), 7쪽.

24) 1947년 5월 21일 제2차 미 · 소 공동위원회가 재개된 이후 남한에서 425개, 북한에서 38개 등 총 463개의 정당 및 사회단체가 협의를 신청하였으나 미 · 소 양측은 자문단체의 명부 작성에서 다시 충돌함에 따라 결렬되었다. 국방부 군사편찬연구소(2004), 38-39쪽.

25) 김일성, 「북조선 정치정세(1948.4.21)」, 『김일성선집 2』(평양: 조선로동당출판사, 1954), 141쪽.

2. '민주개혁'의 단행: 식민지 · 봉건체제의 해소

소련 군정과 북한의 임시정권은 어떻게 구지배층의 저항을 무력화시키고 '민주개혁'을 단행할 수 있었을까? 해방과 함께 단행된 '민주개혁'은 기존의 식민지 · 봉건체제를 붕괴시키고 구지배층의 정치 · 경제적 토대를 제거하는 작업이었다. 임시인민위원회는 토지개혁 등 '민주개혁' 조치를 통해 적산을 국가의 소유로 회수하고 자작농화 된 농민계층의 지지를 획득함으로써 정치적 영향력과 경제적 기반을 강화하였다. '민주개혁'을 통해 북한은 국가건설 과정에서 핵심적인 강제력과 함께 자본을 획득함으로써 한국전쟁을 기획하기 위한 물리적, 경제적 토대를 구축하게 된다.[26)]

1) 토지개혁: 지주-소작제의 해소

일제 식민시기의 한반도는 제국주의적 수탈과 봉건적 지주-소작 관계가 중첩된 착취구조 아래 놓여 있었다. 해방과 함께 전체 인구의 대다수를 차지하고 있던 농민은 소작제의 철폐와 토지의 소유를 갈망했다. 결국, 토지개혁은 봉건 잔재의 근거지인 농촌을 '인민민주주의' 개혁의 근거지로 변화시켰다. 토지개혁과 함께 단행된 산업국유화 조치는 친일세력의 경제적 토대를 제거하고 국가의 경제적 토대를 확보하는 기회가 되었다.

일제는 식민통치가 본격적으로 진행된 1910~1918년 사이 토지조사사업을 통해 새로운 토지세를 제정하였다. 1930년 토지세는 총독부 총세수의 45%에 이르렀는데, 이는 1910년 세금징수액의 1.5~2배에 달하는 금액이었다.[27)] 1938년 시점의 농가분포를 보면, 부농층은 1.8%, 중농층은 19.2%를

26) 강제력과 자본의 집중이 국가건설에 미친 영향에 관하여는 Charles Tilly(1992), p.27 · pp.30-31 참조.

27) 브루스 커밍스(1986a), 76쪽.

차지한 반면, 빈농층이 79%로 가장 많았다.[28] 식민시기 현물 소작료는 전체 수확량의 50~90%에 달했으며 일제에 의한 약탈적 공출이 빈번히 발생하였다. 북한의 자료에 따르면, 1944년 북한에서 수확된 총 수확고 216만 7,163톤 중에서 농민은 130만 298톤을 소작료와 공출로 잃게 된다. 북한의 총 농가 호수 100만 4,600호 중에서 지주는 6만 9,400호로 전 농가 호수의 6.8%였으나 경작면적의 58.8%가 농민들의 소작으로 운영되었다. 약 80%의 농가는 토지가 없는 농가였다.[29]

해방과 함께 농촌지역에서는 농민의 자조 · 권익 조직으로 '농민조합'이나 '농민위원회'가 활발히 조직되었다. 토지문제의 해결이 절박한 요구였던 만큼 전국적으로 농민조직의 결성이 가장 활발했다.[30] 이렇게 조직된 농민단체들은 3 · 7소작제와 토지개혁을 지속적으로 요구하였다. 소련에 의해 좌우합작으로 건설된 평안남도 인민정치위원회는 농민들의 요구를 일정 부분 수렴해 1945년 10월 16일 「시정대강(施政大綱)」 19개 조를 발표하고 이를 기반으로 10월 21일 「소작료 3 · 7제에 관한 규정」, 24일에 「식량관리령」, 12월 16일에는 「접수 일본인 토지관리규칙」 등을 공포하게 된다.[31]

토지개혁은 소작농과 고용농의 지지 속에 1개월여의 짧은 기간 동안 신속하게 진행되었다. 토지개혁은 김일성이 북조선 임시인민위원회 수상으로 단행한 첫 번째 개혁조치였다. 북한은 1946년 3월 5일 무상몰수, 무상분배[32]의 원칙이 적용된 「북조선토지개혁에 대한 법령」을 공포하였다.[33]

28) 김성보, 『남북한 경제구조의 기원과 전개: 북한 농업체제의 형성을 중심으로』(서울: 역사비평사, 2000), 57쪽.

29) 김일성, 「북조선 정치정세(1948.4.21)」(1954), 122쪽.

30) 서동만(2005), 120쪽.

31) 류길재(1991), 51쪽.

「토지개혁 법령의 주요 내용」

제1조

토지개혁의 과업은 일본인 토지소유와 조선인 지주들의 토지소유 및 소작제를 철폐하고 토지이용권은 경작하는 자에게 있다.

몰수하여 농민소유지로 넘겨주는 토지로,

ㄱ. 일본인, 일본인단체의 소유토지, ㄴ. 조선민중의 반역자－조선민중의 리익에 손해를 주며 일본제국주의자의 정권기관에 적극 협력한자의 소유토지와 또는 일본압박 밑에서 조선이 해방될 때에 자기의 지방에서 도주(逃走)한 자들의 소유지

몰수하여 무상으로 농민에게 소유로 분여하는 토지는,

ㄱ. 한농호에 5정보이상 소유한 조선인 지주의 소유지, ㄴ. 자경치 않고 전부 소작주는 소유자의 토지, ㄷ. 면적에 불문하고 계속적으로 소작주는 전토지, ㄹ. 5정보이상으로 소유한 성당(聖堂), 승원(僧院), 기타종교단체의 소유지

몰수한 토지는 고용자, 토지 없는 농민, 토지적은 농민에게 분여하기 위하여 인민위원회 처리에 위임(委任)

자기노력으로 자경할여는 지주들은 본 토지개혁에 대한 법령에 의하여 농민들과 같은 권리로써 다른 군(君)에서 토지를 가질 수 있다.

이렇게 공포된 토지개혁은 1946년 3월 말일 전으로 '필' 할 것이 요구되었다. 토지개혁은 지주 등 지배층의 경제적 토대를 제거하고 소작농을 자작농으로 전환하는 당시로서는 혁명적인 조치였다.

32) 북한은 무상몰수, 무상분배가 절대적으로 옳은 이유를 농민들이 땅값을 절대로 낼 수가 없기 때문이라고 주장한다. 박동철, 「농민독본(토지개혁)」, 『북한관계사료집 XI』(과천: 국사편찬위원회, 1991), 386쪽.

33) 서대숙(편), 「북조선토지개혁에 대한 법령(1946.3.5.)」, 『북한문헌연구: 문헌과 해제 Ⅴ』(서울: 경남대학교 출판부, 2004), 233-235쪽.

임시인민위원회는 토지개혁을 기층단위에서 조직하기 위해 1946년 3월 7일 「『북조선토지개혁에 대한 법령』에 관한 결정서」를 채택하였다. 결정서는 각 단위 인민위원회가 농민과 노동자, 사무원에게 토지개혁의 취지를 이해할 수 있도록 해석(解釋)사업을 진행하도록 요구했다. 특히 면(面)인민위원회 대표자는 각 촌·동의 농민회의에 참석해 토지개혁에 대한 법령을 토의하고 각 촌과 동에 5~9인으로 토지개혁실시위원회를 조직하도록 하였다.[34]

토지개혁과 관련한 세부적인 이행 방안은 「토지개혁법령에 관한 세칙」을 통해 제시되었다.[35] 결정서와 세칙에 따라 북한 전역에 걸쳐 1만 1,930개의 농촌위원회가 조직되었으며 이 농촌위원회에는 19만 7,485명의 농민이 참가했다고 한다. 또한, 농촌에는 18세 이상 35세 이하의 청년을 중심으로 '농민자위대'가 조직되었다.[36] 몰수 토지의 처리를 인민위원회에 위임한 것은 결과적으로 농촌 지역에서 인민위원회의 권한을 강화함으로써 인민위원회를 통한 중앙의 통제를 강화하는 성과를 가져왔다.

북한의 주장에 따르면, 토지개혁의 결과 100만 8,178정보의 토지가 몰수되었는데 이는 전체 토지면적 182만 98정보 중 약 55.4%에 해당하는 것이었다. 총 경지면적 98만 1,390정보 중에서 2만 2,387정보(2.3%)는 고용농에게, 60만 3,407정보(61.5%)는 토지 없는 소작농에게, 34만 5,974정보(35.2%)는 소토지 소유 농민에게, 9,622정보(1%)는 이주한 지주에게 무상으로 분배됐다. 토지개혁으로 이주하여 토지를 분배받은 지주를 제외하면 72만 611호가 토지를 분배받게 된 것이다.[37] 1946년의 총 농업호수는 112만 1,295호

34) 국사편찬위원회(편), 「북조선토지개혁에 대한 법령에 관한 결정서(1946.3.7)」, 『북한관계사료집 Ⅴ』(서울: 국사편찬위원회, 1987), 232쪽.

35) 국사편찬위원회(편), 「북조선토지개혁에 관한 세칙(1946.3.8)」, 『북한관계사료집 Ⅴ』(서울: 국사편찬위원회, 1987), 233쪽.

36) 김성보(2000), 161쪽.

인데, 토지개혁을 통해 토지분배를 받은 농가의 수는 72만 4,522호였다.[38] 이와 같이 토지개혁은 구지배 계층의 경제적 토대를 몰수하고 이를 농민들에게 분배한 토지의 재분배 과정이었다.

토지개혁에 직면해 지주 등 구지배 계층의 저항이 없었던 것은 아니다. 각 지역에서 산발적으로 소련주둔군의 기관, 공산당 건물에 대한 공격과 토지개혁 실무자들에 대한 테러, 학생들의 반대, 선전문과 전단살포, 유언비어 등의 사례가 발생하였다. 소련의 보고에 따르면, 토지개혁 발표 이후 평양시 공산당위원회 건물에 수류탄이 투척되었고 평안남도 강서군의 위수사령부 건물 인근에 방화사건이 있었다. 또한 강동군에서는 지주들이 토지개혁사업에 적극 참여한 읍경찰국장을 구금하는 사건이 발생하였다. 황해도 해주에서는 200명의 중학생들이 수업을 거부했으며 분배받은 토지에서 농민들이 거둔 수확이 전부 몰수될 것이라는 소문이 확산되기도 하였다.[39]

그럼에도 불구하고 토지개혁이 단기간에 완수될 수 있었던 이유는 무엇일까? 그 원인으로 많은 수의 지주들이 남한으로 이탈하면서 개혁에 대한 저항이 감소한 반면 소작농과 고용농을 중심으로 토지개혁에 대한 지지가 높았던 점을 들 수 있다. 특히, 당시 임시인민위원회가 무리한 농업집단화를 시도하기보다는 토지의 사적 소유(매매는 금지)를 허용함으로써 소토지 소유 농민을 비롯한 영세농민층의 지지를 획득할 수 있었다.[40]

김일성은 토지개혁을 통해 북한 사회의 낙후와 정체의 원인이었던 봉건적 착취구조를 청산했다고 주장하였다.[41] 그는 "조선의 역사적 발전을 장

37) 김일성, 「북조선 정치정세(1948.4.21)」(1954), 123쪽.

38) 김성보(2000), 154 · 172-173쪽.

39) 김성보(2000), 156-157쪽.

40) 브루스 커밍스(1986b), 298-299쪽.

기방애(妨碍)한 것은 봉건제도와 그 잔재"이며 일제가 조선의 민주주의 발전을 억압하기 위해 봉건제도를 유지시켰다고 비판하였다. 김일성은 토지개혁을 통해 농촌이 봉건제도로부터 민주주의의 근거지로 변환되었다고 선언하였다.[42)]

김일성은 또한 국가건설 이후에도 토지개혁에 따른 토지이용제도를 엄격히 고수할 것이며 남한에서도 조선민주주의인민공화국 헌법에 따라 토지개혁을 실시하도록 보장할 것이라 강조하였다.[43)] 한국전쟁의 발발과 함께 북한은 동 법규에 근거해 남한에서 토지개혁을 실시하게 된다.

2) 산업의 국유화

산업의 국유화 조치는 기존의 일제 식민정부와 친일세력이 소유했던 공장과 토지, 재산을 국유화함으로써 국가의 경제적 토대를 확충하는 기회였다. 북한은 1946년 8월 10일「산업, 교통운수, 체신, 은행 등의 국유화에 대한 법령」을 채택하게 된다. 동 법령은 "일본국가와 일본인의 사인 및 법인 등의 소유 또는 조선인민의 반역자 소유로 되어 있는 일체의 기업소, 광산, 발전소, 철도, 운수, 체신은행, 상업급문화기관 등은 전부 무상으로 몰수하여 이를 조선인민의 소유 즉 국유화" 함을 핵심내용으로 한다.[44)]

북한은 산업국유화의 결과로 '민족경제의 발전을 위한 전체재원이 국가

41) 김일성,「근로대중의 통일적 당의 창건을 위하여(1946.8.29)」, 서대숙(편),『북한문헌연구: 문헌과 해제 I』(서울: 경남대학교 출판부, 2004), 22쪽.

42) 김일성,「'토지개혁' 사업의 총결과 금후의 과업」,『김일성 장군 중요 논문집』(평양: 조선로동당출판사, 1948), 16-18쪽.

43) 김일성,「조선민주주의인민공화국 정부의 정강(1948.9.10)」,『김일성선집 2』(평양: 조선로동당출판사, 1954), 267쪽.

44) 서대숙(편),「산업, 교통운수, 체신, 은행 등의 국유화에 대한 법령(1946.8.10.)」,『북한문헌연구: 문헌과 해제 V』(서울: 경남대학교 출판부, 2004), 237쪽.

의 소유'로 되어 '인민의 복리향상에 복무할 수 있는 기본조건을 마련'하였고 '예속과 착취를 발생시키는 자본가 계급과 반민족, 반동세력의 경제적 토대를 박탈'했다고 주장하였다.[45] 결과적으로 임시인민위원회는 국유화한 산업을 기반으로 국가경제에 대한 장악력을 확대해 나갔다.[46]

토지개혁과 산업국유화 조치는 지주와 자본가, 친일세력, 그리고 종교단체의 경제적 토대를 무력화시키고 정치적 영향력을 차단시키게 된다. 반대로 농민을 중심으로 광범위한 인민의 지지를 획득함으로써 국가의 사회장악력을 확장시키는 계기가 되었다.

다만 상업과 수산업, 그리고 지방산업의 경우 여전히 민영부문이 다수를 차지하고 있었다. 1947년도 상업 총 판매량에서 민영부문의 판매량은 84.5%를 차지한 반면, 국영과 소비조합의 판매량은 15.5%에 그쳤다. 또한, 지방산업에서 민영부문이 87% 이상을 차지하고 있었으며 수산업의 경우는 85%에 이르렀다.[47]

김일성 또한 최고인민회의 선거와 관련하여 "우리가 수립하게 되는 최고인민회의는 반드시 사유재산을 보호하고 공업과 상업에 있어서 개인 창발력을 발전시킴으로써 민간공업과 민족상업을 진흥시켜야 할 것"이라 강조한 바 있다.[48] 이와 같이 소군정과 북한 정권은 사회주의 개조를 조기에 추진하기보다는 그 전 단계로서 '인민민주주의' 개혁을 완수하고자 했다.

45) 김일성, 「북조선로동당 제2차 대회에서 한 중앙위원회 사업 총화 보고(1948.3.28)」, 서대숙(편), 『북한문헌연구: 문헌과 해제 I』(서울: 경남대학교 출판부, 2004), 54쪽.

46) 김일성, 「통일적 민주주의 독립국가 건설을 위한 조선인민의 투쟁(1950.5)」, 『김일성선집 2』(평양: 조선로동당출판사, 1954), 551-552쪽.

47) 김일성, 「당 중앙위원회 사업 결산 보고」, 『북한 '조선로동당'대회 주요문헌집』(서울: 돌베개, 1988), 58쪽.

48) 김일성, 「조선최고인민회의 선거를 앞두고(1948.8.23)」, 『김일성선집 2』(평양: 조선로동당출판사, 1954), 125쪽.

3) 여타 사회개혁 조치의 이행

북한은 토지개혁과 함께 1946년 6월에서 8월까지 노동법령, 사회보호법, 남녀평등법, 선거규정 등의 개혁조치를 추가로 단행하였다. 이러한 개혁조치는 봉건제의 악습을 단절하고 '인민민주주의' 사회의 건설이라는 구호에 따라 전 사회적으로 시행되었다.

1946년 6월 24일에 소집된 임시인민위원회 제9차 회의는 8시간 노동제 실지, 14세 미만자의 노동금지, 동일노동과 동일기술에 있어서 연령, 성별에 의한 차별 철폐 등을 주요 내용으로 하는 「북조선 노동자 및 사무원에 대한 노동법령」을 공포하였다. 노동법령의 실시에 따라 노동자, 사무원 등은 새로운 노동조건에서 단체계약을 체결하였다. 북조선로동당 중앙상무위원회는 「단체계약 체결 진행에 대한 정형보고에 관하여」에서 1946년 9월 30일 현재 2,612개 착수공장(14만 9,525명) 중 1,705개 공장(65%)에서 10만 6,630명(71%)이 단체계약을 완료했다고 보고하였다.[49] 노동조건에 대한 단체계약은 북한 사회에서 노동단체의 영향력을 보장할 수 있는 주요한 권한이라 할 수 있다. 그러나 단체계약은 한국전쟁으로 중단된 이후 전후 부활되지 못하고 폐지된다.

임시인민위원회는 노동법령과 함께 12월 19일 「사회보험법」(임시인민위원회 결정 제135호), 「사회보험법의 실행을 위한 결정서」(임시인민위원회 결정 제134호)를 채택하고 사회보험료 기관의 개편과 노동자, 사무원, 그리고 그 부양가족에 대한 의료상 사회보장을 이행하였다.[50]

북한은 또한 1946년 7월 30일 「북조선의 남녀평등권에 대한 법령」을 공포하

49) 국사편찬위원회(편), 「단체계약 체결 진행에 대한 정형보고에 관하여(1946.10.8.)」, 『북한관계사료집 30』(과천: 국사편찬위원회, 1998), 18쪽.

50) 윤대규 · 김동한, 「조선민주주의 인민공화국의 정부조직과 법제」, 『북한체제의 수립과정』(서울: 경남대학교 출판부, 1991), 187-188쪽.

게 된다. 북한은 동 법령을 통해 여성을 봉건제적 억압과 착취로부터 해방시키고 정치, 경제, 문화 등 각 방면의 생활에 있어서 남자와 동등한 권리를 갖게 됐다고 주장하였다.[51] 1946년 이후 실시된 선거에서 여성은 인민위원이 9,521명 선출되었으며, 인민회의 대의원 237명 중에 여성이 34명 선출되었다.[52]

마지막으로, 북한은 인민위원회 위원선거법인 「면, 군, 시 및 도 인민위원회 위원의 선거에 관한 규정」(1946. 9. 14 임시인민위원회 결정 제77호)을 통해 선거에 관한 제반 사항을 제정하게 된다. 규정은 20세에 달한 남녀는 동등하게 선거권과 피선거권을 부여한다고 밝히고 선거의 원칙으로 평등, 직접, 비밀 선거를 명시하였다. 그러나 실제 선거에서 이러한 원칙은 사문화되었다. 국가건설 과정에서 실시된 인민위원 선거는 '북조선민주주의민족통일전선'(북민전)이 추천한 단일 후보에 대하여 찬반투표로 진행되었다. 결국, 선거는 사회세력을 동원해 일괄적인 후보자 명부에 대한 공동의 참여와 지지를 표출하는 요식행위였다.[53]

북한이 단행한 '민주개혁' 조치는 반제 · 반봉건 조치의 이행과 함께 당시 인민들의 정서에 상당 부분 부합했던 것으로 보인다. 또한, 구지배 계층이 임시인민위원회의 혁명적 조치에 저항하기보다는 남한으로의 이주를 선택함으로써 단기간에 이행될 수 있었던 점 또한 간과할 수 없다. 결국, 북한의 '민주개혁'은 남북 사이에 사회계층의 이동을 유발함으로써 남과 북의 이질성을 더욱 강화시키는 결과를 가져왔다.

---

51) 김일성, 「근로대중의 통일적 당의 창건을 위하여(북조선 로동당 창립 대회에서 한 보고」, 서대숙(편), 『북한문헌연구: 문헌과 해제 I』(서울: 경남대학교 출판부, 2004), 23쪽.

52) 김일성, 「북조선 정치정세(1948.4.21)」, 『김일성선집 2』(평양: 조선로동당출판사, 1954), 126-127쪽.

53) 박명림(1996b), 268-279쪽.

3. 사회계층의 재편: 구지배층의 몰락과 자영농의 부상

'민주개혁' 조치는 정치적 · 경제적 토대의 재분배를 통해 북한 사회의 급격한 변화를 가져왔다. 이 과정에서 남한으로 이탈한 구지배층의 선택은 북한 사회의 급격한 변화를 가져온 또 다른 원인이 되었다.

1) 친일 · 민족반역자에 대한 처벌

소군정은 해방과 함께 북한지역에 건설된 인민자치조직에 행정과 치안 업무를 인계했다. 이는 북한의 임시정권이었던 북조선 임시인민위원회가 반제 · 반봉건 조치를 통해 구지배층을 처벌할 수 있는 물리적 조건이 되었다. 반제 · 반봉건 조치는 친일파, 민족반역자, 토지개혁을 반대하는 지주, 그리고 양곡정책 반대자 등에 대한 숙청을 의미했으며 형사적 처벌이 뒤따랐다.[54]

북한은 1946년 민주개혁의 이행과 함께 친일 · 민족반역자를 처벌하기 위한 기준을 마련하였다. 1946년 3월 7일 북조선 임시인민위원회가 채택한 「친일파, 민족반역자에 대한 규정」은 친일파 및 민족반역자를 구체적으로 규정하고 있다. 동 규정에서 친일파와 민족반역자는 "일제당국으로부터 귀족칭호를 받은 자, 조선총독부 중추원 부의장, 고문 및 참의, 일본국회 귀족원과 중의원의 의원, 조선총독부 국장 및 사무관, 도지사, 도사무관, 도참여관, 일제 경찰 및 헌병의 고급관리(경찰경시, 헌병하사관급 이상)와 사상범 담임 판사와 검사, 군사고등정치경찰의 밀정책임자와 밀정행위를 감행한 자, 일제당국에 의하여 임명된 도회의원 및 친일단체, 파쇼단체(일진회, 일심회, 록기련맹, 대의당, 방공단체 등)의 간부, 군수산업의 책임경양자 및

54) 박광섭(1992), 31쪽.

군수품조달책임자, '황국신민화운동'을 전개하며 '지원병', '학도병', 징용, 징병제도를 실시하는 데 이론적, 정치적 지도자로서 행동한 자, 8 · 15해방 후 민주주의 단체를 파괴하거나 민족통일전선 형성을 방해한 단체 등에 가담하였거나 테러단을 조직하고 직접 감행한 자" 등으로 규정되었다.[55]

북한은 동 규정에 따라 친일파 · 민족반역자를 색출했는데, 이들의 일제 식민기 생활 태도, 직위, 역할, 계급, 그리고 사회경제적 지위 등을 종합적으로 평가해 처벌대상자를 선정하였다.[56] 해방 이후 강원도 명주군 사천면 판교리에서 보안대에서 활동했던 김진계의 증언에 따르면, 일제 식민시기 경찰을 했던 사람이나 면서기, 구장, 반장 등은 외부출입을 삼갔으며, 특히 순사 등 친일파로 지목된 사람은 도주하는 경우가 많았다. 그러나 식민시기 관공서에서 일했다고 해서 모두 다 친일파로 처벌을 받은 것은 아니었다. 관리로 일하면서도 군 · 면민을 위해 일하며 인심을 잃지 않았던 사람들은 오히려 인민위원회에서 책임을 맡기도 하였다.[57]

친일 · 민족반역자에 대한 처벌은 민중재판의 형식으로 진행되었다. 민중재판은 해방 이후 은신 혹은 도피하거나 처벌을 면한 친일반역자들을 적발하기 위한 처벌방식이었다. 북한은 민중재판이 "광범한 인민들이 직접 참가할 수 있는 새 형의 재판소"라 규정하고 민중재판의 징벌적 활동은 "잔존하는 친일파, 민족 반역자들에 대하여 결정적 타격을 주었으며 인민들의 애국적 정열을 더욱 고무하는 사업"이라 강조하였다.[58] 이와 같은 형태의 재판은 한국전쟁 과정에서 군중심판의 형식으로 재등장하게 된다.

55) 김일성, 「친일파, 민족반역자에 대한 규정(1946.3.7)」, 『김일성저작집 2』(평양: 조선로동당출판사, 1979), 113-114쪽.

56) 박광섭(1992), 34쪽.

57) 김진계(1990), 36-37쪽.

58) 한락규, 「공화국 형사입법의 발전」, 안우형(편), 『우리나라 법의 발전』(평양: 국립출판사, 1960), 165쪽.

친일 · 민족반역자에 대한 처벌과 함께 교육 분야에서 교원에 대한 친일 잔재 청산이 강조되었다. 이와 관련하여 김일성은 1946년 3월 임시인민위원회 제4차 회의에서 교육부문의 과업으로 식민교육의 청산을 강조하게 된다. 그는 일제 식민통치기의 교육을 '식민지노예교육정책'으로 규정하고 현직교원들에게 '일제식민지노예교육'의 잔재를 청산하기 위한 재교육을 강조하였다. 또한 각 급 학교의 교원들을 '요해검토'하여 교육기관에 잠입한 반동분자들을 제거함으로써 불순 · 이색분자들이 잠입하지 못하도록 철저한 대책을 세우도록 하였다. 임시인민위원회는 평양시와 각 지방 당, 정권기관, 사회단체 대표들로 교육심사위원회를 조직해 반동분자들을 제거하는 작업을 수행하였다.[59] 지주와 친일세력 등 구지배층은 토지개혁 등 민주개혁을 통해 정치 · 경제적 기반을 상실했을 뿐만 아니라 물리적 처벌과 감시, 청산의 대상으로 규정되면서 남한으로의 이탈을 선택하게 된다.

2) 저항세력의 이탈과 전략적 허용

북한의 혁명적인 개혁조치는 해방과 함께 단기간 내에 이행된 반면 개혁으로부터 정치 · 경제적 피해를 받게 된 구성원의 저항은 상대적으로 표면화되지 못했다. 왜 이와 같은 현상이 나타났을까?

이탈(Exit)과 항의(Vocie)는 조직의 위기(쇠퇴)에 대응한 구성원의 대응기제이다. 이와 같은 구성원의 대응은 조직이 효율성을 재고하도록 압박하는 도구라 할 수 있다.[60] 반면 국가의 사례에서 이탈은 대안의 선택지가 존재하지 않는 이상 억제되며 항의의 기제가 일반적으로 선호된다. 특히

59) 김일성, 「교육부문 앞에 나서는 몇 가지 과업에 대하여(1946.3.6)」, 『김일성저작집 2』(평양: 조선로동당출판사, 1979), 107쪽.

60) Albert Hirschman, *Exit, Voice and Loyalty: Responses to Decline in Firms, Organizations, and State*(Cambridge: Harvard UP, 1970), pp.3-5.

단일민족 국가라면 이탈은 더욱 억제되고 항의에 의존하게 된다.[61]

해방 이후 일정 기간 진행된 남한으로의 이탈은 해방 당시 한반도의 상황, 즉 미 · 소의 분할점령과 국내정치적 특수성이 창출한 역사적 출구였다. 남한이라는 선택지의 존재는 '민주개혁'에 저항하기보다는 이탈을 선택하는 유인이 되었던 것이다.[62] 이와 같은 남한으로의 이탈은 1946년의 민주개혁기에 지배계층을 중심으로 발생했으나 이후로는 다양한 계층에서 광범위하게 확산되었다.

한국산업은행이 발간한 『한국산업경제십년사: 1945~1955』는 1949년 5월 현재의 월남자를 약 160만 명으로 추산하였다. 십년사에 따르면, 1949년 5월의 남한인구는 2,016만 6,756명으로 집계된다. 1944년에서 1949년까지의 인구자연증가율을 15.0으로 계산했을 때 1949년의 인구는 1,710만 6,312명으로 예측되는데, 이때 나타나는 차이 306만 444명이 사회적 인구증가라 할 수 있다. 이중 일본과 중국으로부터 귀환한 숫자를 뺀 약 183만 9,000명에서 해방 이후 월북자 등을 상쇄하면 월남자는 160만 내외일 것으로 추산하였다.[63] 해방 이후 토지개혁 시기를 거쳐 1949년 한국전쟁 이전까지의 월남 인구를 약 160만 명으로 본다면 이는 북한인구의 10%에 해당되는 대규모의 인구이동이라 할 수 있다.

또 다른 자료를 보면, 1948년 조선은행이 발간한 『조선경제연보』는 해방 이후 1947년 12월까지의 '월남동포' 총수는 80만 3,434명에 달한다고 보고

61) Albert Hirschman, "Exit, Voice and the State," *World Politics* 31-1(1978), pp.106-107.

62) 정일영, 「북한의 쇠퇴에 따른 구성원의 대응과 회복 가능성 분석」, 『통일연구』 제15권 제1호(2011), 142-145쪽.

63) 당시 외교부통계는 1949년 4월말 현재 월남자를 96만 9,459명으로 추산하고 있으나 한국산업은행조사부는 이러한 통계에서 오차가 있음을 지적하고 있다[한국산업은행조사부(1955), 335-339쪽].

하였다. 「북조선토지개혁에 대한 법령」이 공포된 1946년 3월 한 달 동안 3만 4,670명이 월남하였고 4월에는 5만 450명이 월남하였다.[64] 동 연보의 수치는 만주나 중국 거주자로서 북한을 거쳐 귀향한 자들이 포함되지 않은 순수 월남자들이다.

해방 초기의 월남자는 지주, 친일파, 중상류층 등 구지배층에 집중되어 있었다. 우선 경제적 기반을 몰수당한 지주와 친일세력들은 상당 부분 월남을 선택하였다.[65] 북한은 토지개혁시 지주에 대해서 가옥과 대지, 살림살이까지 전면 몰수하였으며 토지경작을 원하는 이들은 타군으로 이주해 불하받은 농지를 경작하도록 하였다. 실제로 타군으로 이주하여 농업에 종사한 지주 가구는 13%에 불과했다. 그렇다면 대다수의 지주층이 월남을 선택했다는 추정이 가능하다.[66]

다시 『조선경제연보』의 자료를 보면, 1947년 5월~12월 중 월남자의 직업별 분포는 총 월남자 12만 7,663명 중 농업이 1만 3,948명으로 가장 많았고 상업이 1만 348명, 광부 9,320명, 직공(노동) 8,065명, 학생 5,348명, 무직 6만 8,248명 등이었다.[67] 1947년의 수치만 놓고 보면 지주를 포함한 농업종사자가 가장 많으나 이외에도 다양한 계층에서 월남이 진행되었음을 알 수 있다.

상당수의 종교인 또한 월남을 선택한 것으로 판단된다. 해방 당시 북한의 종교인은 개신교 약 20만 명, 천주교 약 5만 3천 명, 불교 약 50만 명, 천도교 약 150만 명으로 추정된다.[68] 1946년 12월의 북한자료에 따르면,

---

64) 조선은행조사부(1948), Ⅰ-9쪽.

65) 강정구, 「해방후 월남인의 월남동기와 계급성에 관한 연구」, 한국사회학회(편) 『한국전쟁과 한국사회변동』(서울: 풀빛, 1992b), 99쪽.

66) 박명림(1996b), 361쪽.

67) 조선은행조사부(1948), Ⅰ-9쪽.

68) 강인철, 「월남 개신교 · 천주교의 뿌리: 해방후 북한에서의 혁명과 기독교」, 『역사비평』 17호(1992), 108-109쪽.

평안북도 선천중학교 학생 중 남조선으로 도주한 학생 20명의 '가정성분'은 소시민 8명, 중농 5명, 사무원 2명, 노동 2명, 자본가 1명, 부농 1명, 빈농 1명이었으며 이 중 기독교인은 10명으로 상당한 비중을 차지했다.[69)]

1948년 8월 13일 해주시 인민재판소 판결 내용을 보면, 경기도 연백군에 거주하는 로학순은 기독교인 김종수와 우영감을 38선 이남으로 안내하는 등 수차례 종교인 등에게 월경을 안내하고 보수금을 받은 혐의로 재판에 회부되어 징역 2년의 처벌을 받았다.[70)]

그렇다면 민주개혁 이후 국가건설 이전까지 진행된 월남의 원인은 무엇이었을까? 조선은행이 1947년 5~6월 중의 월남자들을 대상으로 월남사유를 조사한 자료에 따르면, 조사대상 3만 1,859명 중 생활난이 2만 731명, 귀향이 9,400명, 구직 892명, 사상문제 502명, 그리고 상업을 위한 월남(商用)이 252명으로 나타난다.[71)] 월남자 358명을 대상으로 설문 조사한 또 다른 연구자료에 따르면, 1946년~48년 월남자 중 26.1%가 '정치 · 사상적 탄압'을 월남의 동기로 응답하였으며 이 외에 '재산을 몰수당해'가 12.5%, '공산주의가 싫어서'가 7.7%로 나타나 정치적 이유가 다수를 차지하고 있다.[72)]

이와 같은 조사 자료를 통해 당시 남한으로의 이탈을 명확히 규명하는 데는 한계가 있다. 다만 토지개혁 등으로 경제적 토대를 상실한 구지배층의 이탈을 주도했으며 이후로는 다양한 계층으로 확대됐다는 점에서 월남이 북한체제에 대한 일정한 저항의 성격을 내포하고 있음을 알 수 있다.

69) 국사편찬위원회(편), 「정보보고(1946.12.25)」, 『북한관계사료집 Ⅹ』(서울: 국사편찬위원회, 1990), 226쪽.

70) 해주시인민재판소, 「판결(1948.8.13)」, 『북한관계 사료집 Ⅸ』(서울: 국사편찬위원회, 1984), 543-544쪽.

71) 조선은행조사부(1948), Ⅰ-9쪽.

72) 이동원 · 조성남, 『미군정기의 사회 이동』(서울: 이화여자대학교 출판부, 1997), 77쪽.

결과적으로 이와 같은 이탈이 없었다면 지주와 종교인, 그리고 자본가를 포함하는 인민들의 저항이 상당 부분 존재했을 것으로 추측된다.[73]

역설적으로, 북한 인구의 약 10%에 달하는 체제 불만층이 이탈하면서 북한정권은 남아 있는 저항세력을 고립시키고 '민주개혁' 조치를 더욱 안정적으로 이행할 수 있었다. 소련과 북한은 그들이 추진한 '민주개혁' 조치가 안정화 될 때까지 남한으로의 이탈을 적극적으로 통제하지 않았다. 1946년 6월 초에 소련군은 남하금지령을 내렸으나 월남자의 대규모 유입에 따른 미군의 항의에도 불구하고 북한으로부터의 이탈은 계속됐다. 뿐만 아니라 소련군은 미군이 남하자를 송환하려 해도 이에 응하지 않았다. 1946년 7월 10일 미군정에서는 남하도중 발견자는 가까운 초소에서 송환하겠다고 발표했으나 소련군 초소는 이들 송환자 인수를 거부했다.

소련군은 1947년 10월에 가서야 월남을 저지하기 시작했고 북한 또한 1948년 정부수립 직후 38선 통행을 금지시키기 위한 통행증제를 실시하였다. 그러나 남한으로의 이탈은 전쟁이 발발하는 1950년까지도 끊이지 않고 지속되었다.[74] 결국 당시 소련군과 북한이 남한으로의 통로를 암묵적으로 개방함으로써 월남을 원하는 구성원이 북한에서 저항하기보다는 이탈을 선택하도록 일정부분 유도한 것으로 판단된다.

3) 농민계층의 변환

토지개혁은 지주와 종교인, 그리고 친일인사 등 구지배층의 몰락을 가져온 반면, 해방 이전까지 농민의 대다수였던 소작농이 자영농으로 변환되는 결과를 가져왔다. 해방 이전인 1943년 북한은 총 농호수의 4%에 달하는

73) 박명림(1996b), 358-360쪽.

74) Headquarter, U.S. Armed Forces in Korea(USAFIK), *G-2 Intelligence Summary Northern Korea*(ISNK), Vol.15, No.16; 박명림(1996b), 361-362쪽 재인용.

지주가 총 경지면적 198만 2,431정보의 58.2%를 차지하고 있었다.[75] 그러나 해방 직후 단행된 토지개혁으로 북한에서 전례 없는 농민계층의 상승이동이 이루어졌다. 농촌인구의 약 70%인 소작농과 농업노동자, 머슴이 생산수단을 사적으로 소유하는 자영농 계층으로 상승하게 된 것이다.[76]

결국, 토지개혁을 통해 해방 이전 압도적 다수였던 빈농과 고용농이 자작농 및 중농화됨에 따라 농촌에서 정치적 중심세력으로 성장하게 된다.[77] 토지개혁 이후 북한의 토지소유 분포는 대체로 중간 규모가 두터운 타원형을 띠게 되었다. 1정보 이상 2.5정보 이하의 농가가 전체의 44%를 점하여 농촌의 중심을 형성하고 있었으며 1정보 이하도 31.1%를 차지했다. 이는 북한의 초기 농업정책이 중농을 중심으로 하면서 빈농을 상향 이동시키고 부농화를 제한하는 방향으로 추진된 결과였다.[78]

토지개혁과 함께 농민층은 북조선로동당의 지지기반으로 변모하게 된다. 농민층의 당원 가입 또한 토지개혁을 기점으로 배가되었다. 1946년 4월 20일 현재 당원 수 2만 6천여 명에서 북조선로동당이 창립되는 8월에는 약 27만 6천 명으로 증가하게 된다. 1946년 8월 개최된 북조선로동당 창당대회에 참여한 각 도당대표 801명의 성분을 보면, 노동자 183명(23%), 농민 157명(20%), 사무원 385명(48%), 기타 76명(9%)의 비율을 보이고 있다.[79] 북조선로동당은 당의 계급성을 지속적으로 강조하였으나 농민의 비

75) 조선중앙통신사(편), 『조선중앙년감 1949년』(평양: 조선중앙통신사, 1949), 71쪽.

76) 강정구, 「한국전쟁과 북한사회의 사회구조변화」, 경남대학교 극동문제연구소(편), 『한국전쟁과 북한사회주의체제건설』(서울: 경남대학교 출판부, 1992a), 186쪽.

77) 조선로동당출판사(편), 『사회주의적 애국주의에 대하여』(평양: 조선로동당출판사, 1958), 41쪽.

78) 김성보(2000), 175쪽.

79) 국사편찬위원회(편), 「북조선 로동당창립대회 회의록(1946.8.28.~30)」, 『북한관계사료집 Ⅰ』(서울: 국사편찬위원회, 1982), 14-15쪽.

중은 꾸준히 유지되었다.

농민계층의 사회적 진출은 1946년 11월 실시된 도 · 시 · 군 인민위원회 선거에서 구체화되었다. 전체 도 · 시 · 군 인민위원 선거에서 선출된 인민위원 총 3,459명 중 농민은 1,256명으로 36.4%를 차지하여 가장 많은 인민위원을 배출하였다.[80] 또한, 농민, 특히 빈농들 중 상당수는 농민동맹을 통해 사회적 영향력을 확대해 나갔다. 토지개혁 당시에는 농민동맹원 수가 108만 3,985명이었으나 토지개혁 이후 144만 2,149명으로 증가했다고 한다.[81]

반면 토지개혁은 지주계층의 몰락을 초래했다. 타군으로 이주한 지주는 총 3,911가구로 토지를 몰수당한 지주 2만 9,683가구의 13%에 불과했다. 그들이 분배받은 토지는 9,622정보로 박탈당한 토지의 0.4% 밖에 되지 않았다.[82] 토지개혁은 지주계층뿐만 아니라 5정보 이상 토지를 소유한 성당, 승원, 기타 종교단체의 소유지도 몰수함으로써 종교계의 재정기반을 급속히 악화시켰다. 이는 평안남북도 지역을 중심으로 영향력을 행사하고 있던 기독교 민족주의 세력 전체의 약화를 초래했다. 결과적으로 소토지를 소유하게 된 농민계층이 북한 사회에 광범위하게 등장함과 동시에 지주와 기존의 친일 자본가 세력은 몰락하게 된 것이다.

80) 김두봉, 「북조선 민주선거의 총결과 노동당의 당면과업(『로동신문』 1946.11.30)」, 『북한관계사료집 34』(과천: 국사편찬위원회, 2000), 109쪽.

81) 김성보(2000), 161쪽.

82) 조선민주주의인민공화국 국가계획위원회 중앙통계국, 『1946~1960 조선민주주의인민공화국 인민경제발전 통계집』(평양: 국립출판사, 1961), 59쪽; 박명림(1996b), 200쪽 재인용.

2장 건국

'인민민주주의' 체제의 제도화

민족의 해방과 함께 꿈꾸었던 독립된 한민족의 나라, 그러나 건국은 대한민국과 조선민주주의인민공화국이라는 서로 다른 두 개의 국가가 등장함을 의미했다. 건국은 미·소의 분할점령하에서도 한반도의 통일을 열망했던 인민들의 소원과는 달리 이질적인 두 정치체제가 등장하는 분단의 시작이었다.

한반도 북반부에 건설된 조선민주주의인민공화국은 해방 이후 진행된 '민주개혁' 조치와 사회계층의 변환을 통해 그들만의 사회체제를 정착시키려 했다. 북한에서 국가, 즉 조선민주주의인민공화국의 건설은 사회통제 기제로서 '인민민주주의' 체제가 제도화되는 과정이었다.

이 장에서는 한반도 북반부에 형성된 사회통제체제를 사회규범과 동의구조, 그리고 일탈과 재사회화의 양식을 중심으로 분석한다. '인민민주주의' 체제하에서 식민지·봉건규범은 '인민민주주의' 규범으로 전환되었고,

북조선로동당을 중심으로 건설된 '북조선민주주의민족통일전선'(북민전)과 각 지역, 단위 인민위원회가 사회적 동의구조를 형성하였으며, 구성원은 군중동원과 교육사업을 통해 새롭게 건설된 국가의 '인민'으로 재사회화되었다.

1. '인민민주주의' 규범의 형성

'인민민주주의'는 프롤레타리아 혁명의 물적 토대가 구축되지 못한 자본주의 이전 단계의 국가에서 형성된 정치제도로 2차 세계대전 이후 동유럽과 아시아 일부 국가에서 사회주의로의 이행을 준비하기 위해 도입되었다.

1) 식민지·봉건규범의 해소

해방과 함께 북한의 임시정권은 식민지·봉건 규범을 해체하기 위한 개혁을 이행하였다. 1946년 3월 23일 북조선 임시인민위원회는 20개조 정강을 공포하게 되는데 반제·반봉건 조치의 이행에 대한 임시인민위원회의 의지와 향후 건설될 국가의 지향점을 담고 있었다. 20개조 정강은 기본적으로 일본 제국주의 잔재와 봉건제도의 청산을 강조하고 있는데 이는 당시 인민의 요구를 반영함으로써 '인민민주주의' 개혁을 조기에 이행하기 위한 것이었다. 20개조 정강은 이후 진행된 '민주개혁' 조치와 친일·반민족 행위자들에 대한 처벌의 준거가 되었다. 20개조 정강의 주요 내용은 아래와 같다.[1)]

1) 김일성, 「20개조정강(1946.3.23)」, 『김일성선집 1』(평양: 조선로동당출판사, 1960), 54-55쪽.

「북조선임시인민위원회 20개조 정강 주요내용」

1) 조선의 정치, 경제생활에서 과거 일제통치의 일체 잔재를 철저히 숙청할 것.
2) 국내에 있는 반동분자와 반민주주의적 분자들과의 무자비한 투쟁을 전개하며 파쇼적, 반민주주의적 정당, 단체 및 개인들의 활동을 절대 금지할 것.
11) 일본인, 일본국가, 매국노 및 계속적으로 소작을 주는 지주들의 토지를 몰수할 것이며, 소작제를 철폐하고 몰수한 일체 토지를 농민들에게 무상으로 분배하여 그들의 소유로 만들 것. 관개업에 속한 일체 시설을 무상으로 몰수하여 국가가 관리할 것.

20개조 정강의 제1항과 제2항은 북한의 임시정권이 추진한 국가건설의 목표를 제시하고 있다. 이는 식민지 · 봉건규범을 정치 · 사회의 전영역에서 근절하고 동 규범의 생산자라 할 수 있는 구지배층의 정치 · 사회적 영향력을 박탈하는 것이었다. 또한, 제7항에서 "일제 통치 시에 사용하였으며 그 영향을 받고 있는 일체 법률과 재판기관을 폐지" 한다고 선언하였다. 그리고 제11항은 토지소유제의 개혁을 통해 일제와 봉건지주의 경제적 토대를 무력화시키고 농민에 대한 토지분배를 공약하였다.

일제 식민시기의 지주-소작제도는 단순히 경제적 생산방식을 넘어선 인간관계와 정치권력, 사회구조의 거의 모든 것을 담고 있는 사회관계의 고리라 할 수 있다.[2] 북한은 해방과 함께 봉건제도의 핵심요소라 할 수 있는 지주-소작제도를 해체함으로써 식민지 · 봉건 규범을 해소해 나갔다.

북한은 20개조 정강의 공포와 함께 식민지 · 봉건 규범을 퇴치하고 친일 · 민족반역자에 대한 처벌을 단행하였다. 1947년 1월 24일 임시인민위원회는 「북조선의 봉건 유습 잔재를 퇴치하는 법령」(결정 제163호)을 공포

2) 박명림(1996b), 202쪽.

하였는데, 동 법령은 "사회, 정치, 경제, 문화생활에서 여성의 민주적인 평등권을 보장하며 여성의 발전을 억제하는 낡은 사상 잔재를 일소하고 여성의 법적지위를 보호" 하는 것을 목적으로 하였다.[3]

또한 임시인민위원회가 채택한 「친일파, 민족반역자에 대한 규정」에 따라 친일파와 민족반역자를 색출하고 민중재판을 통해 이들을 처벌하였다. 민중재판은 "잔존하는 친일파, 민족 반역자들에 대하여 결정적 타격을 주었으며 인민들의 애국적 정열을 더욱 고무하는 사업"으로 평가되었다.[4] 민중재판은 인민에 의한 직접처벌이라는 방식을 통해 식민지 · 봉건규범을 해소하고 구성원 스스로가 자기검열 · 통제하는 사회적 기제로 활용되었다.

2) '인민민주주의' 규범의 제도화

북한에서 해방 이후 성립된 '인민민주주의' 규범은 기본적으로 식민지 · 봉건제도의 청산과 토지 소유에 대한 농민층의 요구를, 소련과 임시정권을 장악한 사회주의 세력이 '인민민주주의' 혁명이란 관점에서 추진한 결과였다. 결국 '인민민주주의' 규범은 북한에서 권력을 장악한 사회주의 세력에 의해 '민주개혁'과 국가건설의 과정을 거쳐 제도화되었다.

북한은 1946년 3월 5일 무상몰수, 무상분배의 원칙이 적용된 「북조선토지개혁에 대한 법령」을 공포한 이후로 1946년 6월 24일 「북조선 노동자 및 사무원에 대한 노동법령」, 1946년 7월 30일 「북조선의 남녀평등권에 대한 법령」, 8월 10일 「산업, 교통운수, 체신, 은행 등의 국유화에 대한 법령」 등을 통해 '민주개혁'을 입법화하고 실행함으로써 '인민민주주의' 규범을 제도화해 나갔다.

3) 한락규(1960), 179-180쪽.

4) 한락규(1960), 165쪽.

1946년 6월 24일 공포된 「북조선 노동자 및 사무원에 대한 노동법령」은 8시간 노동제 실지, 14세 미만자의 노동금지, 동일노동과 동일기술에 있어서 연령, 성별에 의한 차별 철폐, 임산부와 유모에 대한 특별 보호, 소년노동자 보호, 그리고 의무적 사회보험제 채택 등을 주요 내용으로 제정되었다.[5] 김일성은 노동법령을 통해 근로대중의 노동생활을 봉건적 · 식민지적 착취에서 해방시켰음을 강조하였다.[6]

해방 이후 봉건제도를 해소함에 있어 1946년 7월 30일 공포된 「북조선의 남녀평등권에 대한 법령」은 중요한 개혁조치로 선전되었다. 남녀평등권에 대한 법령은 여성을 봉건제적 억압과 착취로부터 해방시키고 정치, 경제, 문화 등 각 방면의 생활에 있어서 남자와 동등한 권리를 제도적으로 보장한 조치로 강조됐다.[7]

국가의 건설은 민주개혁과 친일 · 반민족 행위자에 대한 사회적 처벌을 통해 형성된 '인민민주주의' 규범을 제도화하는 과정이었다. 북한은 1948년 9월 9일 공포된 「조선민주주의인민공화국 헌법」을 '반제반봉건민주주의헌법'이라 강조한다.[8]

「조선민주주의인민공화국 헌법 해설」

조선민주주의인민공화국 헌법은 북조선 인민들의 생활에서 발생된 전변들로부터 출발하여 이 위대한 전변들을 반영하였으며 그것을 법적으로 확고히 하였다. 이 헌법에는 조선인민의 극악한 적인 외래 제

5) 윤대규 · 김동한(1991), 187쪽.

6) 김일성, 「근로대중의 통일적 당의 창건을 위하여(북조선 로동당 창립 대회에서 한 보고)」, 서대숙(편), 『북한문헌연구: 문헌과 해제 I』(서울: 경남대학교 출판부, 2004), 23쪽.

7) 김일성, 「근로대중의 통일적 당의 창건을 위하여(북조선 로동당 창립 대회에서 한 보고)」(2004), 23쪽.

8) 조선로동당출판사(편), 『정치학교육 참고자료』(평양: 조선로동당출판사, 1955), 236-241쪽.

국주의 침략자들과 그의 주구, 민족반역자, 친일파, 친미파 그리고 예속 자본가들과 지주들의 착취를 반대하며 조국의 통일독립과 부강한 민주발전을 지향하는 조선인민의 한결같은 의지가 표현되여 있다. … 헌법에 선포된 민주주의 정권 기관들이 존재하고 있는 사실은 헌법에 선포된 민주주의적 자유와 권리에 대한 튼튼한 담보로 되는 것이며 토지개혁과 산업, 운수, 은행, 체신 등을 국유호한 결과에 인민의 수중에 중요한 물질적 토대가 집중된 사실은 이에 대한 물질적 보장으로 되는 것이다.

헌법에서 생산수단은 "국가 협동단체 또는 개인자연인이나 개인법인의 소유"로 하되 "광산, 기타지하부원, 삼림, 하해, 주요기업, 은행, 철도, 수운, 항공, 체신기관, 수도, 자연력 및 전 일본국가 일본인 또는 친일분자의 일체 소유는 국가의 소유"(5조)로 규정 하였다. "전 일본국가와 일본인의 소유 토지 및 조선인지주의 소유 토지는 몰수"하며 "소작제도는 영원히 폐지"하되 "토지는 자기의 노력으로 경작하는 자만이 가질 수" 있도록 하였고, 다만 "국가는 인민경제계획을 실시함에 있어서 국가 및 협동단체의 소유를 근간으로 하고 개인경제부문을 이에 참가케 한다"(제6조)고 명시 하였다. 또한 "공민은 종소산업 또는 상업을 자유로 경영"할 수 있으며(19조), "개인소유에 대한 상속권을 법적으로 보장"(제8조)하였다.[9] 헌법은 '민주개혁' 조치를 헌법화한 것으로 '인민민주주의' 규범을 제도화한 총체라 할 수 있다.

북한은 또한 식민지 · 봉건 규범의 형성자라 할 수 있는 친일파와 지주 등 구지배 세력을 무력화하기 위해 형법 제정을 제정하고 '인민민주주의' 규범을 강화하고자 했다.[10] 북한은 건국헌법에 기초해 1950년 3월 3일

9) 서대숙(편), 「조선민주주의인민공화국 헌법(1948.9.9.)」, 『북한문헌연구: 문헌과 해제 V』 (서울: 경남대학교 출판부, 2004), 239-241쪽.

10) 박광섭(1992), 29쪽.

「조선민주주의인민공화국 형법」을 채택하고 구지배 세력에 대한 처벌과 고립을 법제화하게 된다.[11] 형법 제79조는 "일본 기타 제국주의의 지배 밑에서 책임적 또는 비밀적 직위에 참여하거나 또는 그 외의 방법으로 조선인민의 민족 해방운동과 인민민주주의운동을 적극적으로 박해 탄압한 자는 제66조에 규정(사형 및 전부의 재산 몰수)한 형벌에 처한다"고 규정하였다.[12]

북한은 형법을 통해 조국 반역자와 민족반역자를 처벌함으로써 '조국과 민족에 대한 충성과 사랑, 그리고 반역자들에 대한 증오와 멸시의 사상'으로 인민을 교양하고자 하였다.[13] 북한에서 형법의 제정은 반제 · 반봉건 조치를 제도화하고 구지배 세력의 정치적 복귀를 합법적으로 차단한 조치였다.

2. '북조선로동당－북민전－인민위원회'의 획일적 동의구조 형성

'민주개혁'을 통해 대중정당으로 탈바꿈한 북조선로동당은 '북조선민주주의민족통일전선'(북민전)을 건설함으로써 사회 전반의 사회단체를 포괄하는 광범위한 협의체를 구축하게 된다. 북조선로동당은 북민전을 중심으로 각 단위 인민위원회 선거를 실시하고 국가건설과 함께 당과 북민전, 그리고 인민위원회의 동의구조를 구축하였다.

---

11) 한인섭, 「북한 형법의 변천과 현재」, 『북한정권 60년: 북한법의 변천과 전망 및 과제 학술대회자료집』(서울: 북한법연구회, 2009), 93쪽.

12) 서대숙(편), 「조선민주주의인민공화국 형법 채택에 관하여(조선민주주의인민공화국 최고인민회의 공보 제8호, 1950.3.3)」, 『북한문헌연구: 문헌과 해제 Ⅴ』(서울: 경남대학교 출판부, 2004), 279쪽.

13) 심현상, 『조선형법해설』(평양: 국립출판사, 1957), 14쪽.

1) '민주개혁'과 북조선공산당(로동당)의 대중화

해방 직후 전위조직의 성격을 띠었던 북조선공산당은 '민주개혁' 조치의 성공과 함께 대중정당으로 전환된다. 애초에 공산당은 노동계급에 기반한 전위정당으로서 그 성격을 강화하고자 하였다. 김일성은 1945년 12월 17일 조선 공산당 북조선조직위원회 제3차 확대집행위원회 보고에서 당의 성분 구성이 '건전하게' 발전하지 못하고 있음을 지적하였다. 전체 당원 중 노동자 출신이 30%인데 반하여 농민(34%), 인테리 및 상인(36%) 등의 구성이 높은 관계로 노동계급의 의사와 요구를 완전히 실행할 수 없다는 것이다.[14]

1946년 4월 청진시위원회가 작성한 '당의 생활'에 따르면, 북조선공산당의 목적을 무산계급혁명을 완성하여 공산주의 사회를 건설하는 것으로 자본가, 상인, 부농 등 계급성분이 다른 자들은 원칙적으로 공산당원이 될 수 없었다. 비당원이 입당하고자 할 경우에는 정식당원 2인의 추천을 받아야 했으며 세포위원회의 심사를 통과하고 상급당위원회가 허가할 경우에만 후보당원이 될 수 있었다. 당원은 당의 비밀을 지켜야 하며 규율을 엄격히 이행하고 당의 결정과 결의에 복종하도록 요구되었다.[15] 그러나 토지개혁은 북조선공산당의 대중적 지지기반을 확장시켰으며 이는 공산당이 대중정당으로 탈바꿈하는 계기가 된다.

1946년 4월 10일 토지개혁을 총괄하기 위해 열린 제6차 확대집행위원회는 토지개혁을 실시하는 과정에서 근로대중의 가장 우수한 선진분자들을 당에 받아들일 대책을 취하지 못했다고 비판하였다. 위원회는 농촌의 선진

14) 김일성, 「조선 공산당 북조선 조직위원회 제3차 확대집행위원회 보고」, 『김일성선집 1』(평양: 조선로동당출판사, 1960), 15-17쪽.

15) 조선공산당 청진시위원회, 「당의 생활(1946.4.10)」, 『북한관계 사료집 Ⅰ』(서울: 국사편찬위원회, 1982), 66-76쪽.

분자들로 농촌 당 세포를 조직하고 빈농과 고용농을 토대로 당세를 확대 강화할 것을 강조함으로써 대중정당으로의 변화를 꾀하게 된다.[16]

농민층을 중심으로 공산당의 대중화가 추진된 이후 당원 수는 배가되었다. 1946년 4월 공산당원은 약 2만 6천 명으로 전위조직의 성격이 강한 조직이었다. 그러나 토지개혁이 실시된 이후 1946년 5월에 작성된 소련군 정보보고에 따르면, 공산당의 당원 수는 4만 3천 명으로 증가했으며 북조선로동당이 창립되기 직전인 8월까지 27만 6천 명으로 급격히 증가하였다.[17]

특히 1946년 8월 북조선공산당과 조선신민당이 북조선로동당으로 통합하면서 당원 40만에 육박하는 대중정당으로 재편되었다.[18] 김일성은 1945년 12월 노동자의 당원 비율이 30%밖에 되지 못함을 비판하였으나 1946년 8월 개최된 북조선로동당 창당대회에 참여한 각 도당대표 801명의 성분을 보면 노동자 183명(23%), 농민 157명(20%), 사무원 385명(48%), 기타 76명(9%) 등 노동자의 비율은 감소하였다.[19] 공산당지도부가 당의 계급성을 강조하기보다는 대중정당으로의 전환을 추진한 결과였다.

북조선로동당 창립 이후에도 당원 수는 지속적으로 증가해 1948년 3월 개최된 북조선로동당 제2차 대회에서 김일성은 조선로동당이 "75만여 명에 달하는 광대한 대중적 정당으로 발전"하였다고 선언하게 된다.[20] 북한의 인구가 1946년에 925만 7천여 명, 1949년에 962만 2천여 명이었음을 감

16) 김일성, 「토지개혁의 총결과 금후 과업」, 『김일성 선집』(평양: 조선로동당출판사, 1960), 68-72쪽.

17) 소련군의 보고자료는 치키치코, 「소련 점령 지역 내 정당 및 사회단체에 관한 보고(1946.5.20)」, 러시아현대사문서보관연구센터; 서동만(2005), 165-166쪽 재인용.

18) 국사편찬위원회(편), 「북조선 로동당창립대회 회의록(1946.8.28.~30)」, 『북한관계사료집 Ⅰ』(서울: 국사편찬위원회, 1982), 101-176쪽.

19) 국사편찬위원회(편), 「북조선 로동당창립대회 회의록(1946.8.28.~30)」(1982), 14-15쪽.

20) 김일성, 「북조선로동당 제2차 대회에서 한 중앙위원회 사업 총화 보고(1948.3.28)」, 『북한관계사료집 Ⅰ』(서울: 국사편찬위원회, 1982), 64-65쪽.

안하면 인구대비 당원 비율이 약 8%에 달하였음을 알 수 있다.[21]

북조선로동당은 당의 대중화와 함께 당 조직을 강화하는 작업을 진행하였다. 당의 기본 조직인 공장, 광산, 탄광, 철도, 농장, 학교, 행정기관, 기타 공공시설에 당원 5명 이상으로 세포를 조직하였으며 100명 이상 당원을 가진 주요 공장과 광산, 농촌 등에 당위원회를 조직하여 당의 지도력을 강화해 나갔다.[22]

북조선로동당의 대중화는 노동자계급의 전위조직이라는 성격을 완화시키고 당시 북한의 대다수 구성원이었던 농민을 중심으로 노동자, 사무원 등을 포괄하는 대중정당으로 탈바꿈하였음을 의미했다. 연장선상에서 북조선로동당은 당의 대중화와 함께 자체의 힘으로 여타 사회단체를 포괄하는 통일전선을 구축하고자 하였다.

2) '북조선민주주의민족통일전선'(북민전)의 출범: 북조선로동당 중심의 협의적 동의구조 형성

북조선로동당은 당세의 확장과 함께 여타의 사회조직들을 포괄하는 '북조선민주주의민족통일전선'(북민전)을 수립하고 정치 결정구조에서 주도권을 장악해 나갔다. 북민전의 수립은 대남전략에 있어 통일성을 가져다주었을 뿐만 아니라 해방 이후 광범위하게 설립된 사회단체를 당의 통제하에 두려는 시도였다.

북민전은 국가건설기 북한 사회에서 이질적인 요소를 통제하고 북조선로동당의 통제를 강화하는 공간으로 활용됐다. 1946년 7월 22일 각 정당·사회단체대표회의를 통해 결성된 '북조선민주주의민족통일전선위원회'는

21) 서동만(2005), 193-194쪽.

22) 국사편찬위원회(편), 「당조직 지도사업에 관한 당중앙본부의 결정지시(기타)들을 제시함에 대하여」, 『북한관계사료집 XVII』(과천: 국사편찬위원회, 1994), 294-298쪽.

정당, 사회단체의 대표 17명으로 구성되었다.[23] 참여한 사회단체는 직업동맹(약 35만 명), 농민동맹(약 180만 명), 민주청년동맹(약 100만 명), 여성동맹(약 60만 명), 예술연맹(약 1만 명) 등으로 북한지역의 주요 사회단체를 망라하였다.[24]

북조선로동당은 북민전을 기반으로 주요 사회단체를 장악해 나갔다. 김일성은 1948년 제2차 당 대회 보고에서 조선로동당이 "직업동맹, 농민동맹, 민주청년동맹, 민주여성동맹, 예술연맹 등 광범한 사회단체들을 조직하여 수백만 조직군중을 자기주위에 묶어 세웠음"을 강조하였다. 각종 사회단체는 이미 자기의 조직체계를 수립하고 하급조직을 가지고 있으며 이와 같은 사회단체의 구성원들이 당과 사회단체의 조직적 지도를 받고 있다는 것이다.[25] 특히 기층단위에서 여타 사회단체조직에 대한 당의 지도적 역할이 강조되었다.

1949년 3월 강원도 원산시 당 세포 총회는 당 조직이 "사회단체 내에 들어가 있는 당원들의 사업을 협조 · 보장하며 그들의 사업에 많은 협조를 주어 사회단체에서 역할을 높이며 우리당의 영향을 군중 속에 깊이 침투시킴으로써 전체 군중이 우리당에 위대성을 일층 높이도록 사업할 것"을 지시하였다.[26] 이와 같은 기층단위에서의 통일전선 사업은 지역의 인민위원회

23) 북조선공산당책임비서: 김일성, 조선민주당당수: 최용건, 조선신민당위원장: 김두봉, 천도교청우당위원장: 김달현, 북조선직업총동맹위원장: 최경덕, 북조선농민동맹위원장: 강진건, 북조선민주여성동맹위원장: 박정애, 북조선민주청년동맹위원장: 김욱진, 조소문화협회위원장: 리기영, 북조선예술총동맹위원장: 한설야, 북조선불교총무원장: 김세율, 북조선소비조합 위원장: 장시우, 북조선반일투사위원회 위원장: 김홍작, 북조선교육문화후원회장: 장종식, 북조선공업기술총연맹 위원장: 리병제, 북조선보건연맹 위원장: 리상빈, 북조선 건축동맹위원장: 김응상[조선중앙통신사(편)(1950), 「북조선민주주의민족통일전선 위원회결성에 관한 결정서(1946.7.22)」, 45-46쪽].

24) 와다 하루키(2002), 84쪽.

25) 김일성, 「북조선로동당 제2차 대회에서 한 중앙위원회 사업 총화 보고(1948.3.28)」(2004), 69-70쪽.

26) 국사편찬위원회(편), 「회의록 제16호: 북조선 로동당 강원도 원산시 건축구 세포총회(1949. 3.19)」, 『북한관계사료집 XVI』(과천: 국사편찬위원회, 1993), 16쪽.

에 대한 통제를 최종 목적으로 하였다.

김일성은 북민전이 "각계, 각층 인민들의 애국적 민주역량을 더욱 광범히 조직·동원하고 각 정당, 사회단체들의 더욱 긴밀한 협조와 통일적 행동을 보장하게 될 것"이며 "북조선의 민주기지를 더욱 튼튼히 축성하게 될 것"이라 강조하였다. 특히 북민전이 임시인민위원회가 발표한 20개조 정강을 공동의 강령으로 삼고 인민위원회를 강화하기 위한 공동의 협의기관을 강화해 나가도록 하였다.[27] 기층 인민위원회에 대한 통일전선 사업은 국가건설 과정에서 기층단위의 인민대표기관을 장악하기 위한 조치라 할 수 있다.

3) 선거를 통한 '당-북민전-인민위원회' 동의구조 제도화

1946년 7월 북민전이 성립된 이후 북조선로동당은 지방인민위원회 선거사업에 착수하게 된다. 북조선로동당 중앙위원회는 인민위원회 위원선거를 "북조선의 민주건설을 견고히 할 뿐만 아니라 완전독립 국가를 세우는데 있어 물질적 기초"를 세우기 위한 과정으로 강조하였다. 특히 선거 과정에서 "친일분자, 민족반역자들"이 개입하지 못하도록 철저한 조사를 지시하였다.[28]

북한은 1946년 9월 5일 북조선임시인민위원회 제2차 확대위원회를 통해 「북조선 도·시·군·면·리 인민위원에 관한 규정」, 「인민위원회위원 선거에 관한 규정」을 채택하게 된다. 선거규정은 "제민주주의 정당과 사회단체는 그 정당과 단체의 공동후보를 추천하는 권리를 가진다"고 규정하여 북민전의 선거개입을 보장하였다. 북한은 동 규정이 "다른 자본주의국가에

---

27) 김일성, 「민주주의 민족 통일 전선 위원회를 결성할 데 대하여(1946.7.22.)」, 『김일성 선집』 (평양: 조선로동당출판사, 1960), 121-128쪽.

28) 국사편찬위원회(편), 「김일성동지의 '인민위원회 위원선거 실시에 대한 보고'에 대한 결정서(1946.9.25)」, 『북한관계사료집 29』(과천: 국사편찬위원회, 1998), 1-3쪽.

는 있을 수 없는 조선인민의 역사적 숙망인 완전독립을 전취하기 위한 튼튼한 민주주의민족통일전선이 엄존하고 있음을 말하며 그 기초 위에서만이 실행될 수 있는 공동후보제"라고 정당화했다. 결과적으로 인민위원 선거는 북민전에서 추천한 후보에 대한 찬반투표로 진행되었다.[29] 북민전은 북조선로동당을 중심으로 한 연합정권을 건설하기 위한 정치적 도구로 활용된 것이다.

북한은 인민위원회 선거에 앞서 각 시·군·면에 선거선전실을 설치하고 2개월간의 선전작업을 진행하였다. 1946년 11월 3일 도·시·군 인민위원회 선거는 최초의 근대적 선거라는 점이 강조되었으나 현실은 북민전의 공동입후보자에 대한 찬·부를 흑백의 함에 투표하는 방식이었다.[30] 북한의 자료에 따르면, 투표에 총유권자 451만 6,120명 중 450만 1,813명(99.6%)이 참여하였다. 북민전의 공동입후보자에게 찬성한 것은 도 인민위원 선거에서 97%, 시 인민위원에서 95.4%, 군 인민위원에서 96.9%에 달하였다고 한다. 전체 도·시·군 인민위원 선거에서 선출된 인민위원 3,459명의 출신성분을 보면, 농민 1,256명(36.4%), 노동자 510명(14.5%), 사무원 1,056명(36.6%), 상업자 145명(4.3%), 문화인 311명(9.1%), 기업가 73명(2.1%), 종교인 94명(2.7%), 前지주 13명(0.4%) 등의 분포를 보였다. 이중 북조선로동당 당원이 1,102명, 조선민주당 당원이 351명, 천도교 청우당 당원이 253명 당선되었으며 무소속은 1,753명이 당선되었다. 또한, 여성 인민위원은 453명

29) 국사편찬위원회(편), 「당면한 인민위원선거와 북조선민주주의민족통일전선위원회의 당면과업에 관한 보고(『로동신문』 1946.9.17)」, 『북한관계사료집 33』(과천: 국사편찬위원회, 2000), 96-97쪽.

30) 투표방식에 관하여 당시 선거규정은 "투표함은 매후보자를 위하여 백색·흑색 두 함을 설치한다. 백함은 찬성을 의미하며 흑함은 반대를 의미한다."고 적시하였다. 또한, "투표하는 동작이 보이지 않게 하기 위하여 투표함을 병풍으로 막는다."고 규정하였다. 국사편찬위원회(편), 「북조선 면 및 이(동) 인민위원회 위원 선거에 관한 규정(『로동신문』 1947.1.9)」, 『북한관계사료집 34』(과천: 국사편찬위원회, 2000), 434-437쪽.

으로 선출된 인민위원의 13.1%를 차지했다.[31] 북조선로동당은 지방의 주요 단위 인민위원회 선거에서 인민위원의 1/3에 육박하는 1,102명의 당원을 당선시킴으로써 지방 단위에서 정치적 영향력을 행사할 수 있는 기반을 마련하게 된다.

도 · 시 · 군 인민위원회 선거에 이어 1947년 2월 면 · 리 인민위원회에 대한 선거를 진행, 총 53,314명이 당선되었다.[32] 이 선거로 북한의 모든 면과 리에 인민위원회가 조직됨에 따라 중앙에서 지방까지 단일한 의사구조를 갖추게 되었다. 선거를 통해 선출직 국가기구 구성원을 5만 명이나 갖추게 된 것은 국가가 매우 광범한 침투능력을 갖게 되었음을 의미했다.[33]

각급 인민위원회 선거가 마무리된 1947년 2월 17일 북조선 도 · 시 · 군 인민위원회 대회가 개최되었다. 도 · 시 · 군 인민위원회 대회는 입법기관이라 할 수 있는 북조선 인민회의 대의원 237명을 선출하였는데, 대의원 중 정당별 분포는 북조선로동당 88명(37.2%). 민주당 30명(12.7%), 청우당 30명(12.7%), 무소속 89명(37.4%)이었다.[34]

2월 21일 제1차 회의에서 북조선 인민회의 상임의원회가 구성되어, 의장 김두봉(로동당), 부의장 최용건(민주당), 김달현(청우당), 서기장 강량욱(민주당) 등 10명이 선출되었다. 상임의원회는 회의를 통해 「북조선인민위원회에 관한 규정」을 채택하게 된다. 규정에 따라 인민위원회는 "제반 결정 및 지시의 권한과 북조선 인민회의 휴회 중 북조선의 각 국가기관, 사회단

31) 김두봉, 「북조선 민주선거의 총결과 노동당의 당면과업(『로동신문』 1946.11.30)」, 『북한관계사료집 34』(과천: 국사편찬위원회, 2000), 109-110쪽.

32) 조선중앙통신사(편)(1949), 84쪽.

33) 박명림(1996b), 275쪽.

34) 국사편찬위원회(편), 「북조선 도 · 시 · 군인민위원회 대회 회의록」, 『북한관계사료집 Ⅷ』(서울: 국사편찬위원회, 1989), 168쪽.

체 및 공민에게 적용할 제반 법률을 제정할 권한"을 행사하게 되었다. 실질적인 입법, 집행의 권한이 부여된 것이다.[35]

북조선 인민회의는 2월 22일 북조선 인민위원회를 구성하고 위원장에 김일성, 부위원장 김책(로동당), 홍기주(민주당), 사무장 한병옥(로동당) 등을 선임하였다.[36] 북조선 인민위원회 구성원 22명 중 16명이 북조선로동당 소속으로 절대다수를 차지하였다. 북조선 인민위원회가 국가건설 이전까지 실질적인 정부의 역할을 담당하였다는 점에서 행정부에서 대한 당의 통제가 제도화되었음을 알 수 있다.

북한은 1948년 8월 25일 최고인민회의 대의원 선거를 실시하고 전신인 북조선 인민회의를 대체하는 공식 대의기관에 관한 선거를 마무리 짓게 된다. 북한의 자료에 따르면, 북한 전역의 212개의 선거구에서 전체 유권자 452만 6,065명 중 452만 4,932명(99.97%)이 선거에 참여하였다고 한다. 인민회의 대의원선거 또한 북민전이 추천한 공동입후보자에 대한 투표로 진행되었는데 전체 투표자의 98.49%가 찬성투표 하여 212명의 최고인민회의 대의원이 선출되었다. 북한은 전 한반도에서 최고인민회의의 정당성을 확보하기 위해 남한지역 투표도 진행하였다. 남한지역의 경우, '비밀선거'에 의해 인민대표자대회에 참석할 대표를 선출하는 방법을 취했다. 해주에서 열린 '남조선인민대표자대회'에서 1,080명의 대표를 선출하고 인구 5만 명에 1명의 비율로 360명의 대의원을 선출하게 된다. 결국, 1948년 9월 2일부터 9일까지 6일간의 일정으로 최고인민회의 제1차 회의가 개최되어 김두봉을 위원장으로 하는 최고인민회의 상임위원회가 구성되었다. 6일째 회의에서 수상, 부수상 3명, 각료 18명의 초대 내각 명단이 발표되었다. 초대 내각의 구성은 다음과 같다.[37]

35) 서동만(2005), 190쪽.

36) 국사편찬위원회(편), 「북조선 도 · 시 · 군인민위원회 대회 회의록」(1989), 203쪽,

「조선민주주의인민공화국 초대 내각」

수상: 김일성, 부수상: 박헌영, 홍명희, 김책, 국가계획위원장: 정준택, 민족보위상: 최용건, 국가검열상: 김원봉, 내무상: 박일우, 외무상: 박헌영, 산업상: 김책, 농림상: 박문규, 상업상: 장시우, 교통상: 주녕하, 재정상: 최창익, 교육상: 백남운, 체신상: 김정주, 사법상: 리승엽, 문화선전상: 허정숙, 노동상: 허성택, 보건상: 리병남, 도시경영상: 리용, 무임소상: 리극로

이상의 구성은 북민전과 남민전이 동률로 선임된 결과였다. 결국 초대 내각은 당시 북로당과 남로당이 분리되어 있는 상황에서 남·북민전 간의 협의적 구조로 건설되었다. 이와 같은 구조는 1949년 6월 남·북조선로동당이 조선로동당으로 통합되면서 해소된다.

국가건설기 북한의 정치체제는 김일성이 당과 정부의 최고지도자 지위를 확보하고 있었으나 사회주의 세력 내 집단 또는 파벌 간 세력균형이 유지되며 연합체제의 성격을 띠고 있었다.[38] 북한 내의 정당·사회단체의 통일전선 조직으로 건설된 북민전은 북조선로동당의 주도하에 각 단위 인민위원회를 건설하였다. 해방 이후 전국적으로 건설된 인민위원회는 북민전 후보에 대한 찬반선거를 통해 공식적인 지방행정 조직으로 자리 잡게 된다.

이와 같이 북한에서 진행된 국가의 건설은 북조선로동당의 통제하에 북민전, 그리고 각 단위·지역의 인민위원회로 연결되는 동의구조를 제도화하는 과정이었다.

37) 『조선민주주의인민공화국 최고인민회의 제1차 회의 회의록』, 395-413쪽; 서동만(2005), 222-226쪽 재인용.

38) 고병철(1992), 2-10쪽.

3. 사회적 일탈의 처벌과 재사회화

1) 사회적 일탈과 처벌

해방과 함께 북한에서 이행된 '민주개혁' 조치들과 입법 조치들은 친일 · 반민족 세력을 척결하고 인민의 이익을 대변한다는 이유로 정당화되었다. 또한, 저항과 일탈은 반민족 · 반민주 행위로 간주되어 처벌의 대상이 되었다. 1946년 1월 26일 북조선 사법국은 각종의 포고를 통해 민주개혁조치에 따른 저항에 적극적으로 대응하였다.

특히 포고 제10호 「인민위원회 또는 북조선 각 국의 결정 지령 명령 등 위반에 관한 건」은 3 · 7제를 비롯하여 기타 새롭게 건설된 법질서에 저항하는 구성원에 대한 처벌의 준거가 되었다. 이와 함께 포고 제9호 「농산물 매상 불응 등 처벌에 관한 건」, 포고 제11호 「조세 체납 처벌에 관한 건」 등이 공포되었다.[39] 이와 같은 조치들은 임시정권이 설립되기 이전까지 사회질서를 유지하기 위한 임시조치의 성격이 강했다.

1946년 2월 8일 북조선 임시인민위원회가 수립된 이후 임시인민위원회는 사회통제 법령들을 마련하는 작업에 착수하게 된다. 임시인민위원회는 1947년 1월 24일 「생명 건강 자유 명예 보호에 관한 법령」(결정 제164호), 「개인 재산 보호에 관한 법령」(결정 제165호), 「북조선의 인민 보건을 침해하는 죄에 관한 법령」(결정 제165호) 등을 공포하게 된다. 「생명 건강 자유 명예 보호에 관한 법령」은 "주권을 장악하고 '민주개혁'을 실시한 결과로 보장된 인권을 각종 침해로부터 보호함"을 규정하였고, 「개인재산 보호에 관한 법령」은 "자기의 행복과 즐거운 생활을 위하여 차지할 수 있게 된 공민의 재산"을 보호하기 위한 입법 조치로 강조되었다.[40]

39) 한락규(1960), 167-168쪽.

북한은 사회통제의 기본이 되는 공민증 제도를 해방 이듬해부터 시행하였다. 1946년 8월 9일 김일성은 북조선 임시인민위원회 국 · 부장회의에서 공민증 교부사업을 통해 주민구성에 관한 통계를 명확히 하고 반동분자들을 적발해 숙청해야 한다고 주장했다.[41] 북한은 주민들의 이동을 통제하였는데 거주이동은 공민등록 기관의 승인 아래 이루어졌다. 거주지 이동 시에는 먼저 퇴거승인을 받아야 했으며, 이주한 곳에서 거주등록을 의무화하였다. 또한, 주민들이 다른 지역에 출장이나 여행을 갈 경우 숙박등록을 해야만 했다.[42]

해방 초기 노동력의 이동을 통제하고 현장에서 노동규율을 확립하는 문제는 사회질서를 유지하기 위한 중요과제였다. 해방 이후 북한은 극심한 노동력 부족과 노동력의 이동으로, 공장관리에 필요한 간부 및 기술인력의 부족 등으로 노동규율이 저하된 상황이었다. 북한은 노동자에게 다음과 같이 노동규율에 복종할 것을 강제하였다.[43]

「작업상 로동임무」

첫째, 무단결근, 지각, 조퇴, 사용외출이 없이 자각적으로 출근하며, 규정된 작업시간을 철저히 집행하여 부관된 로동의무를 정직하게 집행하는 것이며,

둘째, 자기의 기능수준을 부단히 향상시키며 창의, 창발력을 발휘하여 제정된 책임량을 질적, 량적으로 반드시 초과실행 하여야 되며,

40) 한락규(1960), 179-180쪽.

41) 김일성, 「공민증 교부사업을 진행할 데 대하여」, 『김일성 전집4』(평양: 조선로동당출판사, 1992), 79쪽.

42) 국사편찬위원회(편), 「공민증에 관한 결정서」, 『북한관계사료집5』(과천: 국사편찬위원회, 1987), 823-835쪽.

43) 정일룡, 「기업소에서의 로동규률과 유일관리제 강화를 위하여(1950.1)」, 『북한관계사료집39』(과천: 국사편찬위원회, 2003), 554-555쪽.

셋째, 기업소 내의 정상적인 질서를 보장하기 위하여 일반적인 기술적 안전규정, 위생규정, 방화규정, 기타 기업소 내 내부정리규칙을 철저히 준수하며,

넷째, 표준조작법을 철저히 실시하여 기계고장과 불합격품 생산을 방지하며, 기업소 재산을 자기 눈동자와 같이 애호하여야 한다.

산업현장에서 노동규율의 확립은 1946년 6월 24일 「북조선 로동자 및 사무원에 대한 로동법령」이 발효되면서 구체화되었다.

북한에서 형법은 사회적 일탈을 처벌하고 일탈자를 재사회화하기 교양적 법규로 강조되었다. 북한은 건국헌법에 기초한 1950년 3월 3일 최고인민회의 제5차 회의에서 「조선민주주의인민공화국 형법」을 채택하고 동년 4월 1일부터 시행하게 된다. 북한의 법학자들은 이 법을 "법령과 형사적 수단에 의하여 수행된 반혁명과의 투쟁에서 거둔 인민의 승리"로 강조하였다.[44]

북한의 형법은 기본적으로 계급적 본질과 정치적 역할을 강조하였다. 형법의 정치 · 형법적 특징은 첫째, 형벌법규의 유추해석 및 적용을 인정하고 있으며, 둘째, 범죄의 실질적 개념을 '사회적 위험성'에서 구하고 있다는 점이다.[45] 형법 제7조는 "죄라 함은 조선민주주의인민공화국 및 그에 수립된 법률질서를 침해할 사회적 위험성이 있는, 고의 또는 과실로 인한 일체의 가벌적 행위"라고 규정하였다.[46] 형법은 인민민주주의 독재의 도구로서 인민민주주의 제도와 법질서를 반대하는 범죄들을 진압할 목적

44) 한인섭, 「북한 형법의 변천과 현재」, 『북한정권 60년: 북한법의 변천과 전망 및 과제 학술대회자료집』(서울: 북한법연구회, 2009), 93쪽.

45) 박광섭(1992), 42-43쪽.

46) 서대숙(편), 「조선민주주의인민공화국 형법 채택에 관하여(최고인민회의 공보 제8호, 1950. 3.3)」, 『북한문헌연구: 문헌과 해제 V』(서울: 경남대학교 출판부, 2004), 266쪽.

으로 제정된 것이었다.[47]

새롭게 제정된 형법은 형벌의 적용에 있어 교양적 성격을 강조하였다. 형법은 "낙후한 인민의 의식 내에 존재하는 낡은 사상 잔재로 말미암아 범죄를 수행하는 견실치 못한 인민들을 형벌에 의하여 새로운 규율에 적응할 수 있도록 교양"하는 것을 자기과업으로 강조하였다.[48] 북한에서 형벌의 목적은 죄를 범한 자가 새로운 죄를 범할 수 없도록 하고, 사전에 범죄를 예방하며, 죄를 범한 자가 "인민민주주의국가의 자유로운 공동생활의 조건에 적응"하도록 재사회화하는 것이었다.[49] 형벌을 통해 범죄자를 처벌할 뿐만 아니라 그들을 교화하며 재교육한다는 것이다.[50]

북한은 형법의 대내외적 기능을 "전복된 반동 계급들을 진압하며, 남반부 지역에서 미제의 주구 리승만 도당들의 지배를 소탕하며, 전 조선 지역에 인민민주제도를 확립하며, 공화국의 기치하에 조국을 평화적으로 통일"하는 데 있다고 지적하였다. 또한 "미제와 리승만 도당들이 계속 파송하고 있는 간첩 파괴 암해 분자 살인자, 이들과 결탁한 북반부에서의 전복된 계급들, 종파분자들의 온갖 반혁명적 범죄들과 무자비하게 투쟁하는 것"을 형법의 가장 중요한 과업으로 강조하였다.[51] 이와 같이 북한의 형법에서 나타나는 재교육, 교화의 기능은 형벌을 통해 일탈자를 처벌하되 이들을 '인민민주주의' 규범에 따라 재사회화함을 의미했다.

---

47) 심현상(1957), 21쪽.

48) 심현상(1957), 21-22쪽.

49) 서대숙(편), 「조선민주주의인민공화국 형법 채택에 관하여」(2004), 268-269쪽.

50) 서대숙(편), 「조선민주주의인민공화국 재판소 구성법 채택에 관하여(조선민주주의인민공화국 최고인민회의 공보 제7호, 1950.3.1)」, 『북한문헌연구: 문헌과 해제 Ⅴ』(서울: 경남대학교 극동문제연구소, 2004), 255쪽.

51) 심현상(1957), 22-23쪽.

2) 군중동원과 교육사업을 통한 재사회화

군중동원과 교육사업은 북한에서 구성원을 일상적으로 재사회화는 주요 기제로 활용되었다. 1946년 12월 북조선로동당은 반제 · 반봉건 조치와 함께 건국사상총동원운동을 제기하고 북민전을 중심으로 이를 전개해 나갔다. 북조선 임시인민위원회 또한 「건국사상총동원선전요강」을 발표하고 각 당, 정권기관, 대중단체, 공장, 농촌 집회에서 건국사상총동원운동을 전 사회적으로 전개할 것을 강조하였다.

건국사상총동원운동은 일제식민기의 식민지 · 봉건 규범을 타파하고 의식개혁을 기초로 생활과 생산에서 혁신을 추구한 국가동원운동이었다. 총동원운동은 노동경시 풍조, 개인주의 · 향락주의를 척결하고 생산과 국가건설에 대한 수동적인 자세를 청산하며 비관적 · 염세적 · 타락적인 사상을 제거함으로써 애국주의 사상을 고취하고자 하였다.[52] 이와 같이 총동원운동은 기본적으로 '민주개혁' 조치를 사회적으로 정착시키기 위한 계몽운동의 성격을 띠고 진행됐다.

북조선로동당은 건국사상총동원운동을 5단계로 나누어 전개하였다. 1단계에서 각종 군중집회와 열성자 회의를 통해 운동의 대중적 전개를 결의하고, 2단계에서는 당과 근로단체를 중심으로 간부학습회, 세포학습회, 강연회 등 교양을 통해 당의 결정과 임시인민위원회의 결정을 중심으로 문헌학습을 진행하였다. 3단계에서는 학습단위별로 7일간의 '집체학습'을 수행하고, 4단계에서는 각 당 세포와 초급 당 단체별로 총회를 열고 잘못된 관행과 유습에 관하여 상호 간에 비판하는 사상투쟁을 15일간 전개하였다. 마지막으로 제5단계에서는 이상의 과정을 열성자회의를 통해 총화하게 된다.[53]

---

52) 박영자, 「해방 60년, 북한 사회문화의 지속성과 변화: 생활문화와 사회규범을 중심으로」, 『국가경영전략』 제5집 1호(2005c), 39쪽.

53) 김광운(2003), 342-343쪽.

총동원운동은 북조선로동당 내부로부터 시작되어 사회 전반으로 사상개조와 혁신운동을 확장시켜 나가는 방식으로 진행되었다. 북조선로동당은 다수 당원이 정치적 단련과 이론적 준비가 미약함을 지적하고 학습회, 야간 당학교, 당 도서실, 강연회, 출판물, 강습회 등을 활용하여 당 선전사업을 지속해 나갈 것을 강조했다. 또한, 당 간부의 정치 · 사상적 수준을 향상시키기 위해 중앙위원회와 도 · 시 · 군 위원회 내에 '당 지도일꾼 열성자 야간 당학교'를 조직하도록 지시하였다.[54)]

건국사상총동원운동은 학교 교육에서도 중요한 과제로 제기되었다. 1947년 3월 당 중앙위원회는 평양 제3중학교 내 당 단체사업을 검열하고 학생들의 정치교양사업에서 건국사상총동원운동의 중요성을 지적하였다. 특히 학생들의 사상적 교양사업을 총동원운동의 요구에 맞게 진행하고 학교에서 낡은 전통과 일제사상 잔재를 청산하기 위한 사업을 강화할 것을 요구했다. 또한, 모든 학교에서 정치학습반을 조직하고 강연회 및 보고회 등을 통해 새 세대들을 정치적 열성과 애국주의 사상으로 교양할 것이 강조됐다.[55)]

교육사업은 '인민민주주의' 규범의 정당성을 사회적으로 각인시키기 위한 도구로 강조되었다. 특히 교육사업을 효율적으로 진행하기 위한 문맹퇴치운동이 전 사회적으로 확산되었다. 김일성은 한글학교와 성인학교에서는 약 139만 4,000명이 공부하고 있으며 1947년도에는 약 80만 명 이상의 문맹을 퇴치하였다고 주장하였다. 또한, 그는 교육사업의 성과를 강조하면서 1948년 현재 북한의 인민학교는 3,008개에 학생은 약 135만 명으로

54) 국사편찬위원회(편), 「북조선로동당중앙위원회결정서(『로동신문』 1946.12.14)」, 『북한관계사료집 34』(과천: 국사편찬위원회, 2000), 250-253쪽.

55) 교육도서출판사, 『해방후 10년간의 공화국 인민교육의 발전』(평양: 교육도서출판사, 1955), 72-73쪽.

1942년도에 비하여 230% 증가하였다고 강조했다.[56)]

일례로 1948년 강원도 인제군당의 상무위원회 회의록을 보면, 문맹 퇴치 100% 완수를 위해 잔존 하는 문맹자를 한 사람도 빠짐없이 재조사하여 문맹자 명부를 작성할 것을 지시하였다.[57)] 정당 · 사회단체의 연합조직인 북민전 또한 문맹퇴치운동에 대한 선전사업과 한글학교에 대한 인적, 물적 지원에 적극 협조하도록 했다.[58)]

북한은 군중동원과 교육사업 이외에도 통제기구를 활용한 일상적 감시체제를 구축해 나갔다. 국가건설 초기 주민감시와 통제는 정치투쟁의 성격을 강하게 띠고 있었다. 인민들에 대한 사상 감시는 정치보위부에서 담당하였는데, 이 기관은 주민들에 대한 통제와 감시, '대적(對敵)' 관련 업무를 담당하였다. 지역의 정치보위부에서는 체제에 비협조적인 인사들을 관리하면서 사회개혁에 반대하는 청년단을 검거하고 반공유격대를 토벌하였다.[59)]

1946년 2월 8일 출범한 북조선임시인민위원회는 보안국 산하에 감찰, 경비, 호안, 그리고 소방 등의 부소와 대남공작을 전담하는 독립부서인 정치보위부를 두었다. 이후 동년 5월 11일 보안국 산하에 '보안독립여단'이란 무장 경찰조직을 발족시켰다. 당시 김일성은 "보안독립여단은 프롤레타리아 독재기구로서 나라의 안전을 지키고 대내외 원쑤들의 침략을 막아야 한다"고 지시하였다. 동 지시는 북한의 핵심적인 사회통제기관인 경찰(인민

---

56) 김일성, 「북조선 정치정세(1948.4.21)」, 『김일성선집 2』(평양: 조선로동당출판사, 1954), 128쪽.

57) 북조선로동당 강원도 인제군당 상무위원회, 「북조선로동당 강원도 인제군당 상무위원회 회의록 제28호」, 『북한관계사료집 Ⅱ』(서울: 국사편찬위원회, 1984), 690쪽.

58) 국사편찬위원회(편), 「문맹퇴치사업조직에 관한 결정서(1947.11.15.)」, 『북한관계사료집 32』(과천: 국사편찬위원회, 1999), 6-7쪽.

59) 한성훈(2010), 63-64쪽.

보안성), 비밀경찰(국가안전보위부), 경호국(호위총국)의 활동지침이 되었다. 이것이 바로 '5 · 11교시'이다.[60]

북한에서 사회적 일탈에 대한 처벌과 재사회화는 제국주의 · 봉건 규범을 해체하고 '인민민주주의' 규범을 사회적으로 정착시킴으로써 '인민민주주의' 체제를 재생산하는 과정이었다. 북한에서 재사회화의 핵심적 대상이었던 구지배층의 대량 월남은 사회동의의 왜곡을 가져왔으며 사회통제체제의 억압성을 강화시키는 결과를 가져왔다.

60) 전현준(2003), 17-19쪽.

2부 〉

한국전쟁(1950~1953) 전시통제체제로의 전환

3장 점령

전쟁의 발발과 전시체제의 등장

식민지배의 고통을 이겨내고 해방을 맞은 한민족, 분단의 고통이 채 가시지도 않은 한반도에서 전쟁은 남과 북을 씻을 수 없는 증오의 전장으로 내몰았다. 전쟁은 적(敵)과 아(我)를 구획하는 과정이었다.

북한의 남침과 점령은 북한의 정치, 경제, 그리고 사회통제체제가 한반도 남반부에 이식됨을 의미했다. 기존의 사회통제체제에서 억압성이 더욱 강화된 '전시통제체제'가 성립된 것이다. 전쟁의 발발과 함께 북한이 구축한 전시통제체제는 어떤 특징을 갖고 있었나? 그들은 남한의 점령지역에서 어떠한 정치·사회적 변화를 가져왔나?

한국전쟁은 북한이 '민주개혁'을 통해 건설된 '민주기지'를 기반으로 한반도 전역에서 '혁명'을 완수하기 위한 침략이었다. 이 장에서는 북한의 남침과 함께 성립된 전시통제체제의 성격을 분석하고 점령지역에서 어떠한 정치·사회적 변화가 진행되었는지 고찰하도록 한다.

1. 북한의 통일전략과 전쟁 준비

북한은 한반도 북반부에서 건설한 '민주기지'[1]를 기반으로 '인민민주주의' 혁명을 전 국토로 확대하기 위해 전쟁을 준비하였다. 북한의 전쟁 준비는 중국과 소련, 특히 소련의 판단 아래 진행됐다.

1) 북한의 한반도 통일전략: '민주기지'의 강화와 국토완정

북한의 통일전략은 한반도 북반부에서 완수한 '인민민주주의' 혁명을 무력의 방식으로 확장하는 것이었다. 북한은 해방과 함께 1946년 7월 22일 각 정당 · 사회단체 대표회의를 통해 '민주주의민족통일전선위원회'를 결성한 바 있다. 김일성은 동 위원회가 "각계, 각층 인민들의 애국적 민주력량"을 광범위하게 조직 · 동원하고 "각 정당, 사회단체들의 더욱 긴밀한 협조와 통일적 행동을 보장"하게 함으로써 "북조선의 민주기지"를 더욱 튼튼히 축성할 것을 강조하였다.[2] 김일성은 '인민민주주의' 혁명을 통해 한반도 북반부에 '민주기지'를 건설하고 이를 확장시키기 위한 '국토완정' 즉 무력통일을 꿈꾸었던 것이다.

김일성은 조선민주주의인민공화국만이 "조선인민의 각계각층을 대표하는 남북조선 제정당, 사회단체 대표들로 구성된 조선인민의 이익을 대

1) 북한은 인민민주주의 개혁을 통해 북반부에 건설된 국가에 대하여 한반도 혁명의 '민주기지'라고 주장한다. 북반부의 민주기지를 기반으로 인민민주주의 개혁을 전 한반도로 확장시키기 위한 국토의 완정, 즉 통일을 달성해야 한다고 주장한다[김일성, 「1949년을 맞이하면서 전국인민에게 보내는 신년사(1949.1.1)」, 『김일성선집 2』(평양: 조선로동당출판사, 1954), 309-310쪽].

2) 김일성, 「민주주의 민족 통일 전선 위원회를 결성할 데 대하여(1946.7.22.)」, 『김일성 선집 1』(평양: 조선로동당출판사, 1960), 126쪽.

표할 수 있는 진정한 중앙정권"이라고 주장했다. 북한은 단독정부의 수립을 "조국통일을 위한 투쟁의 강력한 거점, 이 투쟁의 승리를 보장할 수 있는 믿음직한 담보"로서 '민주기지'를 중심으로 "북반부의 정치, 경제, 문화의 모든 것들이 조국통일을 위한 사업에 복무"할 수 있게 되었다고 강조하였다.[3]

김일성은 정부수립 4개월 후 1949년의 신년사에서 국토완정론을 제기하게 된다. 그는 미제국주의자들이 친일파, 민족반역자들로 집결된 '남조선 반동괴뢰정부'를 조종해 조국의 남반부를 영원히 예속시키고 조선 민족을 다시 식민지 노예로 만들려 한다고 비난하였다.[4]

「김일성의 국토완정 호소」

"완전 자주독립국가건설과 국토의 완정은 오직 조선인민만이 보장할 것이며 또 반드시 쟁취하고야 말 것입니다. 전 조선인민은 조선민주주의 인민공화국 중앙정부 주위에 일층 단결하여 국내의 전체 민주역량과 애국적 역량을 더욱 집결함으로써 국토의 완정을 보장하는 거족적 구국투쟁을 일층 맹렬히 전개하여야 하겠습니다."

한반도 북반부의 '민주기지'를 중심으로 한 국토완정론은 '인민민주주의' 혁명의 전국화를 의미하는 것이었다. 이는 북한이 무력을 통한 통일을 추진하는 근거가 되었다.

해방 이후 북한은 소련의 지원 속에 무장력을 증강해 나갔다. 물리적 강압수단은 영토 내에서 강압의 주요 수단을 장악하는 특정 조직체들을 필요로 하게 된다. 강압수단이 축적되고 집중될수록 강압수단을 통제하는 조직

3) 김일성, 「1949년을 맞이하면서 전국인민에게 보내는 신년사(1949.1.1)」, 『김일성선집 2』 (평양: 조선로동당출판사, 1954), 302-303쪽.

4) 김일성, 「1949년을 맞이하면서 전국인민에게 보내는 신년사(1949.1.1)」(1954), 309-310쪽.

은 그 밖의 조직체들을 통제할 수 있게 된다.[5] 북한은 해방과 함께 그들이 전쟁승리의 당사자가 아니었음에도 불구하고 소련군의 지원 아래 일본군의 무장을 해제하고 새로운 무력기구들을 자신의 것으로 재건함으로서 무력을 통한 국토완정을 준비해 나갔다.

남한에서 대통령에 선출된 이승만 또한 미국의 지원 아래 북진통일론을 주장했다. 이승만은 사흘 이내에 평양을 점령할 자신이 있다고 단언하고, 그럼에도 불구하고 삼가고 있는 이유는 제3차 세계대전이 일어날지도 모른다고 미국이 경고했기 때문이라 밝힌 바 있다.[6] 그의 생각이 실제로 어떤 수준까지 준비되었는지는 확인하기 어렵다. 그러나 이승만이 남한의 정치체제에 기반을 둔 한반도의 통일을 갈망하고 있었던 것만은 분명하다.

2) 해방 이후 한반도 정세의 변화

2차 세계대전 이후 미국은 소련과의 전쟁을 상정한 봉쇄전략을 추진하게 된다. 미국은 사활적(vital) 이익이 걸린 서유럽지역에서 전략적 공세를 취하고 전략적 가치가 상대적으로 낮은 극동지역에서는 전략적 방어를 채택하였다. 한반도를 포함한 극동지역에서 미국의 군사전략은 일본 방위를 중심으로 태평양의 도서를 연결하는 극동방위선을 설정해 소련의 공격을 막아낸다는 것이었다.[7] 이와 같은 對 소련 봉쇄전략은 전후 군사력의 감축[8]이 불가피한 상황에서 주한미군의 철수와 애치슨 라인(Acheson Line)

[5] Charles Tilly(1992), p.19.

[6] 심지연 『남북한 통일방안의 전개와 수렴』(서울: 돌베개, 2001), 29-30쪽.

[7] 남정옥, 『미국은 왜 한국전쟁에서 휴전할 수밖에 없었을까』(파주: 한국학술정보, 2010), 96-97쪽.

의 설정을 통한 극동방어선의 후퇴를 가져왔다.

한반도에서 미국의 군사전략은 對 소련 봉쇄전략으로 인해 일정 부분 후퇴하고 있었다. 1947년 9월 15일 미국 국무부는 「미국의 군사안보의 관점에서 본 미국 주둔의 이익에 관한 견해」를 미 합동참모본부에 요청하게 된다. 합동참모본부는 회신에서 한국은 군사전략적 가치가 낮다고 평가하였다. 평가의 주요 내용은 다음과 같다. 첫째, 극동에서 적대행위가 발생할 경우 주한미군은 미국에게 오히려 군사적 부담이 될 것이다. 둘째, 미국의 극동지역 지상작전은 어떤 경우에도 한반도를 우회하게 될 것이다. 셋째, 공군작전에 의한 적 기지의 무력화는 한국에서의 지상군 작전보다 비용이 적게 든다는 것이다. 결국, 미국은 1949년 6월 30일 주한미군 2개 사단 약 4만 5,000명 중 약 500명의 주한미군 군사고문단만을 남기고 철수하게 된다.[9)]

이듬해 1월 애치슨(Dean G. Acheson) 미국무장관은 전국기자클럽에서 '아시아의 위기(Crisis in Asia)'라는 연설을 통해 극동지역에서 미국의 방어선(defensive perimeter)이 알류산 열도-일본 본토-류쿠(오키나와)-필리핀을 연결하는 선임을 밝히게 된다.[10)] 결과적으로 극동지역의 방어선에 한국과 대만이 제외된다는 것이었다. 애치슨의 연설내용 중 언급한 극동지역 방어선은 다음과 같다.

8) 미국은 제2차 세계대전 종전 당시 해외주둔군 750만 명을 포함하여 약 1,200만여 명의 병력을 보유하고 있었다. 그러나 전쟁 이후 동원이 해제된 1947년 6월 말 미국은 육군 약 68만 4,000명을 포함해 158만여 명의 병력으로 축소된다[남정옥(2010), 102쪽].

9) 국방부 군사편찬연구소(2004), 116-119쪽.

10) 원문은 다음과 같다. "So far as the military security of other areas in the Pacific is concerned, it must be clear that no person can guarantee these areas against military attack." Dean Acheson, "Speech on the Far East," http://teachingamericanhistory.org/library/document/speech-on-the-far-east

「극동지역에서 미국의 방어선에 대한 애치슨 美국무장관의 발언」

"(미국의 극동지역) 방어선은 알류산 열도(the Aleutians)에서 일본을 거쳐 오키나와(the Ryukyus)로 연결된다. … 방어선은 오키나와로부터 필리핀으로 연결된다. … (방어선 밖에 있는) 태평양의 다른 지역에 대한 군사안보와 관련하여, 아무도 이 지역에 대한 군사적 공격으로부터 안전을 보장할 수 없다."

애치슨의 이러한 발언이 북한과 소련 지도부의 전쟁 결정에 어떤 영향을 주었는지는 불분명하다. 스탈린은 북한의 전쟁 준비와 관련해 북한의 군사·정치적 준비 정도, 중국의 내전 상황을 좀 더 중요한 요소로 판단한 듯하다. 다만 미국의 군사적 후퇴, 예를 들면 한반도에서의 주한미군 철수 등이 개전 시기 결정에 일정한 영향을 미쳤으리라 판단된다.

3) '조선인민군'의 창설

북한에서 조선인민군의 창설은 소련군의 지원을 받은 김일성과 항일빨치산 세력이 중심이 되어 소련계와 연안계 군인이 참여하는 형태로 진행됐다. 항일무장투쟁이라는 군사적 경력과 해방 직전 소련극동군의 지휘하에 있었던 조건이 결합되어 빨치산 세력은 군대의 창설을 주도할 수 있었다.

김일성의 빨치산 세력과 군사부문에서 경쟁할 수 있었던 연안계의 조선의용군은 1945년 10월경 입국하려 했으나 소군정의 지시로 입북이 저지되어 무장해제 된 채로 일부만이 입국할 수 있었다. 결국, 조선의용군은 인민군대의 핵심적 지위를 보장받지 못하고 1949년 입국한 이후 조선인민군에 흡수된다.[11] 조선의용군의 귀국이 지체된 것은 중국의 국내 사정이 반영된 것이었으나 창군을 준비하던 빨치산 세력의 지위를 보장하기 위한 소련

11) 서동만(2005), 250-251쪽.

의 정치적 의도가 개입된 결과로 추정된다.

소군정은 1945년 10월 21일 무장단체 해산령을 발표하여 무기와 탄약 등 군용물자를 소련군에 반납하도록 한 후 새롭게 보안대를 조직하였다.[12] 그들은 1945년 11월 북한 내 공산주의자를 중심으로 약 2천 명 규모의 보안대를 진남포에서 창설하게 된다. 이와 함께 정규군 창설을 위해 군간부와 정치간부 양성시설인 평양학원을 1946년 2월 8일 진남포에 창설하였다. 평양학원은 김일성과 함께 북한으로 입국한 빨치산 세력이 장악하였는데 김일성은 이를 기반으로 군 창설의 주도권을 확보하게 된다. 1946년 6월에는 보안훈련소를 개천에 설치하고 신의주, 정주, 강계 등에 부소를 설치하여 보안대원의 모집과 훈련을 실시하였다.[13]

1946년 4월 말에 이르러 임시인민위원회는 전국적인 보안대 조직을 중앙으로 집중시킬 수 있었다. 당시 북한의 총 경찰병력은 약 1만 5,600명으로 각 도는 2,300명~2,600명 정도의 치안병력을 확보하고 있었다.[14] 보안대는 이후 인민군의 근간을 이루는 부대로 성장하게 된다. 해방 당시 경쟁세력에 비해 조직이 취약했던 김일성은 빨치산 세력을 중심으로 무력기구를 장악하는 데 집중했던 것이다.

조선인민군의 모태라 할 수 있는 보안간부훈련대대부는 1946년 8월 15일 창설되었는데 사령관 최용건, 부사령은 김책이 임명되어 인민군 창설의 핵심적 역할을 담당하였다.[15] 보안간부훈련대대부는 평양을 비롯한 개천, 신

12) 소련군의 초기점령정책은 북조선지역 내 물리적 폭력의 독점을 기본원칙으로 하였다. 1945년 10월 12일 소련군 제25군 사령관의 성명서는 북조선지역 내 무장조직의 해산과 무기의 반납을 명하고 각 시·도위원회들로 하여금 소련군부와 동의 아래 일정 인원수의 보안대 설치만을 허가한다고 공포하였다[조선중앙통신사(편), 「북조선주둔소련제25군사령관의 성명서」, 『조선중앙연감 1949년판』(평양: 조선중앙통신사, 1949), 58쪽].

13) 양영조(1999), 98-99쪽.

14) 브루스 커밍스(1986b), 291쪽.

15) 와다 하루키(2002), 84-85쪽.

의주, 정주, 회령, 나남, 청진 등에 훈련소를 설치하였다. 훈련소는 분소를 두고 분소 아래 대대와 중대, 소대, 분대를 두는 등 군사편제를 갖추었다.[16)]

보안간부훈련대대부는 1947년 5월 인민집단군으로 재편되었는데 보안간부훈련 제1소를 보병 제1사단, 제2소를 보병 제2사단, 제3소를 제3독립혼성여단으로 승격시키고 집단군 총사령부를 설치하였다. 각 사단의 병력은 약 1만 400명으로 구성되었으며 총병력은 훈련병 약 1만 7,000명을 포함하여 약 4만 7,000명에 달했다.[17)] 이후 보안간부훈련대대부는 '인민집단군'으로 확대 증편된 후 1948년 2월 8일 '조선인민군'으로 창설된다.[18)]

중국에서 활동하던 조선의용군이 국 · 공내전이 끝난 1949년 7월부터 비밀리에 입북하면서 조선인민군은 1950년 12만 명으로 증편된다. 조선인민군은 1948년에 2개 사단과 1개 연대였던 것이 1950년에 6개 사단으로 확대되었으며 탱크부대가 추가로 배치되었다.[19)] 전장에서 귀환한 조선의용군은 북한의 전투능력을 재고하는 중요한 재원으로 활용될 수 있었다. 이와 같이 북한은 국가건설 이전부터 그들의 무장력을 신속히 건설해 나갔다.

4) 북한의 전쟁준비와 중 · 소의 합의

북한은 남침을 위한 준비와 함께 소련과 중국으로부터 전쟁에 대한 동의를 구하기 위해 노력했다. 그러나 소련은 북한의 남침에 대해 매우 조심스러운 입장을 취하고 있었다. 조선인민군의 확장과 관련해 북한주재 소련대사 슈티코프는 스탈린에게 보낸 보고서에서 북한의 지도자들이 무력 통

16) 사회과학원 역사연구소, 『조선전사 24』(평양: 과학, 백과사전출판사, 1981), 127-128쪽.

17) 양영조(1999), 100-101쪽.

18) 김일성, 「조선인민군 창건에 즈음하여(1948.2.8)」, 『김일성선집 1』(평양: 조선로동당출판사, 1954), 535-546쪽.

19) 김광운(2003), 588쪽.

일을 준비하고 있음을 보고하게 된다.[20]

「한반도 정세에 관한 북한주재 소련대사 슈티코프의 보고내용」

"김일성과 박헌영은 현 상황에서 평화적 방식에 의한 나라의 통일 문제는 불가능하다고 판단하고 있습니다. … 그들은 절대 다수의 인민들이 나라의 통일과 38선 붕괴에 찬성하고 있다는 사실에 의지하고 있습니다. … 그들은 남조선 정부에 반대하는 무력적 방식으로 나라의 통일을 이루겠다는 결론에 도달한 듯합니다. 그들은 이러한 방법을 북조선 인민들뿐 아니라 남조선 인민들도 지지할 것으로 생각하고 있었습니다. 그들은 지금 비록 무력을 써서라도 통일을 이루지 못한다면 통일문제에는 수년이 걸리게 될 것이라고 판단하고 있는 듯 했습니다."

소련은 북한의 병력과 무장력이 남한을 완전히 격멸하고 남한지역을 점령하기에는 역부족이라 판단하고 남한에 대한 유격투쟁을 지원하는 쪽으로 북한을 통제하고자 했다.

소련공산당 중앙위원회가 김일성에게 전한 비밀문서에 따르면, 스탈린은 인민군의 전쟁 준비가 완벽하지 않은 상태에서 남침을 강행하는 것은 전쟁을 장기화시킬 가능성이 높다고 판단하였다. 소련은 남한과 비교할 때 인민군이 남침에 절대적으로 필요한 우월한 군사력을 보유하지 못했으며 남반부에서 인민봉기 준비가 미흡하므로 '남침은 불가'하다는 입장을 견지하였다.[21]

20) 국사편찬위원회(편역), 「조선민주주의인민공화국 주재 소련대사가 소련 내각회의 의장에게 보낸 보고, 남북 조선의 정치경제 상황 개요, 1949년 9월 15일」, 『한국전쟁, 문서와 자료, 1950년~53년』(과천: 국사편찬위원회, 2006), 44-45쪽.

21) 국사편찬위원회(편역), 「전연방공산당(볼셰비키) 중앙위원회 제71차 회의 의사록에서 발췌. 조선민주주의인민공화국 주재 소련대사에게 하달한 훈련, 북조선 정부가 남조선에서 전인민적 무장봉기를 준비하는 문제에 관한 지시에 대하여」, 『한국전쟁, 문서와 자료, 1950년~53년』(과천: 국사편찬위원회, 2006), 48-49쪽.

김일성과 박헌영은 스탈린의 우려에도 불구하고 거듭하여 남침에 대한 소련의 동의를 요청하였다. 북한은 38선에서 5km 이내 지역에 거주하는 주민들을 사전에 소개시키고 철도의 군(軍)전용화와 동원체제의 정비, 그리고 대외적으로 소련(조 · 소비밀군사협정－조 · 소문화협정, 1949.3.17)과 중국(조 · 중상호방위조약, 1949.3.18)과의 군사비밀협정을 체결하는 등 남침준비를 완료하였다.[22)]

1949년에 접어들며 휴전선 인근에서 남북 간에 무력충돌이 발생했으나 이러한 충돌이 전격적인 침략전쟁으로 확대되지는 않았다. 1949년 5월 송악산, 그리고 7월에는 한국군과 인민군 간에 488고지를 상호 점령하는 과정에서 81mm 박격포가 동원됐다. 이후에도 120mm 박격포 등 대구경포가 동원된 사격전과 저격이 지속되었다.[23)]

결국, 1950년 5월 스탈린은 모택동에게 보낸 비밀문서에서 중국의 동의를 조건으로 북한의 남침에 동의를 표하였다.[24)] 소련 외무상이 중국 주재 소련대사에게 보낸 비밀문서의 내용은 아래와 같다.

「소련 외무상이 중국주재 소련대사에게 보낸 비밀문서 내용」

"조선 동지들과의 회담에서 필리포프(Filippov)와 그의 동지들은 국제 정세가 변화하고 있으므로 조선의 통일 과업 착수 제안에 동의한다고 했습니다. 하지만 이 문제에 대한 최종 결정은 조선과 중국이 함께 내려야 한다는

22) 국방부 군사편찬연구소(편), 『6 · 25전쟁 참전자 증언록1』(서울: 국방부 군사편찬연구소, 2003), 7쪽.

23) 홍정표, 국방부 군사편찬연구소(편)(2003), 75-76쪽.

24) 필리포프(Filippov)는 소련의 일급비밀 문서에 사용된 스탈린의 암호명이다[국사편찬위원회(편역), 「소련외무상이 중화인민공화국 주재 소련대사에게 보낸 전문, 남북조선의 통일을 착수하려는 조선민주주의인민공화국 정부의 결정을 지지한다는 사실을 중국 정부에 통보하는데 대하여, No.8600, 1950년 5월 14일 5시 30분」, 『한국전쟁, 문서와 자료, 1950년~53년』(과천: 국사편찬위원회, 2006), 58쪽].

조건이 붙어 있고, 중국 동지들이 찬성하지 않을 경우에는 문제 해결을 위한 새로운 논의가 이루어질 때까지 연기해야 할 것이라고 했습니다."

이와 같이 북한과 소련, 중국의 지도자 상호 간에 오간 비밀문서는 북한이 소련과 중국의 지도자와 장기간에 걸쳐 남침에 관해 협의했으며 두 국가의 동의 속에 한국전쟁을 개시하였음을 보여준다.[25] 소련은 한국전쟁을 관리하기 위해 고문을 파견하고 각 사단의 작전계획 수립과 지형정찰 과정에 관여하였다.[26] 그러나 소련은 한국전쟁이 종결될 때까지 그들이 관여하지 않은 전쟁으로 만들고자 노력했다.[27] 한반도에서 미국과의 직접적인 대결을 피하기 위한 조치였다.

2. 전쟁의 발발: 전시통제체제로의 전환

1) 한국전쟁의 발발과 국제사회의 대응

북한이 전쟁을 체계적으로 준비한 것과 달리 당시 다양한 남침 정보가

25) 한국전쟁의 기원에 관하여 연구한 커밍스(Bruce Cumings)와 영국의 장관(Minister of works)이었던 스톡스(Richard Stokes)는 김일성과 스탈린이 단지 전쟁의 시작 버튼을 눌렀다는 것으로 한국전쟁의 기원을 설명하는 것은 한계가 있다고 지적한다. 그들은 남북 간의 사회·경제적 시스템의 충돌이라는 관점에서 한국전쟁의 기원을 찾아야 한다고 주장한다[Bruce Cumings, *The Korean War: A History*(New York: Modern Library, 2010), pp.64-67].

26) 국사편찬위원회(편역), 「조선민주주의인민공화국 주재 소련대사가 소련군 총참모부 부참모장에게 보낸 보고서, 조선인민군의 전투행동 준비와 실행, No.385, 1950년 6월 26일」, 『한국전쟁, 문서와 자료, 1950년~53년』(과천: 국사편찬위원회, 2006), 62-63쪽.

27) 한국전쟁 당시 미국의 국무장관이었던 애치슨(Dean Acheson)은 한국전쟁을 2차 세계대전 이후 소련의 광범위한 공산화 정책의 연장선상에서 이해해야 한다고 지적한다[Dean Acheson, *The Korean War*(New York: W·W·Norton & Company, 1971), pp.13-14].

있었음에도 남한 정부는 전쟁에 직면해서야 북한의 침략을 인지하였다. 조선인민군은 6월 12일 38선 지역에 집결하기 시작해 6월 23일 완료했으며 작전에 대한 모든 준비 조치는 6월 24일에 최종 완료된다. 인민군은 6월 24일 24시에 공격개시선으로 진입하였고 군사작전은 4시 40분 개시되었다. 공격 전의 준비포 사격이 20분~40분간 진행되었는데 조준사격과 10분간의 포격이 포함된 것이었다. 그 후 보병이 신속히 공격대형으로 전개됐고, 작전이 개시된 뒤 3시간 후 각 부대와 군단은 이미 전방으로 3~5km를 진격해 나갔다.[28] 1950년 6월 25일 당시 북한군 전력에 대한 소련의 보고에 의하면, 인민군 총 병력은 약 18만 8천 명으로 파악된다.[29] 한국전쟁은 이와 같이 치밀한 작전계획 아래 전격적으로 개시된 것이다.

1950년 6월 20일 소련군 군사고문단 작전팀이 북한군 각 사단에 발령한 선제타격 작전계획에 의하면 전쟁은 3단계로 계획되었다. 제1단계는 국군의 방어선 돌파 및 주력 섬멸단계로서 3일 안에 서울을 점령하고 서울(수원)－원주－삼척까지 진출한다. 2단계는 전과확대 및 예비대 섬멸단계로 군산－대구－포항까지 진출하며, 3단계는 소탕 및 남해안으로의 진출단계로 부산－여수－목포로 전개하는 것이었다.[30]

28) 국사편찬위원회(편역), 「조선민주주의인민공화국 주재 소련대사가 소련군 총참모부 부참모장에게 보낸 보고서, 조선인민군의 전투행동 준비와 실행(1950.6.26)」, 『한국전쟁, 문서와 자료, 1950년~53년』(과천: 국사편찬위원회, 2006), 62-63쪽.

29) 소련은 전쟁발발 당시 북한군의 전력을 다음과 같이 보고한다.
〈1950년 6월 25일 현재 북조선군대의 전력〉
보병사단: 10개, 국경여단: 4개, 탱크여단: 1개, 포병연대: 1개, 고사포병연대: 1개, 모터찌클연대: 1개, 공병연대: 1개, 통신연대: 1개, 경비연대: 1개, 병력: 17만 5,200명.
비행사단: 1개, 병력: 2,800명, 비행기: 226대.
함대: 4개, 육전대연대: 2개, 해안경비포병연대: 1개, 소형전투함 및 지원함: 19척, 병력: 1만 명.
조선인민군 총병력: 18만 8천 명.
남조선군 총병력: 11만 1천 명.

30) 조선인민군총사령부, 『조선인민군 공격작전의 정보계획』(1950.6.20) 국방부 군사편찬연구소(2004), 601쪽 재인용.

한국의 경우 북한의 전쟁 준비에 대한 정보를 상당히 수집하고 있었음에도 불구하고 실제로 이에 대응한 구체적인 대응계획을 수립하지 못한 것으로 보인다. 1950년 6월 18일을 전후해 북한 인민군의 남하와 병력 집결, 차량 행군대열의 빈번한 왕복운행, 그리고 각종 야포와 전차의 전방 배치 등을 통해 인민군의 공격이 임박했음을 시사하는 보고가 육군본부에 다수 접수됐다. 그러나 한국군은 유효한 대응책을 준비하지 못했으며 북한군의 공격 징후를 '북한군 38경비부대의 교대' 정도로 인식하였다.[31]

한국전쟁 당시 국방부 제4국(특무국) 국장으로 있었던 김근찬에 따르면, 한국전쟁 발발 1년 전인 1949년 북한이 전쟁 준비를 한다는 정보가 북한에 잠입한 정보요원에 의해 지속적으로 전달되었다.[32] 한국전쟁 당시 육군 정보국에 있던 최학모 중위는 고정 첩보망을 통해 전쟁 발발 2주 전 남침에 대한 정보가 있었다고 증언하였다.[33] 한국군은 전쟁 발발 전날인 1950년 6월 24일에도 '북한에 이상한 움직임이 있다'는 정보를 파악하고 있었으나 정보국 또한 별다른 조치를 취하지 못했다.[34]

육군본부 정보국에 소속되어 있던 이영근에 따르면, 1949년 12월 초 긴급정보 수집을 통해 확보한 북한의 도발 가능성을 군 수뇌부에 보고했으나 이 또한 묵살되었다.[35] 또한, 한국전쟁 발발 전 5월 30일 총선거로 전군에 비상경계령이 내려진 상태에서, M1 소총 일기수 104발과 수류탄 두 발, 중화기 박격포탄 두발씩이 지급됐으나 전쟁 2~3일 전 회수되고 만다.[36] 결

31) 국방부 군사편찬연구소(편)(2003), 12-13쪽.

32) 김근찬, 국방부 군사편찬연구소(편)(2003), 14-15쪽.

33) 최학모, 국방부 군사편찬연구소(편)(2003), 37쪽.

34) 장창국, 국방부 군사편찬연구소(편)(2003), 29쪽.

35) 이영근, 국방부 군사편찬연구소(편)(2003), 40쪽.

36) 김석근, 대한민국 6·25참전 유공자회(편), 『6·25전쟁 참전수기 Ⅲ』(서울: 대한민국 6·25참전 유공자회, 2011), 37쪽.

국, 한국전쟁은 6월 25일 누구도 예상치 못한 습격과 같이 발발하였다.

김일성은 6월 26일 방송연설을 통해 남한의 군대가 6월 25일에 38선 전역에 걸쳐 38선 이북지역에 대한 전면적 진공을 개시했다고 발표하였다. 그는 인민군대가 적들을 38선 이북지역으로부터 격퇴하고 38선 이남지역으로 10~15km까지 전진하여 옹진, 연안, 개성, 백천 등을 해방시켰다고 주장하였다.[37]

북한은 같은 날 최고인민회의 상임위원회를 개최하고 군사위원회에 국가의 모든 권한을 위임하였다. 상임위원회는 또한 6월 27일 이북 전역에 「전시상태에 관하여」를 선포하고, 7월 1일 「조선민주주의인민공화국 전 지역에 동원을 선포함에 관하여」를 공포함으로써 전시총동원령을 발효하게 된다.[38] 개전과 함께 즉각적인 후속조치가 이행된 것이다.

김일성은 남한의 '북침' 목적을 미국의 제국주의적 침략의 연장이라 주장하였다. 그는 세계 제패를 야망 하는 미제국주의자들이 북한을 영구한 식민지로 만들고 인민들을 자기들의 노예로 만들려는 데 전쟁의 목적이 있다고 주장했다.[39] 전쟁 개시와 함께 북한은 한국전쟁이 미제국주의와의 대결임을 선언한 것이다.

뉴욕 합동통신(UP)의 기자 잭 제임스(Jack James)는 전쟁의 발발 사실을 전 세계에 처음으로 송전하였다.[40]

[37] 김일성, 「모든 힘을 전쟁의 승리를 위하여(1950.6.26)」, 『김일성선집 3』(평양: 조선로동당출판사, 1954), 1-12쪽.

[38] 조선중앙통신사(편)(1952), 82-83쪽.

[39] 김일성, 「1950년 7월 8일 방송연설(1950.7.8)」, 『김일성선집 3』(평양: 조선로동당출판사, 1954), 18-19쪽.

[40] Joseph C. Goulden, *Korea: The Untold Story of the War*(New York: Times Books, 1982), p.45.

「잭 제임스 기자가 타전한 북한의 남침」

"일요일 새벽 38선의 전 전선에서 북한이 침략을 감행함. 현지시간 9시 30분 보고에 따르면 서울의 서북쪽 40마일에 위치한 개성에서 한국군 제1사단 사령부가 9시경 함락되었음. 옹진반도 남쪽 3~4킬로미터 지역에 북한군이 진주하였음. 서울 동북방 50마일 거리의 춘천에 탱크들이 발견되었음. 동해안의 강릉 아래에 20정의 소형 보트들이 상륙하고 있다고 보고됨."

현지 시간으로 6월 25일 유엔 안전보장 이사회가 미국의 요구로 소집되었다. 이사회는 북한의 침략을 유엔헌장에 규정된 '평화의 파괴(breach of the peace)'로 규정하고 북한의 전투행위 중지와 38선 이북으로의 병력철수를 촉구하는 결의안(S/1501)을 채택하게 된다. 유엔 회원국은 동 결의안을 이행하기 위해 유엔에 모든 지원을 제공(render)하고 북한에 대한 지원을 자제(refrain)할 것을 요구했다. 동 결의안은 중국(대만), 쿠바, 에쿠아도르, 이집트, 프랑스, 인도, 노르웨이 영국, 그리고 미국의 찬성으로 채택되었다. 당시 안보리를 보이콧 하고 있던 소련은 불참했고 유고슬라비아는 표결에서 기권하였다.[41]

미국은 6월 26일 한반도에 미 공군과 해군병력 투입을 즉각적으로 결정하였다.[42] 미국 정부는 미극동군 사령관 맥아더 장군에게 한국을 지원하는 권한을 부여할 것과 미 공군이 미국민들이 철수할 수 있도록 김포공항을 방어할 것, 그리고 중국으로부터 대만을 보호하기 위해 7함대를 배치할

41) Roy E. Appleman, *United States Army in the Korean War: South to the Naktong, North to the Yalu*(Washington: Office of the Chief of Military History Department of the Army, 1960), p.37.

42) 조셉 굴든은 이러한 결정이 트루먼 대통령의 승인 없이 애치슨의 주도로 이행되었다고 주장한다[Goulden(1982), pp.55-56].

것 등을 결정하게 된다.[43]

참전을 결정한 미국은 1950년 7월 1일 스미스(Clarles B. Smith) 대령이 이끄는 특수임무 부대를 한국에 파견하였다. 스미스 부대는 부산으로부터 최대한 먼 지역에 저지선을 구축할 것을 지시받았다. 그들은 인민군과 오산에서 교전한 후 평택과 천안으로 후퇴하며 지연작전을 펼쳤다.[44] 1950년 7월 이후로 유엔 52개 회원국이 북한에 대한 군사제재를 지지했으며 이 중 16개국이 한국에 전투부대를, 5개국이 의료 또는 시설지원에 동참하게 된다. 이와 함께 유엔 안전보장이사회는 유엔군사령부 설치에 관한 결의안을 상정하여 가결시켰다.[45]

관련하여 소련이 유엔의 안전보장이사회에 불참해 그들로서는 대단히 유용했을 거부권을 왜 포기했는지 의문이 제기된다. 당시 소련은 유엔이 중화인민공화국의 가입을 반대한다는 이유로 안전보장이사회를 보이콧 하고 있었다. 한편, 당시 소련의 보도기관들이 한국전쟁에 대해 논평 없이 짧게 보도할 뿐 사흘간 침묵했던 점 또한 참고할 필요가 있다.[46] 전쟁 개시에 대한 논의의 신중함을 보았을 때, 스탈린은 소련이 북한을 지원하고 있다는 비판을 회피하려 했으며 미국과 한반도에서 정치 · 군사적으로 충돌하는 것을 매우 꺼려했던 것으로 판단된다.

2) 전시통제체제로의 전환

전시에 국가는 군사적 · 경제적 자원을 총동원하고 군사지휘체계에 기반한 전시통제체제를 구축하게 된다. 김일성은 6월 26일 방송연설에서 “공화국

43) Acheson(1971), pp.20-21.

44) Appleman(1960), pp.59-70.

45) 국방군사연구소, 『국방정책변천사 1945~1994』(서울: 국방군사연구소, 1995), 61쪽.

46) 브루스 커밍스 · 존 할리데이(1989), 80쪽.

북반부 인민들은 자기의 모든 사업을 전시태세로 개편하여 원쑤들을 단기간에 무자비하게 소탕하기 위하여 모든 력량을 동원"할 것을 강조하였다.[47]

같은 날 최고인민회의 상임위원회는 정령 「군사위원회 조직에 관하여」를 공포하였다. 군사위원회는 전선과 후방에서 신속한 전시동원을 가능하게 하는 '중앙집권적인 국가최고지도기관'으로 규정되었다.[48]군사위원회는 위원장 김일성을 중심으로 위원으로 박헌영, 홍명희, 김책, 최용건, 박일우, 정준택을 선출하였다. 정령은 국내의 일체 주권을 군사위원회에 집중시키고 전체 인민들과 주권기관, 정당, 사회단체 및 군사기관들은 군사위원회의 결정과 지시에 절대 복종해야 함을 선언하였다.[49]

인민군대는 최고사령관 김일성을 중심으로 전선사령관 김책이 후방지원 문제를 전담하였고 총참모장 강건이 전쟁을 지휘했다. 전선사령부 산하의 제1보조지휘소 사령관은 김웅(연안파), 제2보조지휘소 사령관은 무정(연안파)이었다. 제1보조지휘소는 1, 2, 3, 4, 6사단과 105탱크 사단이 배속되었고, 제2보조지휘소는 7, 12사단과 기계화연대가 배치됐다.[50]

전쟁의 발발과 함께 성립된 전시통제체제는 군사통제로부터 벗어난 일탈행위를 군사범죄에 준하여 처벌함을 의미했다. 1950년 8월 21일에 공포된 정령 「군사행동구역에서의 군사재판소에 관한 규정 승인에 관하여」에 따르면, 군사행동구역에서 국가보위, 사회질서 및 국가안전을 위해 반국가

47) 김일성, 「전체 조선 인민들에게 호소한 방송연설(1950.6.26)」, 『김일성선집 3』(평양: 조선로동당출판사, 1954), 8쪽.

48) 김일성, 「모든 력량을 전쟁승리에로 총동원할 데 대하여(1950.6.26.)」, 『김일성전집 12』(평양: 조선로동당출판사, 1995), 33-34쪽.

49) 조선중앙통신사(편), 「군사위원회 조직에 관하여(1950.6.26)」, 『조선중앙년감 1951~1952년』(평양: 조선중앙통신사, 1952), 82쪽.

50) 한국일보사, 『증언: 김일성을 말한다: 유성철, 이상조가 밝힌 북한정권의 실태』(서울: 한국일보출판국, 1991), 79-80쪽.

적 범죄, 국가 관리를 침해하는 범죄, 살인, 강도, 공무집행 방해 등에 대한 군사재판소의 관할권을 강화함으로써 전시 범죄에 관한 군사 처벌의 범위를 확장하였다.[51]

또한, 최고인민회의 상임위원회는 1950년 12월 28일 정령 「명령이 없이 전투 지구와 전투장에서 무기와 전투 기재를 포기한 군무자들을 처벌함에 관하여」를 공포하게 된다. 동 정령은 "명령이 없이 자기 전투구역을 포기하였거나 혹은 전투장에서 무기 또는 전투 기재를 방기한 군무자는 엄중한 죄를 범하였으므로 인민의 원수로 인정하면서 그를 사형에 처한다"고 규정하였다.[52]

전시통제체제는 후방지역에서의 물적, 인적 동원을 강제하였다. 한국전쟁의 발발에 대한 김일성의 방송연설을 시작으로, 전선탄원을 위한 각 기관의 군중대회와 종업원회의, 열성자회의, 초급단체총회 등 각종 대중집회와 모임이 진행됐다. 각 도, 시, 군별로 진행된 군중대회에서는 '인민의 자유의지에 의한 전쟁참여'라는 분위기가 연출되었다. 북한은 1950년 8월 15일 현재, 84만 9,000여 명의 노동자, 농민, 사무원, 청년학생 등이 전선으로 나갈 것을 탄원했다고 주장하였다.[53]

북한에서 대중적인 전시동원이 가능했던 것은 방대한 사회조직이 전시동원에 나섰으며 이 조직들과 군대가 유기적으로 연계되었기 때문이다.[54] 특히 1949년 결성된 조국통일민주주의전선(통일전선)은 즉각적인 전시동원을 위한 효율적인 기제로 활용됐다.

전시통제체제하에서 인민들에 대한 통제와 감시체계 또한 더욱 강화되

51) 심현상(1957), 53-54쪽.

52) 한락규(1960), 195쪽.

53) 박영자(2005b), 241-243쪽.

54) 박영자(2005b), 240-241쪽.

었다. 1950년 7월 24일 조선로동당 중앙위원회 정치위원회는 전선 후방을 강화하기 위한 당 단체의 과업을 제시하게 된다. 각급 당 단체들은 "당원들과 근로자들이 경각성을 더욱 높여 군중 속에 사상적 동요와 혼란을 야기시키려고 유언비어를 유포하는 자들과 당 및 국가기관, 산업 · 운수 시설들을 파괴하려고 시도하는 간첩, 파괴암해 분자들을 적발, 소탕"하도록 하였다. 또한, 각급 당 단체들이 인민을 대상으로 한 군사훈련과 군사기술 보급사업을 강화하고 인민군대를 계속 증원, 보충할 것을 지시하고 있다.[55)]

생산현장에서 발생하는 일탈행위 또한 범죄행위로 처벌되었다. 군사위원회 결정 제6호 「전시 노동에 관하여」(1950년 7월 6일)는 직장노동자, 사무원의 자의적 직장 이탈, 무단결근, 지각 등을 범죄행위로 규정하고 이에 대한 직장 책임자의 의무적 기소 등 엄격한 노동규율 준수를 강제하였다.[56)]

인민에 대한 통제와 감시는 기층단위에서 구체적인 지시와 보고를 통해 이행됐다. 1950년 9월 강원도 철원군 내무서장이 작성한 단속 통계표를 보면, 불심검열, 일제검열, 숙박검열, 공민증단속, 통행자단속, 산간수색, 해안단속, 재차단속 등의 항목을 두어 단속현황을 군당에 보고하였다.[57)]

1950년 9월 작성된 철원군 내무서장의 지시에 따르면, 남한 점령에 따라 월북이 용이해진 상황에서 인민군대 혹은 의용군으로 가장해 관할지역에 진입하는 자가 발생하고 있으므로 공민증 단속과 불심심문을 강화할 것을 지시하였다.[58)] 월북자를 적발한 경우에는 소지품 검사와 신문을 철저히

55) 김일성, 「후방을 강화하기 위한 당단체들의 과업에 대하여(1950.7.24.)」, 『김일성전집 12』(평양: 조선로동당출판사, 1995), 162-166쪽.

56) 심현상(1957), 56쪽.

57) 전회림, 「단속통계표(1950.8.26)」, 국사편찬위원회(편), 『북한관계사료집 XVI』(과천: 국사편찬위원회, 1993), 114쪽.

58) 전회림, 「상부지시문 집행할데 대한 지시(1950.9.7)」, 국사편찬위원회(편), 『북한관계사료집 XVI』(과천: 국사편찬위원회, 1993), 155-159쪽.

실시하며 정치보위부에 이관하도록 했다.[59]

3) 군사동원체계의 구축

개전과 함께 북한은 군사위원회를 중심으로 전시동원체계를 확립해 나갔다. 군사위원회에는 내각의 각 성 및 국을 비롯하여 그 밖의 국가 중앙기관과 각 도 · 시의 지방군정부가 배속됐다. 지방군정부는 각 도, 시 인민위원회 위원장을 수장으로 인민군 대표 및 내무기관 대표로 구성되었다. 이와 관련하여 최고인민회의 상임위원회는 7월 1일 정령 「조선민주주의인민공화국 전 지역에 동원을 선포함에 관하여」를 공포하고 군사동원의 적용지역과 대상자, 실시 시기 등을 규정하였다.[60]

북한은 전쟁의 발발과 함께 인민군대의 인적자원을 확보하기 위해 노력하였다. 북한은 1950년 7월 30일 군사위원회 명령 제35호 「군인 적령자에 대한 군사증 교부에 관하여」를 공포하고 18세부터 37세까지의 전체 남성들에 대하여 1950년 8월 10일까지 군사증을 교부 완료하도록 명령했다.[61]

북한은 또한 출생증 소지자로서(18세) 공민증을 교부받으려는 자는 반드시 군사등록을 실시하도록 했다. 군사동원부는 적령자 명부에 따라 소관 분서, 분주소장이 책임지고 공민증 교부신청서를 접수함과 동시에 군사 등록에 해당사항을 기입하고 카드 등록 책임자란에 분서, 분주소장이 서명하도록 했다. 이와 같이 등록한 카드는 5일 이내에 소관 내무서에 송부하도

59) 전회림, 「월북자단속사업 강화에 대하여(1950.9.16.)」, 국사편찬위원회(편), 『북한관계사료집 XVI』(과천: 국사편찬위원회, 1993), 151쪽.

60) 서동만(2005), 379-380쪽.

61) 김일성, 「군인 적령자에 대한 군사증 교부에 관하여(군사위원회 명령 제35호, 1950.7.30.)」, 국사편찬위원회(편), 『북한관계사료집 23』(과천: 국사편찬위원회, 1996), 436쪽.

록 했으며 카드를 접수한 동원부에서는 작성한 공민증과 카드를 대조한 후 공민증 특기란에 등록을 기입하고 시 · 군 군사동원부장이 서명한 후 적령자 명단에도 등록하도록 했다. 외부에서 신규로 전입한 적령자 또한 같은 방법으로 군사 등록을 필하도록 하였다.[62)]

북한은 한국전쟁 과정에서 의무병 모집이 없었다고 주장하나 군사증의 교부로 의무병에 준한 군사동원이 가능하게 된 것이다. 실제로 현역이 아닌 18세 이상의 병역의무자가 해당 기관으로부터 병역 복무 소환을 받고 이를 회피하는 사람은 현역 군무소집 기피자로 형법 제94조와 제197조에 의해 처벌하도록 하였다.[63)] 실질적인 의무병제에 준한 군사동원 조치였다.

북한은 '초모사업'을 보장하기 위해 평상시에 적령자 통계를 파악하도록 했다. 즉, 출신성분별 지식, 직업, 직장별로 통계를 작성하고 각 관내 대상자의 수를 정확히 파악할 것을 지시하였다. 초모사업에 있어서 동원은, 동원부에서 적령자 명단을 면에 보내고 해당 면의 분주소장이 책임지고 인민위원회, 정당 · 사회단체 책임자 열성회의에서 사업방법을 토의하고 인민기관, 직맹, 민청, 농맹 등 사회단체를 통하여 선전해설로 입대를 지원하도록 사업할 것을 강조했다. 또한 '조국보위후원회'와 연계해 훈련생 중에서 '열성자들'을 조직, 교양하고 초모사업이 전개되면, 그들로 하여금 인민군대에 자원하도록 공작할 것을 지시하였다.[64)]

1950년 8월에 작성된 「군사동원에 관한 규정세측」 제15조 또한, 각급 군사동원부가 조국보위후원회에 소속된 적령자들의 군사훈련교양에 관여함

62) 조선민주주의인민공화국 군사위원회, 『실무요강』(National Archives and Research Administration, RG 242, SA 2009II, Item# 146, 1950.8)

63) 최상울, 「전시에 있어서 특수범죄와의 투쟁에 대하여(1950.7.30.)」, 국사편찬위원회(편), 『북한관계사료집 XVI』(과천: 국사편찬위원회, 1993), 122쪽.

64) 조선민주주의인민공화국 군사위원회(1950.8)

으로써 유사시에 군사 동원할 수 있는 대책을 강구하도록 지시하고 있다.[65] 이와 같이 북한은 전쟁 초기부터 점령지역에서 구체적인 군사동원 정책을 집행하였다. 특히 각 점령지역의 공민증 교부절차 단계에서 군사동원부가 개입해 적령자를 확보하고 이를 초모사업에 활용하도록 했다.

그러나 북한의 기대와는 달리 개전 후 점령지에서 인민들의 지지는 미온적인 것이었다. 결국, 북한은 전쟁 초기 군사동원사업을 개선하기 위해 군사위원회 산하의 '군사동원부'를 '군사동원국'으로 승격시키고 군사동원국에 군대 초모사업과 예비 군사훈련을 통일적으로 조직하도록 하였다.[66] 또한 남한의 점령지역에서 당 조직을 시급하게 복구하고 이를 통해 조직동원을 보장해야 한다고 강조했다.[67]

결국, 북한은 남진과 함께 남한주민을 대상으로 의용군 지원을 강제하게 된다. 한국전쟁 당시 충남 대덕군에 거주하고 있던 문주홍은 3형제 중 누구도 의용군에 지원하지 않으면 반동분자 낙인을 피할 수 없어 자신이 지원했다고 증언한다. 리(里)에서 15~16명이 의용군에 지원하였는데 면(面) 인민위원에게 모인 지원자는 약 200~300명 정도였으며 대덕군 내의 모든 면에서 집결한 인원은 약 3,000명이었다고 한다. 그에 따르면 이중 약 200명은 내무서 간부후보생으로 차출되었다고 증언한다.[68] 인민군의 의용군 모집은 억압적 분위기 속에 가호 별로 차출하는 형식으로 강제되었던 것이

65) 조선민주주의인민공화국 군사위원회 군사동원국, 『군사동원에 관한 규정세측』(National Archives and Research Administration, RG 242, SA 2009II, Item# 73, 1950.8)

66) 김일성, 「당면한 군사정치적과업에 대하여(1950.7.23.)」, 『김일성전집 12』(평양: 조선로동당출판사, 1995), 156-160쪽.

67) 이와 함께 북한은 남한의 점령지역에서 청년단체들을 복구하기 위해 노력하였다. 청년단체를 통한 전시동원을 전시초기의 핵심과제로 상정하고 집행하였던 것으로 판단된다. 사회과학출판사(편), 『조선사회과학학술집 439』(평양: 사회과학출판사, 2013), 240쪽.

68) 문주홍, 대한민국 6 · 25참전 유공자회(편), 『6 · 25전쟁 참전수기 Ⅲ』(서울: 대한민국 6 · 25참전 유공자회, 2011), 125-126쪽.

다. 박헌영이 공언했던 남한에서의 광범위한 인민무장투쟁은 발생하지 않았다.

미 극동사령부의 일일정보(제2920호) 자료에 따르면, 북한은 1950년 7월 10일까지 17~45세의 모든 남성과 여성에 대한 동원령을 통해 10만 명의 의용군을 모집하였으며 이후로는 강제징집을 통해 8월 초까지 총 50만 명의 병력을 확보하였다.[69] 이들 중 80~90%는 잘못된 권유, 강제할당, 납치, 강제 동원으로 끌려온 사람들이었다고 보고서는 밝히고 있다.[70]

군사위원회 명령 제194호는 「조신민주주의인민공화국 군대외 공민들에게 대한 일반적 군사훈련을 실시할데 관하여」를 공포하고 민간 군사훈련을 실시하였다. 관련하여 군사훈련에 관한 규정은 "조선민주주의인민공화국의 매개 공민들은 어떠한 순간이든지 정황의 요구에 따라 손에 무기를 잡고 나설 만한 준비가 되어있어야 하며, 조국과 인민의 리익을 옹호하기 위하여 무력수단으로 조선인민을 정복하려는 흉악한 적들을 격멸소탕하여야 할 임무가 있다"고 강조한다. 민간군사훈련은 군대복무 적령자인 17세부터 30세까지의 남성을 대상으로 매일 2시간씩 6개월간 실시되었다.[71]

북한은 전시 초기에 점령지에서 인민군대의 남하를 지원하기 위한 인력들, 특히 자동차와 우마차, 선박 등 교통수단의 운전사와 기관사, 그리고 기술자 및 기능자의 동원을 강제했다. 북한은 지방의 군사동원부가 긴급을

69) RG 554, Entry 27, Box 22. 강제징집 되지 않은 17~45세 남녀는 교량, 도로 및 참호 구축, 그리고 보수공사에 동원되었다[미 극동사령부 일일정보(제2982호), RG 554, Entry 27, Box 27].

70) 미 극동사령부 일일정보(제2958호), RG 554, Entry 27, Box 25.

71) 국사편찬위원회(편), 「조선민주주의인민공화국 군대외 공민들에게 대한 일반적 군사훈련을 실시할데 관하여(1951.11.9)」, 『북한관계사료집 24』(과천: 국사편찬위원회, 1996), 374-376쪽.

요할 시에 자체로 '동원명령서'를 발행하고 '동원명령통지서'를 받은 자는 지정된 시간 내에 동원을 완료하도록 했다. 만약 동원명령통지서 대상자가 정당한 이유 없이 동원에 응하지 않을 경우 법적 처벌을 할 수 있도록 하였다.[72] 이와 관련하여 북한은 각 연합부대 문화부 책임자들이 지방인민위원회 및 지방 당 기관을 통하여 후방 부사단장 명령으로 언제든지 동원될 수 있는 인민을 적어도 2,000명을 준비, 집결시켜두었다가 탄약 및 식량 공급 등 후방사업에 이용할 것을 지시하였다.[73]

마지막으로, 북한은 군사동원체계를 구축함에 있어 문화 · 선전사업을 강조하였다. 북한은 점령지 문화선전부로 하여금 "리승만 망국역도들"의 미제국주의 사상잔재와 일본 제국주의 사상 잔재 및 봉건 유습을 '소탕'하도록 지시하였다. 또한, 일상적으로 인민들의 여론과 '정치적 정서'를 조사, 분석하고 대책을 수립하여 상부에 보고하도록 했다. 문화 · 선전부서 중 선동과의 역할이 강조되었는데, 중요한 선전선동사업이 제기되었을 경우 각 정당, 사회단체 선전관계자 연석회의를 소집하여 '통일노선'을 보장하고 각 직장과 농촌, 가두에 민주선전실[74]을 조직해 주민들에 대한 정치교양사업을 진행하도록 했다. 문화과의 경우 영화와 연극, 문학, 음악, 미술, 무용, 사진 등 문화단체들을 조직하고 사업방향을 제시하도록 하였으며 해방투쟁기념관과 도서관을 설립하고 김일성의 "민족해방투쟁 위업"을

72) 조선민주주의인민공화국 군사위원회 군사동원국(1950.8)

73) 제315군부대 문화부, 『성분지시분철』(National Archives and Research Administration, RG 242, SA 2006, Item# 15, 1950)

74) 북한에서 민주선전실은 「농촌에 있어서 군중선전선동사업과 문화계몽사업을 일상적으로 조직 진행함으로써 농촌 주민의 정치사상 및 문화수준을 향상"시키기 위해 설치되었다. 민주선전실은 주로 농촌의 주민들을 정치사상적으로 교양하는 기구로 활용되었다[국사편찬위원회(편), 「농촌(리)민주선전실에 관한 규정(1951.8.30)」, 『북한관계사료집 24』(과천: 국사편찬위원회, 1996), 302-304쪽].

보존 · 기념하도록 하였다.[75]

3. 남한점령과 '인민민주주의' 체제의 이식

1) 북한의 남한 지배전략: '민주개혁' 조치의 단행

전쟁에서 침략자의 의도와 목표는 그들의 점령정책을 통해 파악될 수 있을 것이다. 북한의 점령정책은 북한지역에서 진행된 인민민주주의 혁명의 연장선상에 있었다. 김일성은 남반부를 '리승만 역도들'의 통치로부터 해방시키고 남반부에 진정한 인민정권인 인민위원회들을 부활시킴으로써 조선민주주의인민공화국의 기치하에 강력한 민주독립 국가를 건설해야 한다고 주장했다.[76]

북한의 남한점령은 사전에 준비된 점령정책에 따라 체계적으로 진행됐다. 김일성은 전쟁의 발발과 함께 남한의 점령지역에서 정치사업을 수행할 정치공작대 조직을 강조하였다. 점령지에 파견될 정치공작대는 점령지에서 북한식의 정치체제를 구축하고 점령지 주민들이 인민군대를 원호하도록 정치사업과 선전선동사업을 병행하도록 했다.[77]

북한은 먼저 점령지역에서 조선로동당의 하부조직을 복구해 나갔다. 일부 지역에서는 인민군의 진주 이후 파견된 공산주의자들에 의해 당 조직이

75) 조선민주주의인민공화국 문화선전성, 『남반부각도(서울시) 문화선전사업규정』(National Archives and Research Administration, RG 242, SA 2010, Item# 42, 1950.8.1.).

76) 김일성, 「전체 조선 인민들에게 호소한 방송연설(1950.6.26)」, 『김일성선집 3』(평양: 조선로동당출판사, 1954), 1-7쪽.

77) 김일성, 「모든 력량을 전쟁승리에로 총동원할 데 대하여(1950.6.26.)」(1995), 37-38쪽.

복구되었으나 대부분 토착 공산주의자들에 의해 재건됐다. 경기도 동면에서 진행된 당 조직의 건설에 관한 보고를 보면, 이 지역의 당원은 약 250명 정도였으나 남로당이 불법단체로 지명되면서 약화돼 1950년 8월 현재 당원은 10여 명에 불과했다.[78]

북한은 각 단위의 인민위원회를 복구함으로써 이들이 인민군을 원조하도록 하였다.[79] 1950년 7월 14일 북한의 최고인민회의 상임위원회는 정령 「공화국 남반부 해방지구의 군, 면, 리(동) 인민위원회 선거실시에 관하여」를 공포하고 점령지에서 인민위원회 선거를 실시하였다.[80] 북한의 자료에 따르면, 남한지역 9개 도의 108개 군 1,186개 면, 1만 3,654개 리(동)에서 인민위원회 선거가 실시됐다.[81] 인민위원회 위원은 군에서 3,873명, 면에서 2만 2,314명, 리에서 7만 7,716명이 각각 선출되었다. 선출된 위원들의 구성 비율은 농민이 가장 높았으며 노동자가 그 뒤를 이었다. 농민의 경우 군에서 총 2,395명(62%), 면에서 총 17,646명(79%), 리(동)에서 총 69,865명(90%)이 선출되었고, 노동자의 비율은 군 · 면 · 리 각각 17%, 8%, 5%에 머물렀다.[82] 인민위원회 선거는 북한에서와 같이 기존의 지배계층이 영향력을 상실하고 농민과 노동자의 정치적 영향력이 확장되는 결과를 가져왔다.

북한은 또한 1950년 7월 4일 최고인민회의 상임위원회 정령으로 「공화

78) 최창우, 「정치정세에 대한 보고(1950.8.11)」, 국사편찬위원회(편), 『북한관계사료집 XVI』(과천: 국사편찬위원회, 1993), 166-167쪽.

79) 김일성, 「우리조국 수도 서울해방에 제하여 전국 동포들과 인민군대와 서울 시민들에게 보내는 축하(1950.6.28)」, 『김일성선집 3』(평양: 조선로동당출판사, 1954), 14쪽.

80) 조선중앙통신사(편), 「공화국 남반부 해방지구의 군, 면, 리(동) 인민위원회 선거실시에 관하여」, 『조선중앙년감 1951~52년』(평양: 중앙조선통신사, 1952), 85쪽.

81) 김일성, 「1950년 10월 11일 방송연설(1950.10.11)」, 『김일성선집 3』(평양: 조선로동당출판사, 1954), 106쪽.

82) 조선중앙통신사(편), 「조선민주주의 인민공화국 남반부 해방지역 군, 면, 리(동)인민위원회 선거총결에 관하여」, 『조선중앙년감 1951~52년』(평양: 조선중앙통신사, 1952), 87-88쪽.

국 남반부 지역에 토지개혁을 실시함에 관하여」를 공포하였다.[83] 북한은 남한 점령지에서 토지개혁을 우선적으로 단행함으로써 점령지 농민층의 지지를 확보하고자 하였다. 이는 북한에서와 같이 지주와 자본가계층의 경제적 토대를 무력화시키기 위한 조치였다. 남한에서 토지개혁은 북한헌법 제7조, 즉 "아직 토지개혁이 실시되지 아니한 조선 안의 지역에 있어서는 최고인민회의가 규정하는 시일에 이를 실시한다"는 규정에 의거하여 진행됐다. 정령에 따르면, 토지개혁은 북한에서와 같이 무상몰수 · 무상분배의 원칙에 따라 진행하고(제1조), 토지의 몰수 대상을 1) 미국과 이승만 정부 및 그의 기관들이 소유한 토지, 2) 조선인 지주의 소유토지와 계속적으로 소작주는 자의 토지로 규정(제2조)했으며, 소작제도는 영원히 폐지한다고 선언하였다.[84]

점령지에서 단행된 토지개혁은 북한에서 진행된 민주개혁 조치와 같이 구지배층의 정치 · 경제적 토대를 빼앗는 것이었다. 북한의 자료에 따르면, 토지개혁은 남한지역 1,198개 면에서 총면적 59만 6,262정보의 토지를 몰수하였는데, 이는 토지개혁을 한 지역 내 총경지 면적의 43%에 달하는 것이었다. 몰수 토지 중 57만 3,343정보가 농민들에게 분여되었고 2만 2,859정보는 국유화됐다. 농호수로 따지만, 점령지 총 농호수의 66%가 토지를 분여 받았다.[85]

북한은 토지개혁과 함께 노동법령 등 '민주개혁' 조치들을 점령지역에서 단행하였다. 북한은 1950년 8월 내각결정 제146호 「공화국 남반부 지역에 노동법령을 실시함에 관한 결정서」를 공포하였다.[86] 전국직업동맹 전국평

83) 조선중앙통신사(편), 「공화국 남반부지역에 토지개혁을 실시함에 관하여(1950.7.4)」, 『조선중앙년감 1951~52년』(평양: 조선중앙통신사, 1952), 84-85쪽.

84) 조선중앙통신사(편)(1952), 84-85쪽.

85) 김일성, 「공화국 남반부 지역에서의 토지개혁 실시정형에 관한 결정서(내각 결정 제168호, 1950.9.29.)」, 국사편찬위원회(편), 『북한관계사료집 23』(과천: 국사편찬위원회, 1996), 460-461쪽.

의회는 점령지 각 직장에서 노동자, 실업군중의 궐기대회를 조직하고 선전 영화 감상회와 직장 내 각종 써클을 조직해 나갔다.[87]

북한은 또한 적 기관 복무자(도청 과장 이상, 군급 책임자, 경찰 주임 이상, 면 계장 이상)와 반동단체 가담자의 재산을 역산(반동분자 재산)으로 규정하고 전재민과 빈민에게 분배하도록 하였다.[88]

북한이 남한 점령지역에서 이행한 '민주개혁' 조치는 남한의 북한화로, 해방과 함께 북한에서 진행된 개혁조치의 한반도적 확장이라 할 수 있다. 북한은 점령지역에서 당 조직을 재건하고 인민위원회 중심의 정치체제를 구축하였으며 토지개혁 등 개혁조치를 통해 영세농민과 노동자들의 지지를 획득하고자 하였다.

2) 등록사업을 통한 주민통제

북한은 남반부 점령지역에서 주민들에 대한 등록사업을 통해 주민들의 성분을 분류하고 이들에 대한 등록대장을 작성하였다. 등록대장을 작성함에 있어 공민증계원들이 직접 파출소에 파견되어 진행하도록 했으며 전쟁 이전의 인구통계를 참고해 조사하고 노력자 조사와 함께 빈집 호수조사, 피난민 조사, 그리고 외국인 통계조사 등을 병행하였다. 각각의 업무는 계획내용과 그에 따른 진행상황을 적시하고 집행자를 명기하였으며 '계원, 계장, 부서장, 서장'의 직인란을 '작성일'과 함께 배치해 검증하도록 하였다.[89] 한편 북한은 주민들의 공민등록과 별개로 그들의 성분을 파악하였

86) 김일성, 「공화국 남반부 지역에 로동법령을 실시함에 관한 결정서(1950.8.18)」, 국사편찬위원회(편), 『북한관계사료집 23』(과천: 국사편찬위원회, 1996), 416-417쪽.

87) 전국직업동맹전국평의회, 「선전사업의 정상화추진에 관한 계획」, 국사편찬위원회(편), 『북한관계사료집 X』(서울: 국사편찬위원회, 1990), 422-423쪽.

88) 남상호, 「몰수물품 처리에 대하여(1951.1.25)」, 국사편찬위원회(편), 『북한관계사료집 XVI』(과천: 국사편찬위원회, 1993), 205쪽.

는데, 이는 조선로동당 입당이나 정권기관, 그리고 각종 직능단체를 조직하는 데 중요한 검증항목으로 관리되었다.

강원도 홍천군 서면의 조선민주청년동맹위원회 사업보고서철은 '근본 직업과 기술', '반동단체 및 정당 가입 여부' 등 주민들의 성분을 구분하고 있으며 월북자나 인민 의용군 동원에 민청원을 어떻게 활용하고 동원했는지 기록되어 있다. 동 자료는 구체적으로, '민주청년동맹원 명부와 미조직자 통계, 동맹원 일람표, 간부 명단, 의용군 연령 해당자 명단, 사업 통계서, 이력서, 미조직 청년 통계표, 서면 열성자대회 보고문, 회의록, 토지개혁에 대한 협조' 등으로 구성되어 있다. 특히 간부 명단의 세부항목을 살펴보면, 개인별 출신과 본인 성분(빈농, 노동 등), 지식, 재산 정도, 경력과 8 · 15 이전 · 이후의 활동, 정치관계 여부, 민주단체와 반동단체 가입 여부, 정당 관계, 조국을 위한 군대 참가와 조국을 반대하는 군대 참가, 이동 관계가 기록되어 있다.[90]

또한 1950년 8월 전국농맹 서면위원회가 작성한 보고서철을 보면, 관내 각 리별 농가호수와 농민가구 수, 18세 이상 농민 수, 가맹회원 수, 비가맹 회원 수, 성분별 통계(토, 빈, 중, 부, 사무)와 지식 정도(문맹, 독해 초등, 중등, 전문)가 자세히 파악되어 있다.[91] 이를 바탕으로 위원회는 의용군 응모 선전사업과 농맹 강연, 결성대회, 인민군 원호 물자 지원 등을 실시하고 인민 의용군 응모자를 지속적으로 모집, 관리한 것을 알 수 있다.

이상의 보고서철 자료에 따르면, 북한은 남한지역을 점령한 이후 민주청년동맹과 전국농맹 지역위원회 등 근로단체를 중심으로 점령지 거주자의 신상과 성분을 구체적으로 조사했으며, 또한 이들 단체를 중심으로 의용군 모

89) 공민증게, 『공작일지』(National Archives and Research Administration, RG242, SA2009 Ⅱ, Box 10 Item# 119, 1950).

90) 조선민주청년동맹 서면위원회, 『보고서철』(National Archives and Research Administration, RG242, Box 1150 Item# 4-132, 1950).

91) 전국농맹 서면위원회, 『보고서철』(National Archives and Research Administration, RG242, SA2012, Box 1150 Item# 4-126, 1950).

집과 노력동원 등 전시동원정책이 점령지역에서 이행되었음을 알 수 있다.

이와는 별도로 북한은 점령지역에서 반동경찰, 헌병, 정보기관 등 반동 정권조직과 반동정당, 사회단체의 조직현황과 간부명단, 그리고 '악질분자'의 명단을 수집하고 이들을 수색, 체포하였다. 구체적인 수색 및 체포대상은 아래와 같다.[92]

「남한 점령지에서 수색 및 체포할 대상」

1) 해방전 친일파, 민족반역자, 2) 북반부에서 도주한 악질분자, 3) 반동정권내 간부 및 악질분자, 4) 반동정권기관, 경찰, 헌병전부, 5) 반동정당, 사회단체, 간부 및 악질분자, 6) 괴뢰기관 밀정, 7) 빨치산과 혁명가 탄압을 방조한 자, 8) 공화국주권을 반대하는 일체 비밀결사 또는 개발적으로 반란, 테러, 파괴, 해독행위를 획책하는 분자, 9) 공화국 시책을 반대하며 민심을 교란하기 위한 삐라, 요언, 기타 선전선동을 하는 자, 10) 전복된 적대계급을 방조하고 공화국시책을 비난 또는 방해하는 분자, 11) 리승만괴뢰도당을 방조한 자본가, 지주 및 목사, 신부 등 악질교역간부

동 지도서는 이들 '투쟁대상'을 적발하고 처단하기 위해 1) 투쟁 대상에 침투하여 거처 등 정보를 획득하고, 2) 인민들을 통해 거처 탐색 및 감시하며, 3) 취합된 정보를 검토한 후 구체적인 계획을 통해 수색 및 체포할 것이 강조되었다.[93]

이와 관련해 1950년 8월 1일 인천시 정치보위부가 작성한 "즉결처분자"

92) National Archives and Research Administration, 『정치보위사업지도서』(RG242, SA2010, Box 893, Item# 33).

93) 일례로 6 · 25전쟁 발발 당시 경찰관이었던 이해옥은 1950년 7월 중순경 경기도 포천군 자신의 거주지에서 내무서원들에 의해 납치되었으며, 같은 군에 거주하던 이인섭은 전쟁 발발 당시 신북면 면장으로 재직하였던 경력이 문제가 되어 내무서로 연행되었다가 납북되었다고 한다[한국전쟁납북사건자료원(편), 『한국전쟁납북사건사료집 3』(서울: 한국전쟁납북사건자료원, 2014), 172-191쪽].

예심문서는 특기할 만하다.[94] 동 문서에는 북한이 인천을 점령한 후 체포 또는 자수한 경찰부서 하위관료의 명단이 기록되어 있다. 또한 예심표와 함께 예심대상자가 작성한 자필 고백서(자술서)가 첨부되어 있으며 이력서와 거주지 인민위원회의 연판장 등이 별도로 첨부된 사람도 있다.[95]

동 문서에서 정치보위부장은 "엄중한 죄"를 지은 사실이 발견되지 않았음을 밝히고 이들을 훈계 · 석방하되, "국가적으로 유리한 조건을 가져오도록 이용"할 것을 제안하고 있다.[96] 이들이 경찰부서의 하급관료였던 것을 감안하면, 북한은 이들을 통해 점령지역에서 반국가, 반동분자들의 신상과 소재를 파악하는 데 활용하려 한 것으로 판단된다.

북한은 또한 해방 이후 월남자들을 불순분자로 분류하고 점령지에서 이들에 대한 소재 파악과 체포를 강조하였다. 대전시 정동 인민위원회와 삼성동 임시위원회 위원장 명의로 작성된 "반동분자 및 월남자 명단"에는 점령지역에 거주하고 있는 이북 출신 인사들이 기재되어 있다.[97] 1950년 7월 31일 대전시 정동인민위원장이 작성한 "반동분자조사보고" 자료는 정동에 거주하며 전쟁 이전에 국가기관 혹은 반공단체에서 활동한 인사들의 주소와 당시 직업, 직위 등이 기록되어 있다. 특히 동 문서에 기재

94) 북한에서 예심사업은 「보위부문에서 진행한 정보 및 신고자료에 근거하여 적발된 범죄의 진상을 규명하고 형사사건을 제기하며 인민재판에 회부하기 위한 절차"로 정의된다.

95) 북한은 점령지의 정치보위사업에 있어 경찰기관에 소속되었던 구성원 전부를 '투쟁대상'으로 규정하고 체포하도록 하였다(National Archives and Research Administration, 『정치보위사업지도서』, RG242, SA2010, Box 893, Item# 33).

96) 인천시 정치보위부, 『즉결처분자』(National Archives and Research Administration, RG242, SA2011, Box 1082, Item# 9-39, 1950.8.1).

97) 1950년 평안남도 서북단에 위치한 안주군 정치보위부장이 6월 23일부터 30일까지 평안남도 정치보위부장에게 발송한 보고자료(4건)에 따르면, 당시 안주군에 거주하던 주민 중 친일, 몰수지주 등 504명이 38선 이남으로 도주한 것으로 보고되었다[안주군 정치보위부, 『심사관계서류철』(National Archives and Research Administration, RG242, SA2010, Box 874-2, Item# 111, 1950)].

된 직업을 보면, 경찰 형사, 순경, 형무소 간수, 국민회 간부, 방위대 장교, 전직 적산관리 처장, 여단사령부 정보원, 그리고 대한청년단 등 반공청년단(서북청년, 대동청년, 민족청년) 등이 반동분자로 지명되었다.[98] 이는 북한이 점령지역에서 신속하게 적대세력과 인사들을 파악함으로써 이들을 체포, 고립시키기 위한 점령정책을 우선적으로 전개하였음을 보여준다.[99]

북한은 이와 함께 '목사, 신부 등 악질교역간부'를 점령지 투쟁대상으로 규정하고 이들에 대한 정보를 수집하고 수색, 체포하도록 했다.[100] 일례로 북한군의 서울점령 당시 성결교회 총회장이었던 박현명은 북한의 기독교도연맹이 개최한 회의에 참석하였다가 납북되었다. 북한의 기만적인 회유로 납북된 사례라 하겠다.[101] 북한은 한국전쟁 이후 점령지에서 경찰조직을 동원해 적대 인사에 대한 조사를 신속하게 진행했으며 국가기관 종사자와 종교인 등에 대한 검거를 전방위적으로 집행하였다.[102]

98) 정동파출소, 『반동분자 및 월람자 명단』(National Archives and Research Administration, RG242, SA2010, Box 911, Item# 105, 1950).

99) 일례로 함경도 외해진면에서 초등학교 교장을 역임한 심홍택은 인민군 보안대의 요시찰 인물로 지목되자 피신하여 서울에 정착하였다고 한다. 동인은 1950년 7월 24일 무장한 인민군 보위대 10여 명에 의해 납치되었다. 한국전쟁납북사건자료원(편), 『한국전쟁납북사건사료집 3』(서울: 한국전쟁납북사건자료원, 2014), 135-144쪽.

100) National Archives and Research Administration, 『정치보위사업지도서』(RG242, SA2010, Box 893, Item# 33).

101) 한국전쟁납북사건자료원(편), 『한국전쟁납북사건사료집 3』(서울: 한국전쟁납북사건자료원, 2014), 24-30쪽.

102) 주한 미대사관이 미국 국무부에 보고한 자료에 따르면, 서대문형무소에 김유순 기독교대한감리회 감독, 한국기독교연합회 총무 남궁혁 장로교 목사, 기독교대한성결교회 회장 유명환 목사, 장로교신학교 학장 송창근 목사 등 50여 명이 수감되어 있었다[국사편찬위원회(편), 「북한 측의 민간인 학살과 납북」, 『남북한관계사료집 12』(과천: 국사편찬위원회, 1995), 39-48쪽].

4. 회유, 납치 그리고 강제징용

1) 회유

북한은 전쟁 초기 남한을 점령한 이후 적대 행위자의 자수를 유도하였다. 북한은 서울을 점령한 후 1950년 6월 30일 서울시 임시인민위원회 「고시 6호」를 통해 "과거 조선민주주의인민공화국 주권에 적대되는 행동을 한 자로서 자기의 과거 '죄과'를 청산하고 조선민주주의인민공화국 정책을 적극 지지하며, 조국통일에 진심으로 헌신하려는 자는 시 내무부나 시 내무서에 과거죄과 내용과 함께 자수청원서를 제출하면 과거의 죄과 여하를 불구하고 관대히 처분한다"고 공포하였다. 그러나 "형식적으로 자수를 가장한 자와 자수를 하지 않고 자기죄과를 기만하는 자는 계속 적대행위를 하는 자로 인정"되었다.[103]

예를 들어, 서울시 위수사령관 최용진과 박효삼의 명의로 1950년 7월 9일과 16일에 공포된 포고문을 보면, 남한의 고위층 인사와 민족반역자, 반동경찰, 국방군 패잔병들의 자수를 촉구하는 내용이 담겨져 있다. 「해방일보」 7월 15일자 신문에 실린 기사에 따르면, 북한은 서울을 점령한 이후 김효석(前 내무부 장관), 최경진(前 경무부 차관), 김현수(前 대법원 판사) 등 고위급 인사가 포함된 자수자가 10,135명에 이른다고 주장하였다.[104]

인민군이 남반부를 점령한 1950년 8월 전라북도 익산군에서 자수한 김

---

103) 「해방일보」(1950.7.3), 「조선인민보」(1950.7.4.), 『빨치산자료집 6』, 박명림(2002), 243-244쪽 재인용.

104) 서울시 위수사령관 최용진, 「포고문(1950.7.9)」, 『빨치산자료집 6』(춘천: 한림대 아시아문화연구소, 1996); 서울시위수사령부 사령관 박효삼, 「포고문(1950.7.16.)」, 『빨치산자료집 6』(춘천: 한림대 아시아문화연구소, 1996); 해방일보, 「박렬 · 강락원 · 정백 등 무려 1만 1백여 명 죄과 뉘우치고 속속 자수(1950.7.15)」, 『빨치산자료집 6』(춘천: 한림대 아시아문화연구소, 1996).

찬식은 1950년 군산 7447부대에 입대하였다가 미군정청의 경관모집에 합격해 이리경찰서에 배속된 이후 경찰 생활을 지속했다. 그는 결국 "이승만 역도단 밑에서 지내다 위대한 인민군 인덕으로 해방당함을 영광으로 생각하며… 과거의 정신을 버리고 인민공화국에 충성"을 맹세하겠다는 자수청원서를 제출해야만 했다. 동 자수청원서는 동인의 자서전과 이력서, 그리고 2인의 보증서와 함께 처리됐다.[105)]

북한은 또한 간첩분자에 대한 체포를 독려하기 위해 체포자에게 대한 표창 및 상금 수여를 진행하였다. 비행기로 낙하한 적군과 간첩을 체포할 경우 내무원에게는 내무부장의 표창과 낙하자가 소지하였던 금액 전부를 수여하고 자위대원 및 정보공작원이 체포한 경우 표창과 상금 5만 원을 수여한다는 것이다.[106)]

2) 납치

북한은 해방 이후 남한의 고위급 인사와 전문가들을 포섭, 납치하기 위해 끊임없이 노력하였다. 1945년 11월 김일성은 1945년 11월 종합대학의 부족한 교원문제를 해결하기 위해 '남조선'의 지식인을 데려오기 위한 대책을 세워야 한다고 강조한 바 있다. 북한은 서울을 점령한 이후 정치적으로 활용 가능한 남한의 고위층 인사들을 납북하였는데, 강압적인 방법뿐만 아니라 평양으로의 여행 등 기만적인 방식으로 납북되었던 것으로 알려졌다.[107)]

105) 김찬식, 「자수청원서」, 국사편찬위원회(편), 『북한관계사료집 Ⅸ』(서울: 국사편찬위원회, 1990), 731-743쪽.

106) 박일우, 「간첩분자를 체포한 내무원 및 자기대원 정보공작원에게 표창 및 상금수여에 대하여(1950.9.1)」, 국사편찬위원회(편), 『북한관계사료집 Ⅸ』(서울: 국사편찬위원회, 1990), 713-714쪽.

107) 민원, 「북남지식인들의 단합」, 『김일성주석과 민족대단결』(평양출판사, 1994), 125-126 · 188쪽.

신경완에 따르면, 조선로동당 군사위원회는 남한의 고위급 인사들을 다음과 같이 분류하였다. 첫 번째 부류는 북한 정권의 수립에 참여한 남한의 정당과 단체, 즉 1949년 6월 25일 남북한의 좌익성향의 단체로 결성된 '조국통일민주주의전선'에 가담한 정당과 단체에 속한 잔류인사들, 두 번째 부류는 남한의 행정부와 국회, 정당, 사회단체에 잠복해서 활동하던 북한의 프락치와 동조자들, 세 번째 부류는 1948년 4월 남북 정치협상에 참여한 정당 · 사회단체 지도자와 개별인사들, 네 번째 부류는 자수 또는 자발적으로 협력해 오는 사람들, 다섯 번째 부류는 연행 또는 체포해야 할 인사들이다.[108]

미 극동사령부 일일보고(제3040호)에 따르면, 북한 점령 시 체포되어 후퇴하는 북한군에 의해 북으로 이송된 남한의 고위관리와 정치인들이 1950년 12월 초 중국의 선양에 억류되어 있었다고 한다.[109] 납북된 고위인사들 중 일부는 북한의 남포시 고계리에서 집단생활을 하였던 것으로 알려져 있다. 북한은 1956년 7월 2일 안재홍 · 조소앙 · 엄항섭 · 오하영 · 윤기섭 등 주로 납북인사들을 중심으로 평양에서 '재북평화통일촉진협의회'를 조직하였다. 북한은 남한의 고위급 인사를 납치하고 이들을 대남선전에 활용하였던 것이다.

1950년 10월 주한미대사관 드럼라이트 참사관이 미국 국무부에 보고한 자료에 따르면, 인민군이 서울의 형무소 죄수들을 석방한 이후 비어 있던 형무소가 새롭게 체포된 인사들로 채워졌는데, 서대문형무소의 경우 9월 중순경 수감자가 9천 명에서 1만 2천 명에 달하였고 마포형무소의 경우 1,200~1,400명이 수감되어 있었다. 이들은 공산주의의 적으로 규정된 이승만 정부의 관료, 경찰, 군인 그리고 반공사상을 가진 저명인사와 교회지도

108) 이태호, 『압록강변의 겨울』(서울: 다섯수레, 1991), 22-24쪽.

109) DS.918. A26.IS8. Nos.3036-3043.

자, 대학 교수 등이었다. UN연합군이 서울을 수복하였을 때 두 곳은 모두 텅 비어 있었다고 한다. 드럼라이트는 이들이 존재하지도 않았던 것처럼 사라졌다고 보고하였다.[110] 주한 미국대사 무초는 1951년 12월 24일 유엔군 전방사령관에게 보낸 전보에서 서울과 지방에서 납치된 사람의 공식 통계 수치를 2만, 7,133명으로, 전체 실종자 수는 9만 229명으로 언급하였다.[111]

북한은 점령지에서 납북과 함께 전출을 통해 점령지 주민들을 강제동원하였다. '전출사업'을 통한 강제 동원은 1950년 9월 5일 강원도 내무부장 최상울 명의로 강원도내 각 시 · 군 내무서장 앞 하달된 "서울시민 전출사업에 관한 협조사에 대하여'(강원내 제3440호)를 통해 일부 내용을 파악할 수 있다. 이 문서는 점령된 서울에서 공장과 광산, 기업소에 '취직'을 알선한다는 목적으로 북한으로 전출하는 사업이 진행되었음을 밝히는 문서이다.[112]

이 자료에 따르면, 북한은 '해방된 서울시민(로동자)'들을 북한지역에 소재한 공장, 광산, 기업소로 '취직을 알선'하기 위한 '전출사업'을 각 관계부문에서 집행하였다. 공장, 광산, 기업소 소재지의 내무서는 모집된 노동자들이 자기 관하에 할당 배치되었을 경우 즉시 그들의 명단을 파악하고 도주하는지 유무를 감시함과 동시에 이미 배치된 정보원을 총동원해 이들의 일거수일투족을 철저히 감시하여 불법한 행위가 발생하지 않도록 하였다. 만약 모집자 중에서 도주자가 발생했을 경우는 즉시 체포에 나설 것을 지시하였다.[113]

110) Evorott F. drumright, "Communist atrocities against Korean civilians in Seoul," 국사편찬위원회(편), 『남북한관계사료집 12』(과천: 국사편찬위원회, 1995), 39-48쪽.

111) 국사편찬위원회(편), 「북한에 억류된 민간인과 포로에 대한 남한 정부의 입장」, 『남북한관계사료집 12』(과천: 국사편찬위원회, 1995), 90-91쪽.

112) 최상울, 「서울시민 전출사업에 관한 협조사에 대하여(1950.9.5.)」, 『북한관계사료집 16』(과천: 국사편찬위원회, 1995), 127-128쪽.

113) 최상울(1995), 127-128쪽.

북한은 남한 점령지에서 광범위한 납치와 강제 동원을 자행했을 뿐만 아니라 UN연합군과 한국군의 반격으로 후퇴하는 과정에서 민족진영 인사와 학련(學聯) 간부, 그리고 그 가족 등을 학살하였다. 비상경비총사령부정보처의 자료에 따르면, 한국전쟁 발발 이후 1950년 10월 31일까지 전국적으로 106만 968명이 학살되고 116만 8,849명이 납치되었으며 일반공무원 중 실종된 자는 225만 7,362명에 달하였다.[114]

북한이 남한 점령기에 자행한 인적 피해의 규모는 인민군이 후퇴한 이후 진행된 한국과 국제기구의 조사 자료에 의존한다. 1950년 6월 25일부터 9월 28일까지 공보국 통계국이 조사한 자료에 의하면, 서울시에서만 피살자 976명, 납치자 2,438명, 그리고 행방불명자 1,202명 등 총 4,616명이 보고되었다.[115] 전쟁기간 전체를 통틀어 남한에서 피살된 규모는 서울시 1,383명, 경기도 2,536명, 충청북도 633명, 충청남도 3,680명, 전라북도 5,603명, 전라남도 43,511명, 경상북도 628명, 경상남도 689명, 강원도 1,216명, 제주도 23명 등 총 5만 9,964명이 피살된 것으로 조사되었다.[116]

북한에 의해 자행된 납치와 학살은 UN연합군과 국군의 연합작전으로 급격히 후퇴하는 과정에서 우파 및 민족주의자를 대상으로 자행된 것으로 보인다. 남한에서 자행된 북한의 학살 및 납치행위가 정확히 어떤 규모로 진행되었는지 확정하기는 어렵다. 단지 이와 같은 자료를 통해 학살과 납치가 전국적으로 광범위하게 진행되었음은 알 수 있다. 남한에서 인민군에 의해 자행된 학살과 납치는 결과적으로 UN연합군과 국군이 북한지역을 점령한 이후 보복행위로 이어졌다.

114) 대한민국 국방부 전사편찬위원회(편), 「국립경찰의 활동상황」, 『한국전쟁사 4권: 총반격작전기』(서울: 대한민국 국방부, 1971), 755-760쪽.

115) 공보처 통계국, 『서울특별시 피해자명부』(서울: 공보처 통계국, 1950).

116) 대한민국 공보처 통계국, 『6 · 25사변 피살자 명부 1』(서울: 대한민국 공보처 통계국, 1952).

3) 의용군 강제 징용

북한은 1950년 7월 1일 최고인민회의 상임위원회에서 정령 「조선민주주의인민공화국 전 지역에 동원을 선포함에 관하여」를 공포하고 전시동원체제를 제도화하였다.[117] 연장선상에서 북한은 인민의용군을 조직하기 위한 상설기구로 '인민의용군조직위원회'를 설립하게 된다.[118]

북한은 서울 등 남한지역을 점령한 이후 7월 4일부터 6일까지 18개 대학과 20개 중학교에서 약 3,000명, 7월 7일부터 8일까지 22개 대학과 35개 중학교에서 약 4,000명, 7월 9일부터 10일까지 90여 개 중학교에서 약 1만 명이 '인민의용군'에 탄원하였다고 주장하였다.[119] 북한은 또한 점령지가 확대됨에 따라 점령지역의 노동자, 농민, 청년학생들이 인민의용군에 탄원하여 1950년 8월 15일에는 그 수가 약 84만 9,000명에 이르렀다고 주장하였다.[120]

북한은 이와 같이 인민의용군이 '자원적인' 무장조직이라 강조하고 있으나 의용군 또한 납치의 한 형태로 활용되었다. 인민군은 7월 중순까지 18세에서 35세 남한 출신의 자발적인 입대 정책을 추진하였으나 이후 지원자가 줄어들자 징병제를 도입하게 된다. 인민위원회와 좌익단체들은 징집 대상자들에게 군 복무를 위한 신고를 명령하였으며 거리나 공공장소에서 청

117) 조선중앙통신사(편), 「조선민주주의인민공화국 전 지역에 동원을 선포함에 관하여(1950.7.1)」, 『조선중앙년감 1951~1952년』(평양: 조선중앙통신사, 1952), 82-83쪽.

118) 조선민주주의인민공화국 군사위원회, 「인민의용군을 조직할 데 대하여(1950.7.1.)」, 『김일성 전집 12』(평양: 조선로동당출판사, 1995), 76-79쪽.

119) 조광음, 「위대한 수령 김일성동지의 현명한 령도밑에 조국해방전쟁시기 해방된 남반부지역에서 벌어진 인민의용군탄원운동」, 『력사과학』 3호(2006), 8-9쪽.

120) 김창성, 「위대한 수령 김일성동지의 현명한 령도밑에 조국해방전쟁시기 군민일치의 전통적 기풍의 발양」, 『력사과학론문집 8』(평양: 과학, 백과사전출판사, 1978), 159쪽.

년들을 잡아가기도 하였다. 학생들의 경우 징집에 응하지 않을 경우 '반동'으로 낙인찍혀 학교에서 쫓겨났다고 한다.[121)]

1950년 8월 4일 경기도 시흥군 내무서장 강룡수가 각 면에 하달한 긴급 지시 문서에 따르면, 시흥군 내무서장은 각 면주소에 면의용군 조직위원회를 조직할 것을 지시하고 각 면별로 의용군 모집인원을 할당하였다. 먼저 면의용군 조직위원회는 면인민위원장을 책임자로 하고 민청위원장을 부위원장으로 구성되어 있으며 면분주소, 면로동당부, 면여맹의 각 책임자가 위원으로 등록되어 있다.[122)] 이와 같은 조직구성은 의용군의 조직에 단위 정권기관이 모두 동원되었음을 증명한다.

또한, 시흥군 내무서장은 각 면 단위로 모집할 의용군을 할당함으로써 의용군 모집이 상당 부분 강제되었음을 보여준다. 내무서장은 안양면 500명, 수암면 400명, 서면 300명, 과천면 350명, 신동면 400명, 남면 350명, 동면 350명, 군자면 400명 등 총 3,100명을 할당하여 모집하도록 지시하였다. 이 중 350명이 할당된 동면의 의용군 모집 중간보고 내용을 보면, 7월 13일과 8월 7일, 그리고 8월 8일 등 세 차례에 걸쳐 204명이 출병하였다고 보고하였다.[123)]

1950년 7월 30일 미 극동사령부 정보보고에 따르면, 북한은 서울지역에서 18세에서 35세의 청년 10만 명을 목표로 징집 활동을 진행하면서 각 지

121) The Far East Command, RG 554, Entry 27, Box 21.

122) 강룡수, 「의용군 모집사업에 대한 긴급지시(1950.8.4.)」, 『북한관계사료집 11』(과천: 국사편찬위원회, 1991).

123) 동면 분주소장이 시흥군 내무서장에게 보고한 자료에 따르면, 분주소장은 해당 면에 거주하는 적령자(대상자)를 조사하였다. 조사 자료는 이름, 연령, 성별, 학력, 출신계급, 성분, 직업, 소속정당, 출발날짜, 합격여부, 돌아온 날짜 등 구체적인 사항이 적시되어 있다. 동면 분주소의 경우 총 1,335명의 의용군 적년자를 위의 내용으로 정리하여 군 내무서장에게 보고하였다[시흥군 내무서 동면분주소장, 『의용군 적년자 명단: 신림리, 안양리, 시흥리』(National Archives and Research Administration, RG 242, SA 2010, Box 856, Item# 47.12)].

역의 인민위원회는 관할지역 내 모든 청년에게 입대명령서를 발급하였다고 한다. 이와 같은 동원을 꺼리는 사람들은 '반동'으로 간주됐다. 또한, 북한군에서 복무할 남한 점령지 출신 미혼 여성을 약 5만 명 징집하는 계획이 보고되었다.[124]

강원도 횡성군 내무서장이 군내 각 면 분주소장에게 하달한 문건에 따르면, 의용군으로 지원한 자들 중 이탈자가 지속적으로 발생하였다. 횡성군 내무서장은 1950년 8월 21일 우천면 거주 의용군 지원자 9명이 행방불명되었음을 전달하고 조사하도록 했다. 이 외에도 인민군대와 의용군 지원자의 이탈, 도주로 인한 체포 또는 확인 문건이 지속적으로 하달되었다.[125]

이와 같이 의용군 조직사업은 상당 부분 강압적 분위기 속에 이루어졌던 것으로 판단된다. 1950년 8월경 경상북도 예천군을 지나던 인민군이 약 600여 명의 학생 및 젊은이들을 의용대라는 칭호로 강제 납치하였다는 증언이 존재한다.[126] 뿐만 아니라 인민군의 점령지역에서 식량부족이 심각해지자 굶주림을 면하기 위해 지원하기도 했다.[127] 미 극동사령부 자료에 따르면, 강제 징집된 의용군 중 80~90%는 잘못된 권유, 강제할당, 납치, 강제 동원으로 끌려온 주민들이었다.[128] 이와 같은 강제징집의 방식으로 모집된 의용군은 총 50만 명에 이른 것으로 보고되었다.[129]

124) The Far East Command, RG 554, Entry 27, Box 20.

125) 우천면부주소, 『감철관계집』(National Archives and Research Administration, RG 242, SA 2011, Box 1067, Item# 32, 1950.7.15.).

126) 한국전쟁납북사건자료원(편), 『한국전쟁납북사건사료집 3: 증언편』(서울: 한국전쟁납북사건자료원, 2014), 103-108쪽.

127) 허만호, 『휴전체제의 전환과 전시 민간인 납북자』(서울: 한국전쟁납북사건자료원, 2010), 62쪽.

128) The Far East Command, RG 554, Entry 27, Box 25.

129) 인민군은 학생들의 경우 정보원이나 조사요원으로 활용하였다(The Far East Command, RG 554, Entry 27, Box 22).

4장 피점령

통제 권력의 전환

전선은 얼마나 많은 인민들의 피로 물들어 갔나. 전쟁의 발발과 함께 한반도를 가로지르며 이동하는 전선을 따라 인민들은 서로 다른 체제를 경험하고 낙인찍혔으며 그럼에도 생존해 나갔다.

피점령은 한반도 북반부에서 한국정부에 의한 통제 권력의 전환을 의미했다. 해방 이후 '인민민주주의' 혁명의 결과로 형성된 사회통제체제는 UN연합군과 한국군의 북한점령으로 해체된다. UN연합군과 한국군의 북한점령은 북한 사회를 어떻게 변화시켰는가?

한반도 북반부에서 실질적인 통제력을 행사했던 이승만 정부는 북한이 남한에서 그랬던 것처럼 북한의 '남한화'를 단행하였다. 점령과 피점령의 상호교차는 남북의 체제통합 정도와 상대방과의 이질성이 상호 비례적으로 높아지는 결과를 가져왔다. 결과적으로 전선의 이동은 북한체제 내 이질적 요소를 제거하고 억압적 통제체제를 강화하는 역사적 조건이 된다.

특히 북한지도부는 피점령 상황에서 구성원이 어떻게 행위했는지에 따라 그들을 적(敵)과 아(我)로 구분지어 나갔다.

1. 전시지휘체계의 붕괴

1950년 9월 15일 UN연합군이 인천상륙작전에 성공하면서 인민군 전열은 급격히 붕괴되었다. UN연합군과 한국군은 인민군의 저지선을 뚫고 38선을 회복하게 된다.

1) 전황의 역전과 반격

낙동강 전선까지 후퇴한 UN연합군과 한국군은 인천상륙작전의 성공으로 전세를 역전하는 데 성공한다.[1] 승전을 목전에 뒀던 북한은 인천상륙작전과 함께 당과 군이 모두 혼란에 빠지며 지휘체계가 붕괴되었다. 김일성은 UN연합군의 인천상륙작전 이후 후퇴 과정에서 벌어진 과오에 대해 강하게 비판하였다.[2]

「인천상륙작전 이후 후퇴과정에서 당의 무질서에 대한 김일성의 비판」

"미국 군대의 새 병력이 우리 전선의 배후인 인천에 상륙하여 우리 전선을 량단함에 따라 인민군대가 전략적 후퇴를 하게 되던 전쟁의 제2단계에 있어서 우리의 많은 당 지도 기관들과 정권 기관들과 당 지도 간부

1) UN연합군의 인천상륙작전에 관한 자세한 설명은 Eugene Franklin Clark, *The Secrets of Inchon: The Untold Story of the most Daring Covert Mission of the Korean War*(New York: Putnam's, 2002).

2) 김일성, 「현 정세와 당면 과업(1950.12.21)」, 『김일성선집 3』(평양: 조선로동당출판사, 1954), 148-150쪽.

들은 당황 망조하여 혼란과 무질서에 빠지게 되었습니다. … 실례로 북 강원도 도당 위원장으로 있던 림춘추 동무는 후퇴시기에 도내의 전체 당 단체들과 당지도 기관들과 국가 기관들에 대한 후퇴를 계획적으로 조직하며 도내 령역에 침입한 적들을 방어하는 방어전에 전 도 인민을 동원시킬 대신에 자기 자체가 적의 진공에 황겁하여 하부 당 지도 기관들과 당원들과 인민들을 버리고 도망질쳤습니다."

1950년 10월 4일 육본작명(제206호)에 따르면, 인민군 패잔병들이 평해(平海) 부근에 약 3,000명, 매봉산 부근에 약 1,000명, 단양(丹陽) 일대에 약 2,000명, 평창, 안흥(安興) 산악 일대에 약 2,000명이 출몰하였다.[3] 또한, UN연합군과 한국군의 38선 진격 이후 후퇴하지 못하고 이남지역에 남아 있는 인민군 또한 약 3만 명으로 적지 않은 숫자였다.[4]

서울에 머물러 있던 허영철의 증언에 따르면, 정규군과는 별도로 서울시당에서 조직한 자위대가 서울 방어에 투입됐다. 1개 대대에 80명 정도로 3개 대대의 자위대가 조직됐으나 이들은 정규군에 대항할 만한 무기를 갖추지 못했다.[5]

당과 군대의 무질서한 후퇴, 그로 인한 지휘체계의 붕괴는 이들이 중국으로 진입한 이후 정치교육과 훈련을 통해 재정비된다. 강원도 명주군 사천면에 거주하던 김진계는 당원으로 후퇴 과정에서 인민군에 입대한 후 1950년 11월 6일 소속 사단병력 전체가 중국으로 진입하였다. 동 부대는 길림(吉林)에서 중국 정부의 협조 아래 각 마을의 민가에 머물며 교육훈련과 조선족

3) 대한민국 국방부 전사편찬위원회(편), 「육본작명 제206호」, 『한국전쟁사 4권: 총반격 작전기』(서울: 대한민국 국방부, 1971), 780쪽.

4) 대한민국 국방부 전사편찬위원회(편), 「육본작명 제220호」(1971), 787-788쪽.

5) 허영철, 한국정신문화연구원 한민족문화연구소(편), 『내가 겪은 해방과 분단』(서울: 선인, 2001), 412-413쪽.

원호사업을 진행하였다.[6] 이와 같은 전열의 재정비가 가능했던 이유는 당시 중국이 미국의 폭격으로부터 안전한 지역이었기 때문이다. 소련의 제64전투비행군단 또한 중국 동북지역 내 목표물 방호 임무를 수행하였다.[7]

중국은 이미 1950년 7월 UN연합군의 북상에 대비해 참전을 준비하게 된다. UN연합군이 38선을 돌파할 경우를 대비해 북·중 국경지역에 9개 사단을 집결시켰으며 소련은 항공 엄호를 보장하였다.[8] 중국은 북한이 요청하는 모든 원조를 김일성에게 약속하였다.[9]

그러나 참전은 늦어져 1950년 10월 8일이 되서야 모택동이 의용군 파견 결정을 김일성에게 전달하게 된다.[10] 소련은 악화된 전시상황 속에서 북·중 국경지역의 중국 측 지역에서 북한 인민군의 9개 보병사단을 정비하고 훈련을 지원하는 역할을 담당하였다.[11]

---

6) 김진계(1990), 139-141쪽.

7) 국사편찬위원회(편역), 「1950년 11~12월 제64전투비행군단의 전투 활동에 대해 군단 참모부가 작성한 개요 중에서 발췌, 1951년 1월 9일」, 『한국전쟁, 문서와 자료, 1950년~53년』(과천: 국사편찬위원회, 2006), 300-307쪽.

8) 국사편찬위원회(편역), 「소련 내각회의 의장이 중화인민공화국 주재 소련대사에게 보낸 전문, 북조선 국경에 중국의 사단들을 집중 배치할 필요성에 대한 주은래의 답변, No.373, 1950년 7월 5일」, 『한국전쟁, 문서와 자료, 1950년~53년』(과천: 국사편찬위원회, 2006), 72-73쪽.

9) 국사편찬위원회(편역), 「조선민주주의인민공화국 주재 소련대사가 소련 내각회의 의장에게 보낸 전문, 중국이 북조선에 군사원조를 제공할 준비가 되어 있다는 북조선 정부의 정보보고와 인민민주주의 국가들로부터의 지원 요청에 대하여, No.586, 1950년 7월 15일 15시 30분」, 『한국전쟁, 문서와 자료, 1950년~53년』(과천: 국사편찬위원회, 2006), 85-87쪽.

10) 국사편찬위원회(편역), 「조선민주주의인민공화국 주재 소련대사가 소련 내각회의 의장에게 보낸 전문, 조선으로 의용군을 파견한다는 중국의 결정에 대한 북조선 정부의 정보에 대하여, No.1436, 1950년 10월 8일」, 『한국전쟁, 문서와 자료, 1950년~53년』(과천: 국사편찬위원회, 2006), 168-169쪽.

11) 국사편찬위원회(편역), 「조선민주주의인민공화국 주재 소련대사가 소련군 총참모부 부참모장에게 보낸 전문, 조선인민군 부대들에서 소련 군사고문들을 소환하여 조선인민군 부대들에서 소련 군사고문들을 소환하여 조선인민군 부대들의 교육을 위해 중국으로 파견하는데 대하여, No.1566, 1950년 10월 31일 13시 20분」, 『한국전쟁, 문서와 자료, 1950년~53년』(과천: 국사편찬위원회, 2006), 562-563쪽.

2) UN연합군과 이승만 정부의 점령지 통제 논쟁

UN연합군과 한국군이 한국전쟁 이전의 경계선을 회복하면서 38선 이북 지역으로 진군할 것인지, 진군한다면 38선 이북지역의 주권은 누가 행사할 것인지가 첨예한 문제로 대두되었다.

특히 UN연합군에게 38선 이북으로의 진격은 짧지만 극한 논쟁을 가져왔다. 이승만은 1950년 9월 20일 인천상륙 경축대회 석상에서 38선 이북으로의 진격을 주장했다.[12)]

「이승만 대통령의 38선 이북으로 진격 주장」

"우리의 정책은 남북통일하는 데 한정될 것이오. … 지금부터 이북 공산도배를 다 소탕하고 38선을 두만강, 압록강까지 밀고 가서 철의 장막을 쳐부실 것이니, 그런 뒤에는 우리를 침손(侵損)할 자가 없을 것이다."

1950년 9월 7일 미국정보문서 「NSC81/1」은 38선 이북지역에 대한 군사작전에 관하여 매우 조심스러운 결론을 내리고 있다. 미국은 38선 이북지역에서 인민군을 격퇴시키기 위한 UN연합군의 권한과 연합군사령관의 군사작전 권한(공수부대의 투입과 지상군의 운용, 그리고 수륙공동작전 등)을 인정하면서도 이와 같은 군사작전에 있어 소련과 중공군의 개입 혹은 개입을 의도하는 발언, 반격에 대한 위협 등이 없어야 한다고 강조하였다. 보고서는 38선 이북에서의 군사작전이 소련과의 대전으로 확장될 위험이 있으며 미국과 동맹국의 이익을 침해할 수 있음을 지적하고 있다. 또한, 38선 이북지역으로 진격이 가능하다 하더라도 만주와 소련국경에 대한 어떠한 군사적 작전도 불허되어야 한다고 강조했다.[13)]

12) 대한민국 국방부 전사편찬위원회(편), 「38선 돌파에 대한 정치, 군사적 결정의 경위」, 『한국전쟁사 4권: 총반격 작전기』(서울: 대한민국 국방부, 1971), 278쪽.

결국, 9월 28일 미국방장관 마샬은 38선 이북으로의 진격에 대한 미국대통령의 재가를 요청하고[14] 29일 미 극동사령관 맥아더에게 38선 이북으로 진격함에 있어 전술적으로 그리고 전략적으로 구속받지 않음을 통보하게 된다.[15] 이와 관련해 미국은 유엔총회를 통해 38선 진격에 대한 정당성을 확보하길 원했다. 1950년 10월 7일 유엔은 총회결의 376(V)에서 "한반도 전체를 통해 안정상태를 확고히 하기 위해 필요한 모든 적절한 조치를 취할 것"에 대하여 결의하였다. UN연합군이 북한지역으로 진격하기 위한 근거를 진격 이후에 마련한 것이다.[16] 결과적으로 미국은 소련이 한반도 문제에 직접 개입하지 않을 것이라는 합리적 판단을 하였음에도 불구하고 중국의 참전에 대해서는 오판하였다.

38선 이북으로의 진격문제와 함께 UN연합군과 이승만 정부 간에 충돌을 가져온 논쟁은 북한지역의 주권행사 문제였다. 이승만 정부는 전황이 안정된 이후 북한의 몫으로 남겨둔 의회에 대한 선거를 실시하고 북한지역에서 한국정부의 주권을 행사하고자 했다.[17] 그러나 미국은 북한점령지역에 대한 유엔의 통제 권한을 우선시하였다. 미국 정보문서 「NSC81/1」은 유엔의 감독하에 북한지역에서 선거를 실시하고 새로운 정부를 구성해야

13) U.S. Department of State, "Report by the National Security Council to the President(NSC 81/1)," *Foreign Relations of the United States*(FRUS), 1950, Vol.VII; Korea(Washington, D.C.: United States Government Printing Office, 1976), pp.712-721.

14) U.S. Department of State, "The Secretary of Defense(Marshall) to the President," *Foreign Relations of the United States*(FRUS), 1950, Vol.VII; Korea(Washington, D.C.: United States Government Printing Office, 1976), pp.792-793.

15) U.S. Department of State, "The Secretary of Defense(Marshall) to the Commander in Chief, Far East(MacArthur)," *Foreign Relations of the United States*(FRUS), 1950, Vol.VII; Korea (Washington, D.C.: United States Government Printing Office, 1976), p.826.

16) 박치영, 『유엔 정치와 한국문제』(서울: 서울대학교 출판부, 1995), 288쪽.

17) 대한민국 국방부 전사편찬위원회(편), 『한국전란 일년지』(서울: 대한민국 국방부, 1951), C18-9쪽.

만 통일과 관련하여 제기될 문제들을 해결할 수 있다고 제안하였다.[18] 이는 남한정부가 배제된 유엔 감독하의 선거를 의미했다.

미국은 전시 북한에서 법질서 유지를 위해 북한민정당국(civil authorities)의 역할과 새로운 정부의 구성을 위한 유엔한국위원회(UNCOK)의 주도적인 역할을 구상하였다.[19] 이와 같은 점령과 점령지 통치구상은 UN연합군이 빠른 속도로 진격하는 상황에서 현실적으로 어려운 과제였다. 특히 민정기구를 구성하는 문제는 점령지 사정에 취약했던 UN연합군에게 어려운 난제였다.

1950년 10월 3일 미육군성은 북한점령정책 구상을 맥아더에게 전문으로 발송하게 된다. 전문은 제1부에서 점령군이 중앙정부에 해당하는 일종의 대용(代用) 형태의 행정기관을 설치하고 한국인 자신의 실제적 지방 및 도(道) 행정을 감독하고 관장할 기관을 창설 · 유지하도록 지시하였다.[20]

그러나 이승만 대통령은 1950년 10월 21일 「남북 동포는 협조하여 국토통일에 매진하라」는 연설문을 통해 이미 임명된 5도지사가 해방된 도에 파견될 것이며 민심이 정돈되면 유엔의 감시하에 자유선거를 추진할 것임을 밝힌다. 또한 그 이후에 국회의원 선거를 실시해 국회를 정상화할 것임을 선언하였다.[21]

유엔은 이와 같은 이승만 대통령의 선언에도 불구하고 점령지역에서 한국의 주권행사를 인정하려 하지 않았다. 1950년 10월 9일 워싱턴은 맥

18) U.S. Department of State, "Report by the National Security Council to the President(NSC 81/1)," *Foreign Relations of the United States*(FRUS), 1950, Vol.VII; Korea(Washington, D.C.: United States Government Printing Office, 1976), p.720.

19) U.S. Department of State, "Draft Memorandum by the Planning Adviser, Bureau of Far Eastern Affairs(Emmerson)," *Foreign Relations of the United States*(FRUS), 1950, Vol.VII; Korea(Washington, D.C.: United States Government Printing Office, 1976), pp.756-759.

20) 김창우, 「한국전쟁 초기 미국의 전쟁정책과 북한점령」, 최장집(편), 『한국전쟁연구』(서울: 태암, 1990), 227-231쪽.

21) 대한민국 국방부 전사편찬위원회(편)(1951), C18-C19쪽.

아더에게 "북한지역에 대한 대한민국의 주권은 인정되지 않았기 때문에 유엔군 사령관 자격으로서 그러한 주권을 인정해서는 안 된다"고 지시하게 된다. 10월 12일 개최된 유엔총회 임시위원회 또한 "유엔은 한반도 전역을 합법적으로 그리고 효과적으로 통치할 수 있는 정부로서 공식적으로 인정한 정부는 없다"고 확인함으로써 한반도 통일과 이에 따른 이승만 정부의 통치권 확대를 공식적으로 부인하였다. 임시위원회는 또 통합지휘권을 행사하고 있는 유엔군 사령관이 북한지역의 통치와 관련하여 유엔한국통일부흥위원회(UNCURK)와 현안문제를 논의해 모든 책임을 수행할 것을 미국에 요청하였다.[22] 이승만 대통령은 유엔한국통일부흥위원회와 협력할 것을 약속했으나 대한민국이 북한에서 자유롭게 행동할 수 있어야 하며 북한이 대한민국에 통합돼야 한다는 자신의 주장을 굽히지 않았다.[23]

UN연합군과 한국군이 급격히 북상하는 과정에서 북한의 모든 지역을 통제하는 것은 불가능한 일이었다. 결국, 주요 도시를 제외한 북한지역 대부분을 실질적으로 점령한 이승만 정부는 기존의 인민위원회를 무력화하고 남한의 행정체계에 따라 새로운 행정기관을 임시적으로 설립하였으며 자신이 임명한 책임자를 파견하게 된다. 이승만 정부의 점령정책이 미국의 의도와 다른 것이었음에도 불구하고 유엔한국통일부흥위원회 임시위원회가 11월 6일 38선 이북에 남한 관리, 경비병, 경찰의 임용을 승인함에 따라 실질적인 점령지 활동이 용인되었다.[24] 전선의 북진과 이후 중국인민지원군의 참전에 의한 후퇴시기까지 약 2달간 북한지역은 이승만 정부가 파견한 행정관료와

22) 박명림(2002), 568-569쪽.

23) 국방군사연구소(편), 「The political situation in Korea」, 『한국전쟁자료총서 23: Documents of the Division of Historical Policy Research of the U.S. State Department』(서울: 국방군사연구소, 1998), 366-369쪽.

24) 김창우(1990), 227-231쪽.

경철인력, 그리고 우익 청년단체들에 의해 상당 부분 통제된 것이다.

2. UN연합군의 북한점령과 사회통제

UN연합군은 한반도 북반부에서 한국의 주권을 인정하지 않았지만 북한 지역을 실질적으로 장악하고 통치한 것은 이승만 정부와 각 지역에 파견된 반공청년단이었다.

1) 피점령지 회복과 북한 점령정책

이승만 정부는 수복한 남한지역에서 민심을 안정시키고 적에게 부역한 자들에 대한 자수와 귀순, 그리고 처벌을 단행하였다. 전시지도부는 전국 경찰국에 수복지역에서 동회장 및 반장을 통해 등록사무를 개시하고 자수 및 귀순공작을 펼치며, 정훈공작을 철저히 이행할 것 등 치안 확보를 위한 경찰활동을 지시하게 된다. 또한 「부역자 처리기준」을 마련해 검거된 부역자들을 아래와 같이 분류하였다.[25]

「검거된 부역자 처리기준」

1. A급

가. 6·25 전에 좌익에 가담한 자로서 악질적인 자

나. 자기의 생명과 재산을 보존하기 위하여 적극적으로 북괴군에게 부역한 자

다. 군경과 그 가족 및 민간인을 학살하거나, 학살케 하는 데 앞장선 자

25) 대한민국 국방부 전사편찬위원회(편), 「국립경찰의 활동상황」, 『한국전쟁사 4권: 총반격작전기』(서울: 대한민국 국방부, 1971), 731-741쪽.

2. B급

가. 피동적으로 부역한 자로서 대한민국에 충성하면서 하는 수 없이 협력한 사실이 나타난 자

나. 정상을 참작하여야 할 자

3. C급

가. 6·25 전까지는 선량한 자였으나, 자기 생명을 보존키 위하여 부득이 소극적으로 부역한 자

나. 6·25 전까지는 선량한 자였으나, 적에게 소극적으로 추종하면서 군경, 공무원, 민족진영의 지도자를 구조한 자

이들 중 A급은 군사재판에 회부해 처단하였고, B급은 '개과천선'하여 대한민국에 충성할 수 있도록 포섭하였으며, C급은 과거를 불문에 부치도록 하였다.

1950년 10월 21일 이승만 대통령은 「남북 동포는 협조하여 국토통일에 매진하라」는 연설문을 통해 점령지역에 대한 정부의 점령정책을 제시하고 있다. 그는 전쟁이 이미 끝나감을 지적하고 극렬한 분자는 형제간이라도 포용치 말고 국법대로 처벌할 것임을 강조했다. 치안과 관련하여 이승만은 남한에서 파견된 서북청년단이 점령지역에 들어가 치안과 계몽, 조직 활동을 진행함에 있어 북한 청년들의 협조를 당부하였다. 또한, 도시와 촌락에서 국법과 '생명재산'을 보호하기에 협의적으로 진행하되 민간에 강요하는 폐단이나 법외의 행동은 금하여 '범행행동'은 계엄군법으로 처벌하도록 했다.[26]

결국, 북한이 해방 이후 단행한 '민주개혁' 조치들은 이승만 정부의 점령정책에 따라 무력화되었다. 대신 남한에서 진행된 것과 같이 농지개혁법을 실시하여 농지를 이전 농주에게 귀속시키되 농주가 적당한 가격에 정부에

26) 대한민국 국방부 전사편찬위원회(편)(1951), C18쪽.

팔면 법에 따라 농민들에게 분배하도록 하였다. 또한, 금융과 상공, 그리고 귀속재산에 관해서는 이남에서 행해온 정부의 정책과 동일할 것임을 공표하였다.[27] 이와 같은 점령지역에 대한 조치들은 해방 이후 북한에서 진행된 혁명조치들을 해소하고 남한에서 이행되고 있는 정치 · 경제 분야의 정책들을 이식하는 북한의 남한화를 의미했다.

이승만 정부의 점령정책에 따라 북한은 '반혁명' 상황에 놓이게 된다. 북한은 남한정권이 "북반부 인민들이 쟁취한 민주개혁을 무효로 선포하고 토지와 기업소들을 미국 자본가들과 조선인 지주, 예속 자본가들에게 넘겨" 주었다고 비난하였다.[28] 일시적이었지만 남한 정부가 북한의 개혁조치들을 무력화시키고 자유민주주의 규범에 기초한 점령정책을 실시함으로써 북한 사회는 서로 다른 사회규범을 경험하게 된다.

2) 이승만 정부와 우익청년단의 점령지 사회통제

대부분의 점령지에서 한국군의 점령정책은 이승만 정부가 파견한 관료와 경찰인력, 그리고 우익청년단에 의해 이행되었다. 이승만 정부는 1950년 10월 10일 이북지역에 계엄령을 선포하고, 점령업무를 위해 약 3,000명의 특수병력과 '국립경찰'이 38선 이북 9개 도시를 통제한다고 발표하였다.[29]

이승만 정부는 북한지역을 점령하는 과정에서 북한 주민에 대한 통합정책을 강조하였다. 이와 관련하여, 육군본부가 1950년 10월 7일 육본훈령 제86호로 하달한 「북한 내에서의 국군의 행동원칙」은 다음과 같다.[30]

---

27) 대한민국 국방부 전사편찬위원회(편)(1951), C18-19쪽.

28) 장종엽, 『조국해방전쟁의 승리를 위한 조선인민의 투쟁』(평양: 조선로동당출판사, 1957), 55쪽.

29) 김창우(1990), 229쪽.

「북한 점령지에서 국군의 행동원칙」

가. 북한의 민간인은 해방된 형제이지 적은 아니다.

나. 장래 한국국민이 될 그들이 권리와 그들의 사적 내지 공적 소유권은 존중하여야 한다.

다. 국군은 북한 민간인의 수호자이며 정복자는 아니다.

라. 국군은 모름지기 민주주의 국가의 군대로서 국민의 군대이며 국민을 탄압하는 군대가 아니고 국민에게 신뢰를 받도록 행동하는 군대가 되어야 한다.

마. 국군 전 장병은 민주주의의 사도(使徒)이라 전 장병은 모름지기 훌륭한 행동의 실례(實例)와 친절심으로써 민주주의 원칙은 공산주의 독재하의 경찰국가의 규율보다 훨씬 더 우수하다는 것을 표시하여야 한다.

한국군의 각급 지휘관은 이와 같은 원칙이 지켜지는지 감시 · 감독하고 위반사실을 발견 시에 육군본부로 보고하도록 하였다. 북한 주민에 대한 통합 노력은 동요할 수 있는 북한 주민들을 안심시키고 남한의 점령정책에 협조를 이끌어내기 위한 조치였다.

한국군의 통합정책은 일부 북한 주민의 동조를 이끌어낸 것으로 보인다. 1951년 1월 당선전선동부장 박창옥은 전쟁 초기의 이탈자 문제가 심각함을 인정하였다. 그는 "일부지방들에서는 적들의 기만정책에 의하여 근로성분을 가진 인민들이 적의 편으로 넘어가 직접적으로나 간접적으로 조국과 인민을 반역한 범죄적 죄악을 범한 사실들"이 있었다고 지적하고, "토지개혁의 혜택을 받은 농민들 중에서 일부 락후한 농민들이 적의 편에 가담하여 로동당원들과 그 가족들을 학살"한 사건을 제시하였다. 그는 이와 같은 이탈이 "야수적 학살과 만행"에 위협받고 "원자탄을 사용한다"든가 "진

30) 대한민국 국방부 전사편찬위원회(편), 「북한 내에서의 국군의 행동원칙」, 『한국전쟁사 4권: 총반격 작전기』(서울: 대한민국 국방부, 1971), 807-808쪽.

달래꽃이 피는 봄이 돌아오면 다시 진공하여 온다는 악선전"에 기만되어 "우리의 승리에 대한 신심을 잃어버리고 동요"한 것이라 주장했다.[31)]

이승만 정부는 북한지역에 연고를 둔 월남 주민들이 조직한 서북청년단을 중심으로 대한청년단 북한총단부를 결성하였다. 정부는 이들을 점령지역에 파견하여 각 지역의 치안유지와 북한 주민에 대한 선전업무를 담당하도록 했다. 또한, 전국학련구국대 총본부 소속의 우익학생들 역시 내무부 선무공작대에 배치되어 북한에 파견되었다.[32)] UN연합군과 한국군이 북진하면서 후방에 남겨진 점령지역은 이승만 정부가 파견한 인력에 의해 통제될 수밖에 없었다.

서북청년단 등 우익단체들은 전쟁 이전에 결성되어 이미 대북활동에 적극적으로 관여하고 있었다. 서북청년단원이었던 김영기에 따르면, 한국전쟁이 발발하기 이전 서북청년단은 1년간의 유격훈련을 통해 1949년 6월 호림유격대를 창설하고 북한지역에서 파괴활동을 벌였다고 한다.[33)] 북한에서 진행된 혁명조치들을 피해 남하한 이들 반공청년조직은 북한체제에 대한 강한 적개심을 가지고 있었기 때문에 이승만 정부의 점령정책에 적극 호응하였다.

북한은 이승만 정부가 "친일파, 친미파들과 청산된 지주, 예속 자본가 등 인간쓰레기들을 사촉하여 치안대, 멸공단, 경찰대, 서북청년단, 대한청년단 등 테로 강도단을 조직"함으로써 "자기들의 파괴 약탈행위의 적극적인 방조자로 삼았다"고 비난하였다.[34)]

31) 박창옥, 「현단계에 있어서 대중정치사업의 강화」, 『근로자』 1951.2(1951), 96-97쪽; 서동만(2005), 469쪽 재인용.

32) 박명림(2002), 637-638쪽.

33) 김영기, 대한민국 6·25참전 유공자회(편), 『6·25전쟁 참전수기 Ⅲ』(서울: 대한민국 6·25참전 유공자회, 2011), 27쪽.

34) 장종엽(1957), 55쪽.

이승만 대통령은 1950년 9월 담화를 통해 "연합군이 전진한 뒤에 무장한 청년군대들이 … 숨어 있다가 … 폭동과 폭란(暴亂)을 일으킬 후환을 막기 위하여 … 일일이 수색해서 반란분자들을 적발 처치해야 한다"고 강조한 바 있다.[35] 이는 전시상황에서 이북으로의 진격이 빠르게 진행되는 과정에서 후방의 치안을 보장하기에 어려움이 있었으며 치안유지를 위한 폭력이 일정 부분 용인될 수밖에 없었음을 짐작케 한다.

3. 폭격과 학살: 반미의식의 확산

한국전쟁은 전쟁의 전 기간에 걸쳐 북한 사회에 광범위한 물적 파괴와 인적 피해를 가져왔다. 한국전쟁이 가져온 파괴와 죽음은 광범위한 저항의식을 북한 사회에 이식시켰다. 한국전쟁이 전후 북한 사회에 어떤 영향을 미쳤는가에 대한 논의는 한국전쟁 과정에서 국가가 어떠한 정당성을 주장하였고 이를 선전했는지 그리고 인민들이 한국전쟁을 어떠한 사건으로 인식하고 있는지와 연관된다. 북한에서 한국전쟁은 미제국주의자들의 침략에 저항한 성전으로 선전되었다.[36] 전쟁의 전 기간에 걸쳐 지속된 공중폭격과 학살의 기억은 반미의 저항의식을 사회규범의 지워지지 않는 성격으로 자리 잡게 했다.

1) 공중폭격과 사회공간의 파괴

폭격은 북한의 사회공간을 파괴하고 물적, 인적 이동을 단절시켰다. 미국

35) 대한민국 국방부 전사편찬위원회(편)(1951), C10쪽.

36) 사회과학원 역사연구소, 『조선전사 25』(평양: 과학백과서전출판사, 1981), 69-73쪽.

은 참전선언과 함께 1950년 7월 8일 극동공군 폭격기사령부(FFAF Bomber Command)를 창설하였다. 전쟁 초기 미 공군의 공중폭격은 평양과 흥남, 원산, 청진, 나진, 함흥 등 주요 도시의 군사목표에 대한 정밀폭격(precision bombing) 방식으로 진행됐다. 그러나 UN연합군이 급격히 후퇴하는 과정에서 '흰옷'의 민간인들에 대한 무차별적인 폭격이 가해졌으며 네이팜(napalm)탄이 투하되었다. 뿐만 아니라 전술항공통제반(TACP)이나 정찰병의 유도에 의한 공중폭격은 일단 공격지시가 하달되면 공격지점의 적 병력이나 민간인 존재 여부와는 무관하게 무차별적인 공격이 감행되었다.[37]

또한, 전쟁발발과 함께 급격히 남하하던 미군부대가 전투지역의 민간인들에 대해 적으로 간주하는 조치가 취해진 바 있다. 미군 25사단의 킨(William Kean) 사단장은 1950년 7월 "전투지역 내에서 이동하는 모든 민간인을 적으로 간주하여 사살할 것"임을 경찰서장에게 통보하고 각 지휘관들에게 전투지역으로 민간인이 들어오는 것을 막기 위해 적으로 간주 '철저한 수단'을 취하도록 명령하였다. 뿐만 아니라 미 육군의 요청으로 공군이 "아군의 위치로 접근하는 모든 민간인 · 피난민들을 향해 기총소사" 하는 일이 발생하였다.[38]

소련이 미 공군의 활동을 조사한 보고서에는 다음과 같은 내용이 담겨 있다.[39]

37) 김태우, 『폭격: 미공군의 공중폭격 기록으로 읽는 한국전쟁』(파주: 창비, 2013), 87 · 198-228쪽.

38) 서중석 외, 『전장과 사람들』(서울: 선인, 2010), 150-154쪽.

39) 보고자료는 미 공군의 작전수행 임무가 1) 창고와 보급창, 철도역, 거점, 도로, 교량, 선착장 등을 파괴함으로써 조선인민군과 중국인민지원군의 보급 차단, 2) 전선의 지상군 지원, 3) 산업시설물과 동서해안의 방어설비 파괴, 4) 북조선 도시 및 주거지에 대한 야만적 폭격, 5) 북조선 전 지역에 대한 지속적인 공중정찰 수행 등이라고 지적하고 있다.

「미 공군의 공중폭격에 대한 소련군의 보고자료」

"적은 제공권을 장악함으로써 1일 평균 400회까지 출격이 가능하게 되었으며, 전선에서 전투가 격화되거나 조선인민군 후방에 집중적으로 맹렬한 공습이 감행될 때는 출격횟수가 1일 1천회까지 증가하였다."[40]

"조선에서 활동하는 미 제5공군은 다양한 기종의 비행기 2,437대를 보유하고 있습니다. … 비행기들은 집단이나 부대 전체 단위 혹은 단독으로 활동하고 있습니다. 최근 북조선의 78개 도시를 대규모 공습하라는 클라크의 명령과 관련하여, 미 공군은 작전수행 시 30대, 50대 심지어는 100대의 비행기를 동시에 출격시켜 공습을 수행하고 있습니다. 미군기는 도시뿐 아니라 외진 농촌에도 폭격을 가하고 있습니다. 미 공군은 주로 평양 남쪽 지역의 철도와 간선도로를 체계적으로 폭격하고 있습니다. 모든 교차로와 교량, 철도역, 규모가 큰 마을들이 투하된 폭탄에 의해 파괴되었습니다. 폭탄투하 밀도는 도로 0.5km당 20발에 이르고 있습니다. 대부1분의 폭탄은 450kg, 250kg, 100kg입니다."[41]

김일성은 UN연합군의 공중폭격을 "국제 법규들을 무시하고 군사적 목표와 평화적 대상을 불문하고 무차별적인 야만적 폭격"으로 비난했다. 특히 1950년 8월 16일 낙동강 북한진지에 대한 폭격은 제2차 대전시 노르망디 상륙전과 비견된다며 비난하였다.[42] 네이팜탄 폭격작전을 수행한 F-51 무스탕기는 1950년 7월 20대에 불과했지만 한 달 사이에 141대로 증강되었으며 7월 683회에서 8월 4,946회로 출격횟수가 대폭 증가하였다.[43]

---

40) 국사편찬위원회(편역), 「조선인민군 총군사고문이 소련군 총참모장에게 보낸 보고서, 1951년 미군 항공대의 손실에 대한 간략한 분석, No.04, 1952년 1월 11일」, 『한국전쟁, 문서와 자료, 1950년~53년』(과천: 국사편찬위원회, 2006), 653-657쪽.

41) 국사편찬위원회(편역), 「중국인민해방군 총군사고문이 소련군 총참모부 부참모장에게 보낸 조선에서의 전투정보 보고서, No.1/00737, 1952년 10월 20일」, 『한국전쟁, 문서와 자료, 1950년~53년』(과천: 국사편찬위원회, 2006), 603-610쪽.

42) 김일성, 「현 정세와 당면과업(1950.12.21)」, 『김일성 선집 3』(평양: 조선로동당출판사, 1954), 147-210쪽.

소련군 코토프 중장이 작성한 정보자료에 따르면, 미 공군은 도시뿐만 아니라 외진 농촌에도 폭격을 가하였다.[44)]

「미 공군의 공중폭격에 대한 소련군의 보고자료」

"9월 22일 우리는 미군기 30대의 공습을 직접 목격했습니다. 그 비행기들은 아마도 평양으로 가는 도중에 여러 지역에 폭탄을 투하한 것으로 보이는데, 그 중에는 농민들이 일하고 있는 들판도 포함되어 있었습니다(사리원 지역). 이 비행집단은 평양까지 비행하지 않고(조선인민군 추격기들과 직면한 것으로 보임) 황주 지역의 촌락 1곳을 완파시켰습니다. 1952년 9월 21일 우리가 이 마을을 지나갔을 때, 그곳은 온전했으며 주민들은 평화롭게 일하고 있었습니다. 23일 우리는 이 마을이 완전히 폐허가 되었고, 가옥들이 소실되었음을 목격했습니다. 또한 폭탄 투하로 패인 흔적을 수 없이 볼 수 있었습니다."

1951년 2월경 평양에 재진주한 허영철에 따르면, 당시 폭격으로 평양에 지상건물이 없었으며 중앙당도 경사지에 반지하로 된 곳을 피난처를 겸해 사용했다고 한다.[45)]

UN연합군이 제공권을 장악한 상황에서 소련은 미 공군의 공중폭격에 대응하지 않았다. 김일성은 소련 공군의 지원을 수차례 요구했으나 이는 이행되지 못했다. 북한 영토의 파괴는 거의 아무런 저항 없이 지속되었다. 다만 중국 인민지원군의 참전한 후에야 소련군 제64전투비행군단이 평양－원산 계선 이북지역에서 방어전을 펼쳤다. 이들은 미 공군의 공중폭격과 공중정찰로부터 압록강 교량과 도하시설, 발전소, 비행장, 그리고 안둥, 신

43) 김태우(2014), 276쪽.

44) 국사편찬위원회(편역), 「중국인민해방군 총군사고문이 소련군 총참모부 부참모장에게 보낸 조선에서의 전투정보 보고서, No.1/00737, 1952년 10월 20일」, 『한국전쟁, 문서와 자료, 1950년~53년』(과천: 국사편찬위원회, 2006), 603-610쪽.

45) 허영철, 한국정신문화연구원 한민족문화연구소(편)(2001), 420-421쪽.

의주, 창성 지역의 다른 후방목표물과 북한 영토 내 교통로에 대하여 해안 경계와 평양－원산 경계선을 넘지 않는 범위에서 방어하였다.[46] 소련은 한국전쟁 기간 한국전쟁에 직접 개입되는 것을 철저히 회피했던 것이다.

북한을 직접 방문해 조사한 것으로 알려진 국제민주여성연맹의 보고서[47]에 따르면, 평양에 있던 종합대학 1개, 단과대학 6개, 소학교 43개, 중학교 20개, 전문학교 5개, 기술전문학교 4개소가 모두 파괴됐으며 미군이 평양으로부터 철수하는 과정에서 시내 80%의 건물들이 방화로 소각되었다. 1만 4,000호의 가옥에 12만 6,000명의 주민이 살고 있던 신의주는 1950년 11월 8일~11일 있은 미 공군의 폭격으로 3,017호의 가옥 가운데 2,100호가 파괴됐고 17개 초등학교 중 16개가 파괴되었다. 또한, 5,000명 이상의 주민이 사망했는데 이 중 4,000명 이상이 여자와 어린이였으며 부상자는 3,155명이었다고 한다.[48]

남포를 방문한 조사단은 전쟁 전 남포에 있던 2만여 개의 건물들이 전부 파괴되었다. 여기에는 13개소의 병원과 24개소의 학교가 포함되어 있었다. 또한, 1950년 8월 13일에 있은 폭격으로 화학비료공장 노동자 800명 중 300명이 사망했다고 한다. 원산의 경우, 전쟁 이전 12만 3,200명의 인구가 있었으나 5만 7,667명밖에 남아 있지 않았다. 원산은 미 공군의 주요 폭격 대상으로 1950년 12월 9일부터 1951년 3월 31일까지 917대의 전투기가 275회에 걸쳐 838개의 폭탄을 투하하고 487회의 함포사격이 가해졌다. 개천에

---

46) 국사편찬위원회(편역), 「제64전투비행군단장이 군단 부대들의 지휘관들에게 보낸 전투 명령, 중국 동북지역과 북조선 영토의 목표물 방호에 대한 1951년 8월 1일부터의 과업에 대하여, No.016, 1951년 7월 31일 12시 00분」, 『한국전쟁, 문서와 자료, 1950년~53년』(과천: 국사편찬위원회, 2006), 317-320쪽.

47) 조선중앙통신사(편), 「미제 침략군과 리승만 괴뢰군이 감행한 만행에 대한 국제년맹 조사단의 보고서」, 『조선중앙년감 1951~52년』(평양: 조선중앙통신사, 1952), 200-215쪽.

48) 조선중앙통신사(편)(1952), 200-210쪽.

서는 고급중학교 1개, 초급중학교 6개, 31개의 인민학교와 13개의 병원과 의료기관이 파괴되었다.[49]

1951년 9월 미 공군에 의해 개시된 질식작전은 공중폭격에서 네이팜을 사용한 사례로 알려져 있다. 미 극동공군사령관 웨이랜드 장군에 따르면, 이 작전은 조·중연합군의 보급을 붕괴시키고 사기를 저하시키기 위해 주요 교통로를 목표로 한 공군과 해군의 합동작전으로 감행되었다. 특히 철도, 역, 산업시설 등의 인구밀집지역을 공격할 경우에 네이팜을 사용하였다.[50] 네이팜은 고농축원유 소이탄 매개체(thickened oil incendiary agents)로 호칭되는데, 한국전쟁에서는 연료저장용 탱크에 네이팜을 채워 폭탄으로 사용됐다. 네이팜은 직경 약 45m의 둥근 지역을 불태우게 되는데 구식 소이탄보다 더 오래, 넓은 곳을 불태울 수 있었다.[51]

한국전쟁 발발 직후부터 시작된 3년여간의 공중폭격은 북한 전역을 파괴했다. 북한의 전역이 파괴되었다는 점에 있어서는 북한의 자료와 국제민주여성연맹의 보고서뿐만 아니라 미국 또한 동일한 평가를 하고 있다. 미 극동공군은 자체조사를 통해 진남포의 80%, 청진 65%, 해주 75%, 함흥 80%, 흥남 85%, 황주 97%, 강계 60%, 군우리 100%, 교미포 80%, 평양 75%, 사리원 95%, 순안 90%, 원산 80%, 신안주 100%가 파괴되었다고 평가하였다.[52] 전쟁의 전 기간을 통해 진행된 공중폭격은 북한 전역에서 파괴와 인적 피해를 가져왔다. 북한 인민들은 전쟁의 참혹한 결과로부터 반미의식을 집단화하게 되었다.

---

49) 조선중앙통신사(편)(1952), 210-215쪽.

50) 국사편찬위원회(편역), 「제64전투비행군단 예하 제216전투비행사단장의 보고서 중 일부, 1952년 8월 4일~1953년 6월 28일 사단의 전투행동 결과 및 UN군 공군의 전술, 1953년 8월 15일」, 『한국전쟁, 문서와 자료, 1950년~53년』(과천: 국사편찬위원회, 2006), 677-692쪽.

51) 김태우(2013), 272-273쪽.

52) 548th RTS, "Bomb Damage Assessment of Major North Korean Cities," File K720.323A. In Crane, 김태우(2014), 377쪽 재인용.

2) 전시폭력: 보복적 집단학살

한국전쟁 중 발생한 집단학살 사건은 보복학살의 형태로 나타났다. 전쟁발발 직후 한국군의 후퇴과정에서 보도연맹 가입자와 형무소 좌익 재소자들이 집단학살 되었다. 북한은 이에 대한 보복으로 우익인사와 경찰, 군인 및 그 가족을 학살하였다. 보복학살의 대표적 사건은 대전형무소 집단학살이었다. 미군 제25 CIC 분견대가 1950년 11월 2일 작성한 활동 보고서에 따르면, 한국정부가 후퇴하면서 재소자와 보도연맹원 등 주민 1천 400명을 살해했고, 이에 대한 보복으로 인민군이 우익과 경찰, 군인과 그 가족, 그리고 미군에 협조한 인물들을 색출하여 약 7천 명을 살해했다고 보고하였다.[53]

인천상륙작전의 성공으로 UN연합군과 한국군이 38선 이북지역을 진격하였으나 점령지역의 행정과 치안대책은 미숙하였다. 군사점령과 별개로 실제 주민통제는 남한에서 파견된 경찰인력과 서북청년단 등 우익단체, 그리고 자생적으로 조직된 치안대에 의해 수행되었다. 이 시기의 인적 피해에 관한 합의된 수치는 존재하지 않는다. 다만 1950년 11월 중순 조병옥은 5만 5,909명의 '잔인하고 극력한 공산당 협력자들과 반역자'들을 체포했다고 발표하였다.[54] 앞서 언급한 바와 같이 이승만 정부는 1950년 9월 「사형금지령」과 12월 「사형금지법」을 통해 점령지역에서의 보복행위를 막으려 하였으나 잔류한 무장세력의 저항이 남아 있는 상황에서 물리적 통제가 용

53) UN과 한국군 점령기에 발생한 학살에 대한 분석은 공산 측과 UN 측의 주장이 상호 중첩되거나 혹은 완전히 반대되는 경우도 있다. 여기서는 미군의 첩보 및 서방 언론의 기사에 기초하여 당시 북한지역에서 발생한 사건들을 정리하였다[김기진, 『한국전쟁과 집단학살, 미국 기밀문서의 최초증언』(서울: 푸른역사, 2005), 93-117쪽].

54) 브루스 커밍스에 따르면 당시 북한지역에서 15만 명이 처형되거나 납치되었다[Bruce Cumings, *The origins of the Korean War, V.2, The roaring of the cataract*, 1947~1950(Princeton, N.J: Princeton University Press, 1990), pp.719-721; 한성훈(2010), 172쪽 재인용].

인되었으며 이 과정에서 일부 보복적 학살이 자행되었을 것으로 추측된다.

1950년 12월 9일 UN사령부가 미8군사령부에 보낸 통신문에 따르면, 황해도 사리원 기차역 인근에서 한국경찰이 재판 없이 정치범 56명에 대한 사살을 감행하였다. 동 사건이 발생하자 당시 미1군단사령부 군의관이 현장에서 응급처치를 했으며 이들 중 살아남은 부상자는 남행 기차에 실려졌다고 한다. 또한, UN사령부가 50년 12월 12일 미8군에 보낸 전문에 따르면, 황해도 서흥군 신막에서는 한국경찰이 주민 21명을 사살하려는 것을 영국군이 저지한 사건이 발생하기도 하였다. 또한, 미8군 헌병대 연락장교 브라운(Rex Brown) 소령이 작성한 활동 보고서에 따르면, 평안남도 안주로 파악되는 용담리에서 한국군이 청년동맹원으로 신고 된 10대 여성 5명을 납치하여 집단 성폭행한 사건이 발생하기도 하였다.[55]

앞서 언급한 바와 같이 17개국의 대표들로 구성된 국제민주여성연맹은 북한지역에서 일어난 피해를 조사하고자 전시에 북한을 방문하여 조사하였다. 조사단은 캐나다, 영국, 덴마크, 프랑스, 이탈리아, 서독, 벨기에, 소련, 중국, 체코슬로바키아, 동독, 쿠바, 베트남 등 총 17개 국가의 국제여맹 회원국과 비회원 국가 여성으로 그룹을 이뤄 북한의 주요 도시를 방문하고 생존자들과의 면담을 통해 조사한 결과를 보고서로 작성하였다.[56]

이 보고서를 정리한 북한자료에 따르면, 안악시에서는 미군과 한국군에 의해 1만 9,092명이 학살당했다고 한다. 감옥(농민은행 창고)에 투옥되었던 죄인들은 산으로 끌려가 생매장당했는데 20개의 무덤에는 450명가량이 묻혀 있었다고 한다. 신천에서는 2만 3,259명이 학살당했다고 한다. 형무소로 사용하던 학교 건물 인근 동굴에서 사망자들이 발견됐는데 주민들은

55) 김기진(2005), 93-117쪽.

56) 조선중앙통신사(편)(1952), 200-215쪽.

미군 후퇴 시 479명을 굴속에 몰아넣고 휘발유를 뿌려 죽였으며, 다른 굴에는 1,000명 이상의 사람들을 기총사격으로 총살했다고 증언하였다. 상동리에 사는 박미자라는 여자는 가족 22명 중 자신만 살아남았으며, 인근 산봉우리에 70명의 어린이 시체와 200명의 여자 시체가 무덤에 매장되어 있었다고 증언하였다.

또한, 남포에 약 6만 명의 주민이 있었으나 인구의 50%만이 남아 있었으며, 강서에서는 1950년 10월 20일부터 12월 7일까지 연합군 강점 시 1,561명이 사망했다고 한다. 원산을 방문한 조사단원들은 전쟁 전 원산에 12만 3,200명의 인구가 있었으나 5만 7,667명밖에 남지 않았으며, 철원시에서는 1,500명의 주민들이 방공호에 생매장되었다고 기록하였다.[57]

국제민주여성연맹 조사단은 서방국가의 구성원이 포함되어 있다는 점에서 당시 북한의 피해현황을 일부분 확인할 수 있는 자료인 반면, 보고서에서 제시한 피해상황이 북한에 의해 제공되었다는 점에서 한계가 있다. 다만 그 수치가 과장되었다고 하더라도 북한에서 발생한 물적, 인적 피해가 인민들에게 저항의식을 심어주기에 충분했고, 북한 정권 또한 이를 극대화하려 했음을 짐작케 한다.

3) 반미의식의 사회화

전쟁의 발발 이후 진행된 공중폭격과 피점령기 자행된 학살은 북한에서 반미의식을 사회적으로 확산시키는 계기가 됐다. 북한은 한국전쟁을 '조국해방전쟁'으로 칭하고 이 전쟁이 미국과 이승만 정부의 침략에 의해 발생했다고 주장하였다. 북한이 한국전쟁을 피침으로 선전한 것은 전쟁의 피해로부터 반미의 저항의식을 강화하는 결과를 가져왔다.[58]

57) 조선중앙통신사(편)(1952), 200-215쪽.

「한국전쟁 발발에 대한 북한의 주장」

"1950년 6월 25일 미 제국주의자들은 리승만 역도들을 사촉하여 조선 민주주의인민공화국을 반대하는 전쟁을 도발하였다. 미제에 의한 조선 전쟁의 도발은 그들이 추구하는 세계제패의 야망을 실현하기 위한 발광적인 새 전쟁 방화정책의 일환이었다. … 미제 침략자들은 일시적 강점 지역에서 일찍이 인류 역사에 유례없는 야수적 만행을 감행하였다. … 미제국주의 강도배들은 일시적 강점 지역에서 로동당원들과 애국적 인민들을 무참하게 학살하였다. 원쑤들은 성년뿐만 아니라 노인, 소년, 심지어 유아들에 이르기까지 잔인무도한 방법으로 학살하였다."

특히 신천 지역에서 발생한 양민학살은 북한이 반미의식을 인민들에게 각인시키는 선전도구로 활용되었다. 북한은 신천양민학살사건을 한국전쟁의 야만성을 증언하는 사건이라 주장하며 그 장소를 현재까지 보존하고 있다.[59)]

「신천양민학살에 대한 북한의 주장」

"원쑤들은 황해도 신천 지방을 비롯한 여러 지방에서 대중적 학살을 감행하였는바 신천에서만 하여도 1950년 10월 18일에 900명, 19일에 320명, 20일에 520명을 집단적으로 학살하였다. 1950년 11월 초 황해도 안악군 안악면 신창리에서는 약 1,000여 명의 애국자들과 무고한 인민들을 생매장하였다. 함경북도 학성군 학남면에서는 28명을 휘발유를 뿌리고 산채로 태워 죽였다. 황해남도 송화군 운유면에서는 로동당원의 가족이라 하여 4~8세 되는 어린이 70명을 포함한 200명의 부인과 아동들을 과수원 창고에 몰아넣고 굶겨 죽였다. 원쑤들은 황해도 한 개 도에서만 12만 명을 학살하였는바 그중 신천군에서는 전체 주민의 4분지1에 해당하는 3만 5,383명을 살육하였다."

58) 장종엽(1957), 1 · 54쪽.

59) 장종엽(1957), 54-55쪽.

북한은 피점령 기간에 '미제'에 의해 평양에서 약 1만 5,000명, 은률에서 약 1만 3,000명, 양양에서 약 2만 5,300명, 평산에서 5,290명, 벽성에서 5,998명, 송화에서 5,545명, 안주에서 약 5,000명이 학살되었다고 주장하였다.[60]

북한뿐만 아니라 남한에서 발생한 학살사건 또한 진실이 모두 밝혀지지는 못하였다. 특히 북한에서 발생한 대량학살은 자료의 한계와 현지방문의 어려움으로 북한정부의 주장에 그치고 있는 현실이다. 그러나 북한에서 형성된 반미의식이 전쟁을 통해 입은 인적 · 물적 피해에 기반하고 있음은 어느 정도 예상 가능할 것이다.[61] 김일성은 "조선인민들은 미국 무력 침범자들이 우리나라와 우리 인민에 대하여 감행한 만행들을 언제든지 잊지 않고 기억할 것이며 자손만대로 내려가면서 그들을 영원히 저주할 것"이라고 강조하였다.[62]

분명한 것은 그 주체가 누구인가와 상관없이 모든 학살은 '미제'에 의해 자행된 만행으로 규정되었다는 것이다. 북한당국은 전시파괴와 죽음을 통해 저항의식을 추동하고 전시의 사회적 통합을 도모하는 선전도구로 활용하였다.

60) 사회과학원 역사연구소, 『조선전사 26』(평양: 과학, 백과사전출판사, 1981), 129-130쪽.

61) 김귀옥, 「한국전쟁과 북한사회주의 건설: '당과 인민대중의 결합'을 중심으로」, 한국사회학회(편), 『한국전쟁과 한국사회변동』(서울: 풀빛, 1992), 340쪽.

62) 김일성, 「조선민주주의인민공화국 창건 2주년에 제하여 진술한 방송 연설(1950.9.11)」, 『김일성선집 3』(평양: 조선로동당출판사, 1954), 92쪽.

5장

재점령

전시 숙청

피점령에 이은 점령지의 회복은 또 다른 정치 · 사회적 보복을 의미했다. 피점령지의 회복은 피점령 과정에서 나타난 과오와 사회구성원의 이적행위를 처벌하는 정치 · 사회적 숙청의 기회로 활용되었다. 피점령지의 회복과 함께 진행된 전시 숙청과 사회적 처벌은 북한 사회에 어떠한 변화를 가져왔는가?

북한은 피점령 지역을 회복한 후 진행된 1950년 12월 당 중앙위원회 전원회의에서 연안파의 거두 무정을 숙청하였다. 이후 소련파의 허가이와 박헌영을 차례로 숙청함으로써 김일성과 빨치산 세력의 권력이 당을 중심으로 강화되었다. 북한은 또한 피점령 당시 연합군에 동조한 인민들을 이적행위자로 처벌하였다. 북한 사회 전반을 재구성하는 시발점이 된 전시 숙청과 군중심판은 전후 북한 사회통제체제의 작동원리로 자리 잡게 된다. 피점령 당시 구성원의 행태는 북한에서 적(敵)과 아(我)를 구분하는 준거가 되어 지워지지 않는 낙인으로 남게 된다.

1. 피점령지의 회복과 당 조직 정비

북한은 UN연합군과 한국군의 반격으로 국가 붕괴의 위기에 직면하였다. 그러나 중국인민지원군의 참전으로 전세를 역전한 조·중연합군은 1950년 12월 6일 평양을 재탈환하게 된다. 역설적으로, 피점령지의 탈환은 김일성이 후퇴 과정에서 발생한 무질서와 지휘체계의 오류 등을 이유로 정적을 숙청하고 UN연합군과 한국군에 동조한 구성원을 처벌함으로써 김일성 중심의 전시통제체제를 강화하는 기회가 됐다. 또한, 피점령지의 회복과 함께 조선로동당과 인민군대의 규율을 재정비하고 전 사회에 당 중심의 지도체계를 확립해 나갔다.

1) 김일성의 위기와 정적 숙청

조·중연합군의 성립은 김일성에게 정치적 위기를 의미했다. 북한 인민군대와 중국인민지원군대의 지휘체계 통합으로 김일성은 최고사령관의 지휘를 팽덕회에게 넘겨주게 된다. 10월 21일 중국인민지원군사령원 겸 정치위원 팽덕회는 김일성과 직접 회견하고 연안파의 박일우를 부사령원 겸 부정치위원으로 임명하게 된다. 김일성은 인민군에 대한 지휘 권한을 팽덕회에게 이양함으로써 군사통제권을 상실하게 되었다. 박일우는 전체 4명의 부사령원 중 1명, 2명의 부정치위원 중 1명, 2명의 당부서기 중 1명으로 북한에서 가장 높은 지위에 오르게 된다. 조·중연합군 체계가 등장하면서, 북한은 작전문제 및 전선과 관련된 모든 권한을 연합사령부에 이관하고 후방동원, 훈련, 군사행정, 그리고 경비 등에 대해서만 직접 관여할 수 있었다.[1)]

1) 서동만(2005), 410-414쪽.

그러나 조선로동당을 장악하고 있던 김일성은 조·중연합군 성립에 따른 정치적 위기를 당을 재정비하고 경쟁세력을 숙청하는 기회로 삼게 된다. 조·중연합군이 성립된 이후인 1950년 12월 조선로동당 중앙위원회는 제2기 제3차 전원회의에서 후퇴과정의 과오를 비판하고 연안파의 무정(군단장), 김한중(사단장), 소련파의 김열(후방총국장), 채규형(최고검찰부 총장), 빨치산파의 김일(전선사령부 군사위원), 최광(사단장), 임춘추(도당위원장), 국내파의 허성택(남조선빨치산 조직책), 박광희(남로당 도당위원장) 등을 숙청하였다.[2] 이들 중 무정은 조·중연합군 사령관 팽덕회의 신임을 받던 연안파의 거두였다. 전원회의에서는 인민군의 후퇴 상황에서 나타난 무정의 과오가 강하게 제기되었다.[3]

「연안파 무정에 대한 김일성의 비판」

"군내에서 명령을 집행하지 않고 전투를 옳게 조직하지 않았으므로 우리에게 많은 손실을 가져 오게 한 무정은 제2군단장의 직위에서 철직 당하였습니다. 그는 이와 같은 처벌을 받은 이후에도 우리가 퇴각하는 과정에서 혼란된 상태를 리용하여 아무런 법적 수속도 없이 사람을 마음대로 총살하는 봉건 시대의 제왕과도 같은 무법천지의 군벌주의적 만행을 감행하였습니다. 이것은 물론 법적으로 처단받아야 될 것입니다."

또한, 전쟁의 발발 이후 남한지역에서 인민군의 작전을 지원한 과거 남로당 조직의 과오가 지적되었다. 남한 내 당 조직에 대한 비판은 박헌영을 필두로 한 국내파 세력에 대한 공격이었다.[4]

---

2) 고병철, 「한국전쟁과 북한정치체제의 변화」, 경남대학교 극동문제연구소(편), 『한국전쟁과 북한사회주의체제건설』(서울: 경남대학교 출판부, 1992), 10-11쪽.

3) 김일성, 「현 정세와 당면과업(1950.12.21)」, 『김일성 선집 3』(평양: 조선로동당출판사, 1954), 147-210쪽.

4) 김일성, 「조선로동당 중앙위원회 전원회의에서 한 김일성의 보고(1950.12.21.)」(모스크바: 현대사자료연구보존센터), 13-14쪽; 서동만(2005), 389쪽 재인용.

「국내파에 대한 김일성의 비판」

"남조선의 우리 당 조직은 주민들을 급속히 동원하여 광범위하게 빨치산 투쟁을 조직하지 못하여 그 결과 우리 인민군이 작전을 관철하는데 추가적인 곤란이 발생한 것이다."

김일성은 허성택 등 중앙위원들이 빨치산 조직에 대한 당중앙의 지시를 실행하지 않은 것에 대해 비판하고 국내파를 좌천 등의 방식으로 숙청하였다. 이들뿐만 아니라 소련파 김열(인민군 후방국장)이 후방보급 문제로 면직처분 됐으며 김한중과 최광, 그리고 임춘추가 후퇴 시 지휘체계의 혼란을 가져온 책임을 물어 해임되거나 제명되는 운명을 맞게 된다.[5] 김일성은 후퇴 시 나타난 오류들을 비판하고 그들에게 책임을 물어 숙청하는 방식으로 정치적 위기를 극복했을 뿐만 아니라 자신의 권력을 더욱 강화시켜 나갔다.

피점령 지역의 회복과 함께 진행된 당내 숙청작업은 이후에도 지속되어 소련파의 허가이와 국내파의 박헌영 등 김일성의 빨치산파와 경쟁하던 세력의 핵심 인사들이 숙청을 통해 제거되었다.

2) 조선로동당(인민군대)의 재정비

피점령 지역을 회복한 이후 북한은 당 조직을 재정비하는 작업에 착수하였다. 김일성은 UN연합군의 반격에 따른 급격한 후퇴과정에서 나타난 당내 '사이비당원'들을 적발하고 일소해야 함을 강조하였다.[6]

5) 김일성, 「현정세와 당면의 과업」, 『자유와 독립을 위한 위대한 해방전쟁』(평양: 조선로동당출판사, 1951), 149-150쪽; 서동만(2005), 390쪽 재인용.

6) 김일성, 「현정세와 당면의 과업」(1951), 181쪽; 서동만(2005), 391쪽 재인용.

「김일성의 당 조직 정비 강조」

"이번 전쟁을 통해 누가 참된 당원이고, 누가 사이비당원인가가 분명히 폭로되었습니다. 평화롭고 순조로운 조건하에서 급속히 성장한 우리 당원 전부가 근로인민의 참된 전위당의 당원은 될 수 없습니다. 전쟁은 불순분자, 비겁자, 이색분자를 가차 없이 폭로하고 적발하였습니다. 이러한 분자들을 당의 대열로부터 일소하여, 대열강화를 위한 활동에 매진해야 합니다."

조선로동당은 김일성의 당 조직에 대한 비판 이후 각 지역에서 당원 재등록과 조직정리사업을 단행하게 된다. 당원 재등록과 당 조직에 대한 정리사업은 피점령 시기 '당에 잠입한 이색분자들'을 색출하고 후퇴 시에 나타난 당원들의 과오를 시정하기 위한 조치였다. 당시 조직정리사업은 출당의 책벌을 받은 사람이 전체 당원 60만 명 중 약 45만 명에 이르는 전에 없었던 대규모의 숙청으로 기록되었다.[7] 조선로동당이 대중정당으로 확장된 이후로 가장 광범위한 당내 처벌이 진행된 것이다.

김일성은 또한 인민군대 내에 정치공작 사업이 제대로 전개되지 못하고 부대 내 교양사업이 부족하였음을 비판하고 인민군대 내에 당 단체들을 건설하는 사업에 착수하였다.[8] 인민군대내에 당 단체를 조직함으로써 인민군대에 대한 당의 영도를 실현하고 부대의 전투력을 강화한다는 것이었다.[9] 이는 당의 통제를 받지 않던 유일한 국가조직이었던 인민군이 당의

7) 국사편찬위원회(편), 「박헌영의 비호하에서 리승엽도당들이 감행한 반당적 반국가적 범죄적 행위와 허가이의 자살사건에 관하여(전원회의 제6차 회의 결정서, 1953.8.5.~9)」, 국사편찬위원회(편), 『북한관계사료집 30』(과천: 국사편찬위원회, 1998), 391쪽.

8) 김일성, 「현 정세와 당면 과업(1950.12.21)」, 『김일성선집 3』(평양: 조선로동당출판사, 1954), 139-143쪽.

9) 김일성, 「인민군대 내에 조선로동당 단체를 마련한 데 대하여(1050.10.21)」, 『김일성저작집 6』(평양: 조선로동당출판사, 1980), 145-148쪽.

군대로 개편됨을 의미했다.

해방 이후 건설된 조선인민군은 군대 내 당 조직의 활동을 억제해 왔다. 조선로동당은 1946년 10월 북조선로동당 중앙상무위원회 제9차 회의에서 결정서 「군대내 당 조직에 관하여」를 채택한 바 있다. 동 결정서에 따르면, 당시 북한에 만들어진 보안훈련소, 철도경비대 등을 "전 인민의 군대"라고 규정하고 "군대의 당군화를 방지하고 군대의 통일적 통솔권을 보장하기 위하여 대오 내에 각 정당 조직을 두지 않을 것"을 결정하였다.[10)]

이와 같은 조치는 '인민민주주의' 혁명 단계에서 조선로동당의 사회적 지배가 관철되지 못한 결과였으며 또한 인민군대의 건설을 주도적으로 수행한 항일빨치산 세력의 주도권을 보장하기 위한 조치였다.

한국전쟁 이전, 군대 내 정치사업은 중대 단위까지 파견된 문화부중대장에 의해 집행되었다. 최하종에 따르면, 당시 조선인민군 제2중앙정치학교에서 문화부 간부를 양성하였다. 당시 정치학교는 마르크스·레닌주의, 정치경제학, 철학 등을 가르쳤으며 '군대 내 문화공작 경험'을 비중 있게 다루었다. 분대회의, 세포회의, 군무자회의 등을 통해 주로 군대 내 정치사업을 어떻게 조직할 것인가에 대한 주제를 토론하였다고 한다.[11)]

한국전쟁이 발발하면서 인민군대에서 당 조직을 강화하기 위한 조치가 본격적으로 진행됐다. 인민군후방사령부 문화국장 서휘는 1950년 7월 16일 「부대 내에서 로동당원의 역할을 높이기 위한 당적 사업의 강화에 대하여」라는 지령을 통해 "부대의 골격이고 핵심인 로동당원과의 당적 사업을 백방으로 강화함으로써 그들의 자원성, 열성, 모범성을 가일층 높여 급속

10) 국사편찬위원회(편), 「군대내 당조직에 관하여(북조선로동당 중앙상무위원회 제9차 회의 결정서, 1946.10.21)」, 『북한관계사료집 30』(과천: 국사편찬위원회, 1998), 37쪽.

11) 최하종, 한국정신문화연구원 한민족문화연구소(편), 『내가 겪은 해방과 분단』(서울: 선인, 2001), 319-326쪽.

한 시일 내에 부대의 전투력과 규율을 강화"할 것을 강조하였다. 그는 당의 역할을 강화하기 위한 조치로 각 연대, 대대, 중대, 소대별로 '군대직위별 당원협의회의'를 조직할 것을 지시하였다. 다만 이 시점에서는 아직 '당원협의회의'라는 느슨한 조직형태를 유지하고 있었으며 당 위원회와 당 세포에 기초를 둔 군 통제조직이 구축되지는 않았다.[12] 결국 UN연합군과 한국군의 반격에 패퇴하면서 인민군대의 규율문제가 제기되고 조·중연합군이 성립되면서 이전의 문화부가 정치부로 전환되었다.

인민군 내 당 조직의 강화는 조·중연합군의 성립과 함께 구체적인 체계를 갖추게 된다. 조·중연합군 사령부의 편성은 중국인민해방군의 군당 및 정치위원 제도를 전제로 한 것으로, 인민군 지휘체계와 불일치가 발생한 것이다. 중국인민해방군 정치위원은 군내에서 공산당의 전권대표를 의미했다. 당시 중국인민해방군의 정치위원 및 군당제도는 정치위원이 군사지휘관과 동렬 혹은 우위에 서는 '이중통수제'에 가까웠다. 결국, 조·중연합군이 성립되면서 인민군 내 당 조직체계에 대한 일대 개편이 진행됐다.[13]

1950년 10월 당 중앙위 정치위원회에서 「조선인민군 내 정치부제의 실시와 로동당 단체의 조직에 관한 결정」이 채택되며 인민군 내 당 조직 개편이 구체화되었다.[14] 당시 개편내용을 보면, 민족보위성 문화훈련국을 총정치국으로, 각급 문화부를 정치부로 개편하고 구분대와 부대들에 정치부부대장, 구분대장 직제를 신설하도록 하였다. 또한, 중대에 당 세포를 조직하고 대대에는 대대당위원회, 연대에는 연대당위원회를 조직하였다.[15] 기존의 인민군 내 문화부 조직이 당 정치조직으로 개편된 것이다.

12) 「부대 내에서 로동당원의 역할을 높이기 위한 당적사업의 강화에 대하여」, 서동만(2005), 408쪽 재인용.

13) 서동만(2005), 422-423쪽.

14) 북한연구소(편), 「조선인민군내 당단체사업 규정(1950.11.29)」, 『북한군사론』(서울: 북한연구소, 1978), 527-531쪽.

15) 김일성, 「인민군대 내에 조선로동당 단체를 마련한 데 대하여(1950.10.21)」, 145-148쪽.

인민군대 내 당의 지배가 강화됨에 따라 당원 확대정책이 가장 적극적으로 추진된 곳 또한 인민군대였다. 한국전쟁 기간 중 인민군에서 입당한 당원 수는 14만여 명에 달하였다. 전시에는 후보기간이 없이 직접 당원이 되는 '화선입당(火線入堂)'이 허용되었기에 가능한 결과였다.[16)]

중국지역으로 후퇴한 인민군은 일정 기간의 휴지기 동안 정치·사상교육과 군사훈련을 통해 재정비 되었다. 당시 중국의 송강성 상지현에 설립된 중앙당학교에 입교한 허영철에 따르면, 중앙당학교는 하루 8시간 수업이 진행되었으며 과목은 『맑스레닌주의의 기본과 원리』, 일제강점기 때의 민중들의 저항을 담은 『인민해방투쟁사』, 『인민민주주의』, 『세계정치지도』, 『러시아어』, 『군사학』 등이 개설되었다. 군사교육은 일주일에 3~4시간 정도 진행됐고 토요일 오후에는 이론교육과 야외훈련이 병행되었다. 이와 같은 교육과정에 필요한 물품이나 비용은 중국 측에서 지원하였다고 한다.[17)] 조선인민군은 중국영토에서의 재정비 과정을 거쳐 중국인민지원군의 반격에 동참하게 된다.

또한, 인민군대의 후퇴 시 혼란과 무질서에 대한 비판이 제기됨에 따라 인민군 내의 군중문화사업이 한층 강화되었다. 문화사업은 인민군대의 "군무자들이 자기 조국과 인민에게 충성을 다하는 애국주의적 사상으로 튼튼히 교육"하는 데 목적이 있었다. 문화사업은 정치상학, 정치보도, 군중·개별적 담화, 강연, 회의, 군중대회, 벽보 및 전투소보 등을 통해 실시되었다. 자주성을 바탕으로 한 애국주의 사상은 항일빨치산투쟁의 정신을 역사적으로 계승한 것으로 강조되었다.[18)]

16) 김진계(1990), 155쪽.

17) 허영철, 한국정신문화연구원 한민족문화연구소(편)(2001), 421쪽.

18) 리동히, 「군중문화사업 조직에 대하여(1950.9.15.)」, 『개인수기장(작성자 미상)』, 한성훈(2010), 335쪽 재인용.

최고인민회의 상임위원회는 인민군대의 군사규율을 강화하기 위한 조치로 1950년 12월 28일 정령 「명령 없이 전투 지구와 전투장에서 무기와 전투기재를 포기한 군무자들을 처벌함에 관하여」를 공포하였다. 동 정령은 명령 없이 전투구역을 포기하거나 혹은 전투장에서 무기 또는 전투 기재를 방기한 군무자는 인민의 원수로 사형에 처한다고 명시하였다.[19)]

다만 내무상 대리부상 방학세는 1950년 10월 인민군으로 공습 시에 군복과 식량을 절취한 2명을 총살한 것과 절도상습자라는 이유로 강도범을 총살한 사례, 그리고 범죄 조건이 부족한 5명을 총살 처분한 사례 등을 지적하고 반동분자를 처리함에 있어 반드시 해당 검찰소와 재판소의 법적인 절차를 거치도록 하였다.[20)]

김일성은 전투명령을 수행하지 않은 자에 대해서는 공개적인 군사재판을 실시하고 명령서를 통해 판결내용을 전체 성원들에게 전파하도록 했다. 또한, 군단장과 사단장은 각급 정치부, 검찰소, 군사재판소, 정치보위부와 함께 매월 부대 내 규율 상태를 분석하고 군사규율 강화에 대한 대책을 강구하도록 하였다.[21)]

휴전협상이 개시된 이후에는 인민군의 이탈을 억제하기 위해 연좌제를 도입하게 된다. 1951년 10월 15일 채택된 정령 「군무자가 반역 또는 탈주범죄를 수행한 경우 그의 가족에게 형사책임을 지움에 관하여」가 그것이다.[22)] 이는 부대원의 이탈을 사전에 억제하고 부대원이 반역 및 탈주하더라도 조기에 자수할 것을 유도하기 위한 조치였다.

19) 한락규(1960), 195쪽.

20) 방학세, 「반동분자 취급 처리에 대하여(1950.11.23), "사건취급 처리에 대한 지시(1950.11.19)」, 국사편찬위원회(편), 『북한관계사료집 XVI』(과천: 국사편찬위원회, 1993), 208-209쪽.

21) 정치부, 「최고사령관 229호 명령 집행에 대하여」, 『정치상학제강철』(1951), 한성훈(2010), 291쪽 재인용.

22) 심헌상(1957), 58쪽.

2. 전선의 이동과 이탈

한국전쟁의 몇 가지 특징은 구성원의 상호 이동이 가능한 시·공간을 창출하였다. 첫째, 한국전쟁은 같은 민족 간에 발생하였다. 동일한 문화와 언어를 사용하는 민족 간의 전쟁에서 구성원은 이탈을 위한 대안의 선택지를 갖게 된 것이다. 둘째, 한국전쟁이 한반도 전역을 오르내리며 전개됨에 따라 전선의 이동과 함께 구성원의 이동이 가능한 구조가 형성되었다. 셋째, 한국전쟁에서 북한과 남한은 모두 상대방 영토의 대부분을 일시적으로 점령한 후 다시 피점령의 상황을 교차 경험하게 된다. 결국, UN연합군과 한국군이 북한을 점령했을 당시 협조한 북한의 인민들 중 일부는 연합군이 후퇴함에 따라 남한으로의 이탈을 선택하였다. 전쟁과 같은 위기에 직면한다 하더라도 국가, 특히 단일민족 국가의 경우 회복의 기제에 있어 이탈보다는 항의에 의존하는 것이 일반적이다.[23] 그러나 만약 단일민족 국가 내부의 전쟁이라면 이탈은 대안의 선택지가 될 수 있다.

1) 인민의 이탈

북한은 1950년 6월 28일 서울을 점령하고 9월 중순 낙동강 전선까지 진격하였으나 9월 15일 UN연합군의 인천상륙작전이 성공하며 전선은 다시 북상하였다. 조선인민군은 북·중 국경선까지 후퇴하며 패전의 위기에 직면했으나 11월 27일 중국인민지원군의 참전으로 UN연합군과 한국군이 후퇴하면서 전선은 다시 남하하게 된다. 조·중연합군은 12월 26일 38선을 재차 남하하여 1951년 1월 서울을 재점령하였으나 UN연합군이 반격하며 2월 11일 서울을 재탈환하였다.[24] 불과 7개월여의 짧은 기간에 점령과 피

23) Hirschman(1978), pp.106-107.

점령, 그리고 재점령의 상황이 교차하면서 인민들의 동조와 저항, 그리고 탈출이 발생하였고 그에 따른 감시와 처벌, 그리고 보복이 뒤따랐다.

한국전쟁 기간에 발생한 북한 인민들의 이탈은 크게 세 가지로 구분할 수 있다. 첫째, 전쟁 중 북한 정권으로부터 적대적인 규정을 받았던 북한 인민의 남하, 둘째, 1·4후퇴 당시 전쟁지역을 벗어나기 위한 남하, 셋째, 반공포로의 정치적 선택 등이다.[25)]

1952년 1월 실시된 유엔민간원조사령부의 인구조사에 따르면, 한국전쟁 시기 북한지역에서 남하한 인구는 총인구 2,094만 7,623명 중 72만 1,072명으로 조사되었다.[26)] 이와 달리 한국산업은행 조사부는 1953년 5월 현재 남한의 인구를 2,132만 8,340명으로 산출하고 사회적 증가 인원 중 월남자의 수를 약 150만 명으로 추산하였다.[27)]

한국전쟁 당시 월남 인구에 관한 기존의 통계를 분석한 강정구는 전쟁 발발 이후 월남자를 약 84만 명으로 추정하였다. 당시 남한의 인구조사 결과에 따르면, 1949년 인구조사는 1945년~49년 사이의 월남인을 48만 1천 명, 1955년 인구조사는 45만 명으로 추산하였다. 1960년 인구조사는 이북5도 출생자를 63만 8천 명, 1966년 특별인구조사는 북한 출신자를 69만 7천 명, 1970년의 인구조사는 북한지역출생자를 67만 5천 명으로 추정하였다. 1960년 이후의 인구조사는 어느 정도 정확하다는 판단하에 1960년, 66년, 70년의 인구조사에서 산출된 북한태생 인구의 평균치를 구하면 67만 명이 된다. 그는 이북 출신의 경우 인구조사에서 일반적으로 20% 정도가 과소보고 되었다고 보고 실제 월남 규모를 약 84만 명으로 추정하였다. 이 추정치

24) 브루스 커밍스·존 할리데이(1989), 82-123쪽.

25) 박영자(2005a), 178쪽.

26) 서중석 외, 『전장과 사람들』(서울: 선인, 2010), 112-118쪽.

27) 한국산업은행조사부(1955), 339쪽.

에서 해방 이전의 월남인 비율을 10%로 설정하여 이를 삭감한다면 75~76만 명 정도가 계산된다. 마지막으로, 이 추정치에 사망률을 적용하면 한국전쟁 당시 월남자는 약 84만 명을 약간 상회할 것으로 판단하였다.[28)]

2) 그들은 왜 이탈하였나?

그렇다면 북한 주민들이 이탈, 즉 월남 동기는 무엇이었을까? 월남자 358명을 대상으로 월남 동기를 조사한 자료에 따르면, 전쟁시기라 할 수 있는 1949년~1952년 사이의 월남자 중 61.9%가 '공산주의가 싫어서'라 답하였다. 또한, 월남자 중 25.1%가 '정치 · 사상적 탄압'을 월남의 동기로 응답하였으며 이 외에 '재산을 몰수당해'가 4.9%로 나타나 정치적 이유가 다수를 차지하였다.[29)]

해방 이후 전쟁기간을 포함하여 진행된 인터뷰자료에 따르면, 지배계급 64.7%, 중간계급 55.6%, 피지배계급 35.3%가 각기 '정치 · 사상적' 이유로 월남하였다고 응답하였고 '전쟁요인(폭격 혹은 미군권유)'에 의한 월남 동기는 지배계급 23.5%, 중간계급 22.2%, 피지배계급 50%로 나타났다. 지배계급일수록 '정치 · 사상적' 이유가 높았고 피지배 계급일수록 '전쟁요인'이 높게 나타났다.[30)]

이는 중국인민지원군의 참전으로 UN연합군이 전면 후퇴하는 과정에서 원자폭탄 사용이 회자되었던 사실과 무관하지 않다. 미 대통령 트루먼은 1950년 11월 30일 정례기자회견에서 원자폭탄의 사용방안을 적극 고려중

28) 강정구(1992b), 96-98쪽. 이 외에도 권태환은 한국전쟁 당시 북한에서 남하한 인구를 남자 35만 4,000명, 여자 29만 2,000명 등 약 64만 6,000명으로 추정하였다[Tai Hwan Kwon, *Demography of Korea: Polpulation Change and Its Components* 1925-66(Seoul: Seoul National University Press, 1977), p.204].

29) 이동원 · 조성남(1997), 77쪽.

30) 강정구(1992b), 100-113쪽.

임을 언급하고 어떤 무기라도 사용할 것이라고 발언하였다. 12월에는 UN 연합군 사령관 맥아더가 대통령에게 원자탄의 사용에 관한 자유재량권을 요구한 바 있다.[31] 이런 이유로 UN연합군의 동해상 탈출경로에 있던 인민들은 남하에 더 강한 유인을 가졌을 것으로 추측된다.

북한 인민의 남하와는 반대로 남한에서 북한으로의 인구이동 또한 광범위하게 이루어졌다. 권태환은 남한에서 북한으로 이동한 인구를 남자 약 26만 4,000명, 여자 약 2만 2,000명으로 총 28만 6,000명이 월북한 것으로 추정하였다.[32] 북한으로 이동한 인구는 북한에 의한 강제납북이 포함된 것으로 보이나 이들의 출신성분과 월북 동기는 구체적으로 파악되지 않고 있다.

해방 이후 북한 인민의 이탈은 첫째, 남한이 고향이면서 일제강점기에 생존을 위해 북한의 공업지역으로 이주하였던 남쪽 출신이 해방과 함께 월남한 경우, 둘째, 해방 이후 상대적으로 양호한 남쪽으로 식량을 구하기 위해 월남한 경우, 셋째, 소련군의 점령정책에 반대하여 월남한 경우, 넷째, 반혁명, 친미행위 등과 결합된 종교에 대한 탄압을 피해 월남한 경우[33], 다섯째, 토지개혁과 중요 산업의 국유화 조치에 따라 재산을 몰수당한 이들의 월남, 여섯째, 한국전쟁 당시 연합군과 한국군의 점령정책에 협조하였다가 이들의 후퇴 시 함께 남하한 경우, 일곱째, 한국전쟁 당시 원자폭탄의 위협을 피하기 위해 월남한 경우 등 다양한 원인으로 설명될 수 있다.[34] 이와 같이 해방 이후 다양한 이유에서 자의(自意) 혹은 불가피한 상

31) 박명림, 「한국전쟁의 전개과정」, 최장집(편), 『한국전쟁연구』(서울: 태암, 1990), 109쪽.

32) Tai Hwan Kwon(1977), p.204.

33) 당시 북한지역 종교신자는 개신교 약 20만 명, 천주교 5만 3천 명, 불교 약 50만 명, 천도교 약 150만 명으로 추산된다.

34) 강정구(1992), 100-103쪽.

황에서 월남이 발생되었음에도 불구하고 북한은 피점령지를 회복한 이후 월남자와 그 가족들을 모두 이적분자로 규정하였다.

북한은 1950년 1월 「내각 결정 제190호」를 채택하고 남한으로 도주한 '민족반역자들'의 물산을 빈농민과 전재민 구호사업에 사용할 것을 결정하였다.[35] 또한 피점령지 탈환과정에서 "UN연합군이 원자탄 사용에 대한 선전과 피난가지 않으면 빨갱이라는 강압적 방법으로 다수의 인민을 피난시켰다"고 주장하면서 이들이 귀환할 수 있도록 협조하되 응하지 않을 경우 강압적으로라도 귀환조치 하도록 지시하였다. 또한, 피난민을 관할구역에 계속 거주시키는 것은 반간첩투쟁에 지장을 초래하므로 강력히 집행할 것을 촉구하였다.[36]

3. 전시 숙청: 색출, 처벌, 낙인

조·중연합군의 성립과 함께 한반도 북반부를 탈환한 북한은 이적행위자를 색출해 처벌하고 낙인찍는 등 사회적 숙청을 이행하였다. 결국, 피점령의 상황은 구성원의 행위를 검증하는 정치·사상적 잣대가 되었다.

1) 색출

피점령지의 회복과 함께 북한지역에 잔존한 저항세력을 소탕하고 이적

35) 김일성, 「미제국주의자와 그 주구 리승만 매국도당들과 결탁하여 그들의 편으로 도주한 민족반역자들의 물산을 등록하며 이를 처분할데 관한 결정서(내각 결정 제190호, 1951.1.5.)」, 『북한관계사료집 24』(과천: 국사편찬위원회, 1996), 434-435쪽.

36) 남상호, 「피난민 귀환조직에 대하여(1950.1.25)」, 국사편찬위원회(편), 『북한관계사료집 XVI』(과천: 국사편찬위원회, 1993), 219쪽.

행위자들을 색출하는 작업이 전개되었다. UN연합군과 한국군의 후퇴로 북한이 재점령한 지역에서 후퇴하지 못한 저항세력이 남아 인민군부대가 습격을 받거나 무기를 탈취당하는 일이 발생했으며 비적의 형태로 분주소 등을 습격하는 사례도 발생하였다. 북한은 먼저 광범한 군중들에게 국가의 관대정책에 대하여 해설 · 선전하고 '반동'들의 친척 또는 체포 · 투항한 자들을 이용해 반동세력의 내부를 분산 · 고립시킴으로써 귀순을 종용하도록 했다. 만약 이에 불응할 경우 경비대와 인접 인민군대가 함께 포위 · 수색하여 체포하도록 하였다.[37]

황해도 장연군 내무서장에게 발송된 「반동숙청사업 정형에 대하여」에 따르면, 피점령기 발생한 사건 · 사고를 확실한 근거로 정확히 조사하되 언제, 어디서, 어떠한 규모의 반동이 나타났으며 어떠한 행동을 하였는지 조사하도록 하였다. 뿐만 아니라 이들이 어떤 무기로 무장하였고 식량 및 피복 등을 어떤 방법으로 해결했으며 그들의 근거지와 주동자들의 공격 및 신호 방식은 무엇이었는지 등을 구체적으로 조사하도록 했다.[38]

피점령지 회복 이후 보고된 황해도 장연군 자료에 따르면 장연군에 남아 있는 비적은 190명으로 이중 농민이 172명으로 대다수를 차지했으며 26세에서 40세가 109명으로 가장 많았다. 이와 같은 보고는 1951년 2월 6일부터 매일 보고하도록 했다.[39] 피점령기 적들에게 동조한 구성원을 색출하는 작업이 정리된 이후 이들에 대한 처벌은 국가에 의한 처벌과 사회적 숙청작업이라 할 수 있는 군중심판의 형식으로 진행되었다.

37) 남상호, 「반동숙청사업 정형에 대하여(1951.2.23)」, 국사편찬위원회(편), 『북한관계사료집 XVI』(과천: 국사편찬위원회, 1993), 216-218쪽.

38) 남상호, 「반동숙청사업 정형에 대하여(1951.2.23)」(1993), 218쪽.

39) 남상호, 「비적토벌 정형보고에 대하여(1951.2.10)」, 국사편찬위원회(편), 『북한관계사료집 XVI』(과천: 국사편찬위원회, 1993), 211-215쪽.

2) 처벌

북한은 1951년 1월 5일 결정 제44호 「적에게 림시 강점당하였던 지역에서의 반동단체에 가담하였던 자들을 처벌함에 관하여」를 채택하게 된다. 이 결정은 해방 이후 재산이 몰수되었던 지주, 일제협력자, 악덕 상인들이 '치안대', '멸공단'과 같은 반동단체를 조직해 북한 내부이간 또는 교란을 시도하였다고 비난하고 이들을 색출하여 사법처리하도록 명시하였다.[40]

동 결정은 범죄자의 적발과 처단에서 광범한 군중을 동원하는 방식으로 진행되었다. 다만 내무상 포고가 발포된 날부터 1개월 이내에 자수한 자에 대하여는 그 처벌을 면제할 것을 규정하였다. 이 군사위원회 결정에 기초해 공화국 내각은 1951년 2월 10일 결정 제203호 「군중심판회에 관한 규정」 및 「자수자 취급 절차에 관한 규정」을 채택하게 된다.[41]

최고인민회의 상임위원회는 1951년 4월 17일 정령 「미제국주의자와 그 주구 리승만 애국 역도들과 결탁하여 인민을 탄압하고 애국자를 무수히 학살한 악질적인 반국가적 범죄자들을 처단함에 관하여」를 공포하고 악질분자들을 사형 및 전부의 재산몰수에 처하며 그 형은 교형방법에 의하여 군중 앞에서 집행하고, 이 죄의 판결에 대하여는 상소 또는 항의할 수 없도록 규정하고 있다.[42]

북한은 또한 1951년 3월 3일 김일성 명의로 「민족반역자들의 물산등록 및 처분에 관한 결정서」를 채택하고 리(동 포함) 인민위원장이 이들의 동산 및 부동산을 일정 양식으로 등록하고 관리하도록 하였다. 이 중 농경지 또는 농경지에 속하는 가옥 및 대지는 도 인민위원장의 승인을 받아 농민

40) 박광섭(1992), 46-47쪽.

41) 한락규(1960), 197-198쪽.

42) 한락규(1960), 199-200쪽.

에게 분여하도록 했으며 역축과 농기구는 일정한 절차를 거쳐 농민들이 사용할 수 있도록 하였다.[43] 또한, 몰수한 양곡들은 인민군대와 지원군부대에게 공급하도록 했다.[44]

3) 낙인

이적행위자에 대한 '사회적' 처벌은 군중심판의 형식으로 진행됐다. 군중심판은 "조국과 인민을 배반한 분자들을 전체 인민들이 발동하여 대중앞에 폭로 규탄"하는 군중동원의 장이었으며 이적행위자를 처벌하고 낙인찍는 과정이었다. 내각 지시 제657호「군중심판회에 관한 규정 시행요강에 관하여」는 구체적인 군중심판회의 시행요강을 제시하였다. 군중심판은 지시된 요강에 따라 진행하며 회의록을 작성하도록 하였다. 군중심판회는 보통 두문근신을 통해 이들을 사회적으로 고립시키는 처벌을 부여했다. 다만 죄상이 경미할 경우 무죄를 선고하기도 하였다.[45]

「군중심판회에 관한 규정 시행요강」[46]

1. 군중심판회의 준비

(1) 군중심판회의 심판장은 군중심판회에 관한 규정 제5조에 지적된 국가정권기관 또는 사회단체의 대표자로부터 군중심판회에 회부할 자의 범행에 관한 자료를 접수하였을 때에는, 지체없이 제출된

43) 김일성, 「민족반역자들의 물산등록 및 처분에 관한 결정서(1951.3.3)」, 국사편찬위원회(편), 『북한관계사료집 VII』(과천: 국사편찬위원회, 1989), 541-543쪽.

44) 한병혁, 「민족반역자의 재산몰수에 대하여(1951.1.18)」, 국사편찬위원회(편), 『북한관계사료집 XVI』(과천: 국사편찬위원회, 1993), 274-275쪽.

45) 박헌영, 「군중심판회에 관한 규정 시행요강에 관하여(내각 지시 제657호, 1951.3.24.)」, 국사편찬위원회(편), 『북한관계사료집 24』(과천: 국사편찬위원회, 1996), 62-63쪽.

46) 국사편찬위원회(편), 「군중심판회에 관한 규정 시행요강」, 『북한관계사료집 24』(과천: 국사편찬위원회, 1996), 63-77쪽.

자료를 연구 검토하고, 해당 리인민위원회 위원장과 협의하여 3일 내에 군중심판회의 기일을 지정하는 동시에 군중심판회에 관한 규정 제4조에 의한 공시를 지체없이 하여야 한다.

(2) 리인민위원회 위원장은 군중심판회의 조직 및 집행을 지도하되 특히 1회에 많은 인원을 심판함을 금지하고 1명으로부터 3명 정도로서 충분한 준비 밑에 성과있게 조직 집행하도록 할 것이며, 군중심판회에서 적기관 또는 반동단체에 가담하였든 자들의 가족·친척·친우들이 심판받는 자를 무원칙하게 변호하는 립장에서 토론할 수 있음으로 이러한 경향이 있을 때에는 리민 열성자들에게 그에 대한 토론을 지적 준비하여 두도록 할 것.

(3) 군중심판회 심판장은 심판회에서 반드시 심문하여야 할 증인을 군중심판회에 출석시키기 위하여 필요한 대책을 사전에 강구할 것이며, 심판을 받을 자의 범행사실에 대한 사회안전기관의 확증서를 사전에 반드시 받아두도록 할 것.

따라서 군중심판회의 기일을 정함에 있어서는 증인의 출석 가능성 및 사회안전기관의 범행사실에 대한 확증서의 작성·제출날자 등을 고려하여야 한다.

… 중략 …

(6) 군중심판회의 심판정은 군중들이 집합하는 데 있어서의 거리관계 및 공습의 위험성들을 고려하면서도 엄숙한 장소를 선택할 것이며, 심판정은 가급적 김일성 장군의 초상화와 공화국기 및 적당한 표어로서 장식할 것이며, 재판소 공판정과 류사하게 좌석을 만들 것.

(7) 군중심판회는 검찰기관·사회안전기관·내무기관 및 기타 군중심판회를 지도할 일꾼들의 력량 및 인원관계 등을 고려하여 가급적 2, 3개 면식 순차적으로 조직할 것이고, 각면·리에서 일제히 군중심판회를 조직하여 군중심판회를 지도할 인원부족 등으로 혼란을 일으키는 일이 없도록 할 것.

군중심판회를 조직할 면들이 지정되면 사회안전기관에서는 심사원들을 해당면에 파견하여 자료를 수집하고 확증서를 작성하여 제때에 군중심판회 심판장에게 제출하도록 할 것.

(8) 인민재판에 회부하기 위하여 현재 사회안전기관 또는 검찰기관에서 예심하고 있는 자는 군중심판에 회부하지 말 것.

… 중략 …

3. 군중심판회 결정의 집행

(1) 군중심판회에서 근신 또는 두문의 사회적 제재를 적용하기로 결정한 경우에는 그를 집행하기 위하여 그 결정서등본을 48시간 이내에 관할내무서 분주소장에게 보낸다.

전항의 결정서등본을 받은 내무서 분주소장은 지체없이 군중심판회에 관한 규정 제14조에 의하여 두문의 사회적 제재를 적용한 자의 상의(上衣)와 대문에 두문표식을 하는 동시에 그의 행동을 감시하여야 한다. 만약 두문 또는 근신의 사회적 제재를 받는 자가 군중심판에 관한 규정 제14조에 위반하여 자유외출을 하거나, 주민들과 왕래하거나 혹은 두문표식을 부치지 않을 때에는 군중심판회 결정대로 실행할 것을 강제하여야 한다.

사회적 제재를 받은 자에 대하여서는 내무서 분주소를 협조하여 부락자위대 · 리인민위원회 및 사회단체들에서 그를 사회적으로 감시하여야 하며, 그가 군중심판회에 관한 규정 제14조를 위반할 때에는 규정대로 실행할 것을 사회적으로 강제할 수 있다.

(2) 군중심판회에서 심판받은 자를 인민재판에 회부하기로 결정하였을 때에는, 48시간 이내에 형사사건제기를 위하여 그 결정서에 회의록을 첨부하고 인민재판에 회부할 자와 함께 관할내무서 분주소에 보내면, 분주소에서 그를 관할 시 · 군 및 구역 검찰소에 호송한다.

… 중략 …

5. 기타

(2) 군중심판을 받는 자가 자기의 범행사실을 변명 · 은폐하거나 솔직히 고백하고 반성하지 않는 경우에는 그의 정상을 무겁게 보고 중하게 처단할 것이며, 자기의 범죄사실을 솔직히 고백하고 반성의 정이 현저히 나타나는 경우에는 그 정상을 가볍게 보고 경하게 처벌을 결정함으로서 군중들에게 정치적 교양을 주도록 할 것.

북한은 군중심판에서 두문근신을 받은 자들의 집 대문에 '두문(杜門)'이라고 써붙이도록 했으며 가슴에도 두문을 붙이도록 하고 이를 내무원들이 직접 감시하도록 하였다. 두문근신을 받은 자들은 자유로운 외출이 금지됐고 외부인의 출입도 제한되었다.[47] 두문벌을 받은 사람은 생산활동 노동을 위해서만 집 밖으로 나갈 수 있었을 뿐, 그 외의 다른 이유의 출입은 금지됐다. 북한은 주민들 앞에서 공개적으로 행해지는 군중심판을 통해 인민 스스로 정치적 제재와 사회적 배제를 이행하도록 하였다. 군중심판을 받은 자의 가슴과 집 대문에 두문의 표식을 부착한 것은 이후에도 주민들이 이들을 감시함으로써 지역 공동체에서 이적행위자들을 분리시키고 주민들의 일탈행위를 사전에 억제하기 위한 조치였다.[48]

군중심판은 해방 직후 반역자, 친일파, 일제의 악질 경관, 관리들을 처단하기 위하여 진행된 「인민재판」이 더욱 정교해진 결과라 하겠다. 인민재판은 해방 직후 법령이 없는 상황에서 공개적으로, 구두심리의 방법으로 진행되었다.[49]

북한은 '악질적 주동분자'와 '적의 강압에 못이기여 적 편에 가담한 자'를 구별하여 강압 등에 의해 적들에게 가담한 자들에 대해서는 관대와 제재를 병행하도록 하였다. 특히 적의 기만과 위협으로 적에 가담하였거나 또는 그렇지는 않다 하더라도 그가 범한 죄상을 솔직히 인민 앞에 자수한 자는 관대하게 처리하도록 하였다.[50]

47) 남상호, 「군중심판 받은 자들의 감시투쟁 강화에 대하여(1951.6.26)」, 국사편찬위원회(편), 『북한관계사료집 XVI』(과천: 국사편찬위원회, 1993), 308-310쪽.

48) 김남식(1972), 141-142쪽.

49) 북한은 인민재판이 인민들의 창의에 의해 자연 발생적으로 시작되었다고 주장한다. 리재도, 「공화국 재판 립법의 발전」, 안우형(편), 『우리나라 법의 발전』(평양: 국립출판사, 1960), 242쪽.

50) 심현상(1957), 56쪽.

하나의 공동체에서 어떤 일탈행위가 비난당할 때, 구성원들은 그 사회의 규범과 문화적 가치를 재확인하게 된다.[51] 북한은 인민들이 군중심판을 통해 자수자를 취급하는 과정에서 '자신들의 부모 형제를 박해 학살한 원수'가 누구인가를 똑똑히 알게 되었고 이런 과정을 통해 "조선 인민은 높은 정치적 수준으로 교양되었다"고 강조하였다.[52] 군중심판은 극단적 전시규범, 즉 적(敵)과 아(我)를 구분하고 이적행위자들을 규정하고 낙인찍음으로써 구성원 스스로가 극단적인 전시애국주의 규범에 종속되는 과정이었다.

북한은 이적행위자에 대한 처벌과 함께 전시에 희생된 인민군 유자녀를 위한 유자녀보육원과 초등학원을 서울과 평양, 각도에 설치하고 중요 지대에 군사학원과 여자기술학원을 추가로 설치하였다.[53] 피점령과 재점령의 경험은 전시행위에 준하여 구성원에 대한 정치・사회적 평가가 부여되고 이를 바탕으로 전후 사회적 계층이 재편되는 결과를 가져왔다.

---

51) B. 진 밀러・윤혜미(1995), 135쪽.

52) 한락규(1960), 197-198쪽.

53) 김일성, 「조국해방전쟁에서 희생된 인민군장병 및 빨찌산들과 애국렬사들의 유자녀학원 설치에 관한 결정서(내각 결정 제192호, 1951.1.13.)」, 국사편찬위원회(편), 『북한관계사료집 24』(과천: 국사편찬위원회, 1996), 4-5쪽.

6장 교착

전시통제체제의 내재화

한반도를 가로지르며 이동하던 전선은 38선을 중심으로 교착상태에 빠지게 된다. 전선의 교착은 고지전과 후방에서의 전시체제 강화를 의미했다. 한국전쟁 초기 점령과 피점령, 재점령이 교차한 역동적 시기를 지나 UN연합군과 조·중연합군 사이에 힘의 균형이 형성된 이후 쌍방은 휴전협상에 돌입하게 된다. 휴전협상은 예상과 달리 2년여의 긴 시간 동안 지속되었다. 휴전협상의 지연은 전후 북한의 사회통제체제 성립에 어떤 영향을 주었나?

휴전협상이 장기화됨에 따라 일상적인 전시통제체제가 북한 사회 전반에 깊숙이 스며들었다. 전시라는 특수성은 국가의 억압적 통제와 처벌을 정당화하였다. 휴전협상 기간은 후방지역에서 지속된 공중폭격으로 북한 인민들에게는 고통의 시간이었으나, 김일성을 중심으로 한 지도부는 정적을 숙청하고 북한 사회 전반에 억압적 사회통제체제를 내재화하는 기회의 시간이었다.

1. 힘의 균형과 휴전협상의 장기화

38선을 중심으로 힘의 균형을 이룬 조·중연합군과 UN연합군은 휴전을 모색하게 된다. 1951년 6월 23일 소련 유엔 수석대표인 말리크(Yakov Malik)는 '피의 대가'라는 라디오 연설을 통해 공식적으로 휴전을 제안하게 된다. 미국 또한 6월 28일 소련의 협상제의를 수락하는 국무부 성명을 발표하였다.[1]

1) 휴전협상의 개시

중국인민지원군의 참전 이후 빠른 속도로 남하하던 조·중연합군은 1951년 1월 서울을 재점령하였으나 우마차와 인력에 의존한 보급체제는 지속적인 공세작전을 펼 수 없는 한계를 안고 있었다. 2월 중순경부터 조·중연합군의 공세는 둔화되었고 이후 미군은 제1차 킬러작전(Operation Killer, 2월 21일), 2차 킬러작전(3월 1일), 그리고 리퍼 작전(Operation Ripper, 3월 7일)을 통해 재반격에 성공하게 된다.

전세를 역전한 UN연합군과 한국군은 3월 14일 서울을 탈환하는 데 성공한다. 38선을 기준으로 힘의 균형을 형성한 이후 미국 내에서 38선 이북으로의 진군에 대한 논쟁이 벌어졌고 맥아더는 중국연안지역 폭격을 포함한 대대전인 반격을 주장하였다. 맥아더의 확전주장에 부담을 느낀 미국 대통령 트루먼은 1951년 4월 11일 맥아더를 유엔군 사령관, 미극동군사령관, 미극동지구 육군사령관 등 모든 직위로부터 해임시키고 리지웨이(Matthew Ridgway)를 후임으로 임명하게 된다.[2] 결국, 주소련 미국대사였던 케난(George Kennan)이 개인자격으로 소련의 부외상이며 유엔 수석대표인 말

1) 김보영, 「한국전쟁 휴전회담 협상전략과 지휘체계」, 『역사학의 시선으로 읽는 한국전쟁』(서울: 휴머니스트, 2010), 143쪽.

2) 박명림, 「한국전쟁의 전개과정」, 최장집(편), 『한국전쟁연구』(서울: 태암, 1990), 114-117쪽.

리크를 만나 미국 정부의 뜻을 전달하게 된다.

소련과 중국은 미국의 이와 같은 움직임에 대해 조심스럽게 의견을 조율하였다. 양국은 "조선에서 모든 외국군의 철수"를 협상에서 가장 우선적인 과제로 상정하였다. 반면 중국은 협상과정에서 부수적으로 타이완 해협과 타이완 영토에서 미군의 철수 문제와 중국의 유엔 참가 문제가 논의되길 원했으나 모스크바의 부정적인 입장으로 스스로 철회하게 된다. 김일성 또한 모스크바에서 스탈린을 면담하고 휴전협상의 필요성에 동의하였다.[3] 결국, 협상은 말리크가 라디오방송을 통해 휴전협정을 요구하는 형식으로 개시된다.[4]

2) 휴전협상의 장기화

1951년 7월 개성에서 첫 휴전회담이 개최된 이후 길지 않은 시간 내에 종결될 것 같았던 협상이 장기화되면서 38선을 중심으로 쌍방 간 공방전이 지속되었다. 북한은 조속한 협상체결을 원했으나 협상의 지연으로 휴전협상이 타결될 때까지 2년여간 미 공군의 공중폭격에 시달려야 했다. 휴전협상 개시 5개월 만에 포로교환 문제를 제외하고 여타문제에서 진전을 보았으나 이후 1953년 7월까지 협상은 장기화된다.[5] 미국과 소련이 휴전에 대한 공감대를 형성하였음에도 불구하고 왜 휴전협상은 장기간 지속될 수밖에 없었나?

여기서는 휴전협상이 장기화된 원인을 피어론(Fearon, 1995)[6]의 세 가

3) 국사편찬위원회(편), 『한국전쟁, 문서와 자료, 1950~53년』(과천: 국사편찬위원회, 2006), 697-704쪽.

4) 브루스 커밍스 · 존 할리데이(1989), 161쪽.

5) 김일성, 「조선민족의 자유와 평화와 해방을 위하여(1952.8.15)」, 『김일성 선집 4』(평양: 조선로동당출판사, 1954), 221-222쪽.

6) James D. Fearon, "Rationalist explanations for war," *International Organization*, Vol.49, No.3(1995)

지 협상 방해요인을 중심으로 분석한다.[7] 피어론에 따르면, 첫째, 국가의 합리적 결정권자는 자국의 군사능력에 대한 비밀 정보, 그리고 정보의 왜곡에 대한 유인을 가질 경우 합의된 협상안을 만들기 어렵다. 둘째, 양 진영이 모두 의무이행의 문제를 가지고 있는 한 합리적 국가는 협상국면에서 전쟁을 선호할 것이다. 셋째, 쌍방이 이슈의 개별화를 추구할 경우 협상은 장기화될 가능성이 높다.[8]

그렇다면 한반도에서 휴전협상이 장기화된 원인을 피어론의 일반이론에 비추어 분석해 보자.

첫 번째로, 한국전쟁에서 교전한 쌍방은 자국의 군사능력에 대한 비밀 정보, 그리고 정보의 왜곡에 대한 유인을 가지고 있었다. 먼저 공산 측이 가지고 있던 비밀정보와 이에 대한 왜곡을 통해 획득한 인센티브는 첫째, 미국 참전 이후 중공군의 참전 의지와 그에 대한 정보의 소유(혹은 전쟁 말기 중공군의 대량 증파에 대한 의지 과장)를 들 수 있다. 미국은 실제로 중국의 참전에 대해 과소평가 하였으며 중국이 참전하리라는 인도의 충고를 무시했다. 결국 이러한 중국의 반격에 미국을 비롯한 연합군은 그들의 무한한 인력에 위기감을 느끼게 된다.[9] 공산 측은 휴전협상 과정에서 조·중연합군의 군사력에 대한 정보와 왜곡에 대한 인센티브를 유지하길 원했다.

둘째, 소련군의 참전 의지와 이에 대한 정보(군사적 참전 혹은 공군의 대량지원 혹은 핵무기의 사용)를 들 수 있다. 미국의 소련 협상자로 지목된

---

7) 한국전쟁 당시 휴전협상의 장기화에 관한 분석은 정일영, 「한국전쟁의 종결에 관한 연구: 휴전협상의 지연과 협정체결의 요인 분석」, 『현대북한연구』 제16권 제2호(2013) 재인용.

8) Fearon(1995) p.381.

9) 신복룡, 「한국전쟁의 휴전」, 한국정치외교사학회(편), 『한국전쟁과 휴전체제』(서울: 집문당, 1998), 108쪽.

케난은 밀라크와의 밀담을 통해 미국이 휴전의 의사가 없이 계속 북진할 경우 소련이 직접 개입할 수 있음을 전달했고 미국은 소련의 참전을 이끄는 선택은 불가하다고 판단하였다.[10] 특히 조 · 중연합군을 지원하기 위해 만주지역에 진주하고 있던 소련군 제64전투비행군단[11]의 작전반경이 남하할 수 있다는 점은 개전 이후 항공권을 장악하고 있던 UN연합군에게 부담으로 작용했을 것이다.

이에 반하여 UN연합군의 인센티브는 첫째, 개전초기 미국의 확전 의지와 그에 대한 정보의 소유(대만군과 일본군의 참전으로 중국대륙을 포함한 전쟁 확대 의지와 이의 왜곡)를 들 수 있다. 특히 중국이 한국전쟁에 참전한 이후 맥아더는 압록강 이북의 작전 권한을 끊임없이 요구하였다.[12] 휴전협상이 실패했을 경우를 감안한 안보각서(NSC) 118/2는 중공의 공군기지 공격에 대한 규정을 담고 있었다.[13] 결국, 공산 측은 대만군이 포함된 대륙으로의 확전에 대해 부담을 가졌을 것이다.

둘째, 미국의 핵무기 사용에 대한 의지와 이의 왜곡이다. 중국인민지원군의 참전으로 UN연합군이 전면 후퇴하는 과정에서 트루먼은 핵무기의 사용방안을 적극 고려중임을 언급하고 어떤 무기라도 사용할 것임을 표명하였다. 12월에는 UN연합군 사령관 맥아더가 핵무기의 사용에 관한 자유재량권을 요구하였다.[14] 휴전협상 과정에서 핵무기의 사용 가능성은 공산

10) 신복룡(1998), 122쪽.

11) 국사편찬위원회(편), 「제64전투비행군단장이 군단 부대들의 지휘관들에게 보낸 전투 명령, 중국 동북지역과 북조선 영토의 목표물 방호에 대한 1951년 8월 1일부터의 과업에 대하여, No.016, 1951년 7월 31일 12시 00분」, 『한국전쟁, 문서와 자료, 1950~53년』(과천: 국사편찬위원회, 2006), 317-320쪽.

12) William Stueck, 김형인(역), 『한국전쟁의 국제사』(서울: 푸른역사, 2001), 142쪽.

13) James F. Schnabel, 채한국(역), 『한국전쟁下』(서울: 군인공제회 제1인쇄사업부, 1991), 88쪽.

14) 박명림(1990), 109쪽.

측에게 두려움으로 작용했을 것이다. 실제로 중국이 참전을 결정하던 1950년 10월 중국 공산당 정치국회의에서 미국의 핵무기 보유를 들어 이를 반대하는 의견이 제시되었던 만큼 미국의 핵무기 사용에 대한 두려움은 종전까지 이어졌다.[15)]

휴전협상의 개시는 공산 측과 UN연합군 측 상호 간 상대방에 대한 완전한 승리가 어려워졌다는 인식으로부터 시작된다. 무엇보다도 중국인민지원군의 참전과 이에 대한 UN연합군의 대응 과정에서 힘의 균형이 38선을 전후로 재설정됨에 따라 상호 휴전협상은 불가피한 결과였다. 그러나 여전히 미국의 핵무기 사용과 중국 본토로의 전쟁 확대, 그리고 소련의 참전과 핵무기의 대응 사용에 관한 정보의 소유와 왜곡이 갖는 유리함은 실재했다.

두 번째로, 의무이행의 문제, 즉 배신의 가능성은 근본적으로 협상당사자 간 신뢰의 문제로, 이는 국제관계의 구조적 한계로부터 발생한다. 무정부상태의 국제질서는 전쟁의 당사자들에게 협상 결과에 대한 이행에 대하여 상대방을 신뢰하기 어렵게 만든다. 쌍방 간 의무이행에 대한 신뢰가 형성되지 않는 한 협상의 타결이 지연될 뿐만 아니라 협상체결 이후 무력충돌의 가능성 또한 높아지는 결과를 가져온다. 이를 의무이행 문제(Commitment problem)의 해소로 전환해 보면, 적대적 쌍방 간에 일정한 세력균형이 형성된 상황에서 상호 간 신뢰가 회복되는 과정에서 추가적인 무력충돌을 방지하기 위한 협정을 체결하게 된다.

한국전쟁의 경우 서울에 대한 군사적 통제권이 4차례나 바뀌는 등 물리적 충돌 전선이 한반도 전역을 가로지르면서 군사영역뿐만 아니라 민간영역에서도 많은 인적, 물적 피해를 양산하였다.[16)] 결국 휴전협상이 개시된

15) Stueck(2001), 199쪽.

당시뿐만 아니라 협상이 진행된 2년여간 양측은 상대에 대한 극도의 불신과 적대감 속에 협상을 진행하게 된다.

결국, 협상에 있어 의무이행의 문제는 전쟁 당사국의 안전보장 문제와 함께 논의되어야 한다. 한국전쟁과 같이 강대국의 대리전 양상을 띤 연합체간 충돌은 더욱 그러하다. 의무이행의 문제를 휴전협상에서 UN연합군의 군사지휘권을 행사한 미국과 공산 측 협상을 통제한 소련의 문제로만 단순화할 수는 없는 것이다.[17] 한국전쟁의 휴전과 이후의 안전보장 문제는 한반도 당사자인 남한과 북한에게 직접적인 영향을 주는 문제이기 때문이다.

특히 이승만 정부는 전후의 휴전체제에서 안전보장을 공고화하기 위한 동맹국의 공약을 휴전협상의 전제조건으로 요구했다. 이승만 대통령은 북한의 재침에 대한 확실한 보장이 없다고 주장하며 전쟁의 전쟁 초기부터 그가 주장하였던 북진통일론을 포기하지 않았다.[18] 그는 휴전협상을 소련의 흉계라고 비판하고 만약 휴전협정을 체결하려면 "반드시 한국민에 대한 공산 침략이 또 다시 일어나지 않으리라는 확실한 보장을 주어야 한다"고 강조하였다.[19] 이승만은 휴전협상이 종반으로 귀착되어 갈수록 휴전협상의 평화적 이행에 대해 강한 반감을 가지고 있었으며 한국의 안보를 보장받기 위한 행동(반공포로의 석방)을 통해 미국을 압박했다.[20]

16) 한국전쟁 당시 인적 피해와 물리적 파괴에 관한 자료는 박명림, 『한국 1950 전쟁과 평화』(파주: 나남신서, 2002), 297-391쪽.

17) 이승만은 휴전협상에 반대입장을 분명히 하였으나 한국정부의 대표로 백선엽 제1군단장이 UN연합군 측 휴전협상 대표단의 일원으로 참여하도록 신임장을 교부하였다. 또한 이승만은 미국대사관을 통해 협상의 진행과정에 관한 정보를 제공받으며 대처할 수 있었다. 김보영(2010), 160-162쪽.

18) Stueck(2001), p.419.

19) 이승만, 「더 무서운 전쟁의 서곡이 될 어떠한 평화 제안도 수락지 않는다(1951.6.27.)」, 심지연(편), 『남북한 통일방안의 전개와 수렴』(서울: 돌베개, 2001), 158-160쪽.

20) Schnabel(1991), p.97.

북한의 경우도 이러한 휴전협상 이후 세계 최강의 미군과 한반도에서 대결해야 한다는 점에서 소련과 중국의 안전보장을 꾀하였다. 역설적으로, 의무이행의 문제는 상호 불신과 적대감, 무력통일에 대한 의지가 내재한 상황에서 남한은 미국으로부터, 북한은 소련과 중국으로부터 이 문제를 해결하려 노력하면서 협상의 장기화를 가져왔다.

세 번째로, 협상 이슈의 개별화 문제는 협상을 지연하는 현실적인 원인이라 할 수 있다. 휴전협상에서 양측 대표단에 의해 합의된 최종 의제는 다음과 같이 5개 항으로 구성되었다.[21)]

「휴정협상에서 합의된 최종 의제」

1) 의제의 선택
2) 한국에서 적대행위의 종식을 위한 기본조건으로서, 비무장지대를 설치하기 위하여 쌍방 간에 군사분계선 설정
3) 한국에서 정전과 휴전조항의 이행을 감독하는 기구의 구성, 권한 및 기능을 포함하여 정전과 휴전 실현을 위한 세부협정
4) 전쟁포로에 관한 협정
5) 쌍방의 관계정부에 건의

구체적으로, 휴전협상에서 UN연합군 측과 조·중연합군 측이 충돌한 쟁점은 군사분계선의 설정문제, 외국군의 철수문제, 휴전 감시의 문제, 그리고 포로송환 방식에 관한 문제 등이었다. 주요 쟁점에 대한 양측의 입장과 협상 결과는 다음과 같았다.

21) Schnabel(1991), p.37.

〈표 1〉 휴전협상의 주요 쟁점과 합의점

주요 쟁점	대립점		합의점
	UN연합군 측	공산군 측	
외국군 철수문제	군사문제	외국군 철수	각국에 권고
군사분계선	현 접촉선	북위 38도선	조인 시 접촉선
비무장지대의 폭	3.2Km	2Km	4Km
연안수역	12마일	3마일	3마일
병력교대 규모	월 7,5000명	월 5,000명	월 35,000명
중립국 지명(指名)	스위스, 스웨덴, 노르웨이	소련, 체코, 폴란드	스위스, 스웨덴, 체코, 폴란드
출입구의 수	12개소	3개소	쌍방 각 5개소
포로송환 방법	자발적 송환(1대1)	강제 송환(전체 대 전체)	귀환 거부 포로는 중립국 송환위원회를 통해 정치회담 후 석방[22]
민간인 교환	포로와 동일(1대1)	포로와 별도	희망에 의한 송환

※출처: 허만호, 「휴전체제의 등장과 변화」, 한국정치외교사학회(편), 『한국전쟁과 휴전체제』(서울: 집문당, 1998), 166-167쪽.

UN연합군과 조·중연합군은 1951년 7월 10일부터 1953년 7월 27일 휴전협상이 종료될 때까지 159회의 본회담과 765회의 각종 회담을 개최하였다.[23] 양측은 합의된 최종 의제를 논의하는 과정에서 개별화된 해결방안을 제시하였다. 먼저 공산 측은 군사분계선 설정문제와 외국군 철수문제를 유리하게 타결하려 노력하였다. 협상과정에서 공산 측은 2항의 군사분계선은 38도선을, 3항의 중립국감독위원회에 소련의 참가를, 4항의 전쟁포로의 교환에 있어 전체 대 전체의 강제송환을 주장했다. UN연합군은 2항의 군사분계선에 있어 현 접촉선을, 3항에 있어 비행장 복구 및 신설에 대한 불가를, 4항의 전쟁포로 교환에 있어 1대 1의 자발적 송환을 주장하였다.[24]

22) 포로 송환에 대한 인도 결의안의 수용 안은 Stueck(2001), p.590.

23) 한국정치외교사학회(편), 『한국전쟁과 휴전체제』(서울: 집문당, 1998), 167쪽.

24) 허만호(1998), 166-167쪽.

특히 휴전협상에서 전쟁포로의 송환문제는 협상 장기화의 주된 이슈가 되었다.[25] 참전국 포로에 관한 1949년 제네바협정은 "전쟁포로들은 전쟁 종결 후 지체 없이 석방되고 송환되어야 한다(118조)"고 규정하였다. 당시 미국은 이 협정에 서명은 하였으나 비준하지 않았다. 중국과 북한은 모두 이 협정에 서명하지 않았다. 그러나 양측은 제네바협정의 정신에 따를 것을 공표하였다. 조·중연합군은 휴전 성립 후 즉각적인 포로송환을 제안했으나, UN연합군은 '자의에 따른 송환'을 주장하였다.[26]

북한은 협상개시 5개월 만에 포로교환 문제를 제외한 대부분의 문제가 본질적으로 해결되었음에도 불구하고 협상이 지연된 점에 대해 피로감을 느끼고 있었으나 UN연합군은 자발적 송환의 입장을 고수하였다.[27] 미국은 전쟁이 휴전으로 종결될 수 있는 상황에서 일정한 명분을 원했으며 결국 협상은 합의점을 찾지 못하고 공전이 지속되었다.

휴전협상이 진행되는 와중에도 38선 인근에 형성된 전선에서는 치열한 고지전이 펼쳐졌으며 미 공군의 공중폭격은 휴전협상이 체결될 때까지 지속됐다. UN연합군은 제공권과 해상권에 있어 조·중연합군을 압도했으나 1951년 12월까지 조·중연합군 병력이 UN연합군의 60만 명을 뛰어넘는 80만 명까지 증가하면서 균형이 유지되었다. 또한, 1951년 중반부터 중국의 공군력

---

25) 전쟁포로의 송환문제와 함께 민간인 납북자의 송환 또한 휴전협상 과정에서 난제로 등장하였다. 1951년 12월에 유엔군전방사령관이 무초 주한 미국대사에게 보낸 보고서에 따르면, 당시 북한에 11만 7천여 명의 남한 주민이 있으며 이 중 5분의 1 정도가 납북된 것으로 파악하였다. 이와 관련하여 이 보고서는 미 합동참모부가 민간인 송환을 정전협상에서 최우선으로 보장하도록 지시했음을 확인하고 있다[국사편찬위원회(편), 『남북한관계사료집 12』(과천: 국사편찬위원회, 1995), 104쪽]. 그러나 이와 같은 수치는 개성과 옹진반도에 살고 있는 약 80만 명을 포함한 납북자 송환을 요구한 이승만 정부에게 동의할 수 없는 것이었다.

26) 브루스 커밍스·존 할리데이(1989), 177쪽.

27) 김일성, 「조선민족의 자유와 평화와 해방을 위하여(1952.8.15)」, 『김일성선집 4』(평양: 조선로동당출판사, 1954), 221-222쪽.

이 지속적으로 증강하면서 약 4천 대의 비행기를 확보함에 따라 평양 이북지역에서 미군의 제공권을 위협하였다.[28] 결국, 미국과 소련에서 새로운 지도체계가 성립된 1953년 1월 이후 휴전협상 종결에 다다르게 된다.

2. 전시통제체제의 일상화

북한은 전선이 교착상태에 빠지면서 후방의 전시통제체제를 더욱 공고히 다져나갔다. 북한은 휴전협상이 지속되는 동안 애국주의 사상사업을 강화하고 조선로동당의 사회적 지배를 실현해 나갔으며 일상적인 감시와 동원의 전시통제체제를 구축하게 된다.

1) 애국주의 사상사업의 강화

피점령 지역의 회복과 함께 북한 지도부는 피점령기 동요된 인민들에 대한 사상사업을 전면적으로 진행하였다. 김일성은 1950년 12월 조선로동당 중앙위원회 제3차 전원회의 보고에서 대중에 대한 교양사업이 부족했음을 비판하게 된다. 그는 많은 당 지도기관들과 당 단체들은 대중과의 관계에 있어서 관료주의적 지도 작풍과 방법들을 거듭했으며 그 결과 '일시적 후퇴' 시기에 많은 인민들이 적에게 기만되었고 일부 인민들은 암해분자들과 파괴분자들에게 이용당했다고 주장하였다. 그는 피점령지에서 적들과 합류하여 소위 치안대, 멸공단 및 기타 반동 단체에 가맹하였던 자들 중 반동 단체에 참가했다 하더라도 적극적 악질 행위를 감행하지 않았다면 그들을 용서해 주고 재교양할 것을 제기하였다.[29]

28) 브루스 커밍스 · 존 할리데이(1989), 162쪽.

김일성은 또한 중견작가 · 예술가들과 한 담화를 통해 이들이 인민들의 애국심을 잘 표현하지 못하고 있음을 비판하고 애국심을 작품에서 구체화할 것을 강조하였다.[30)]

「작품활동에 있어 애국심의 강조」

> “조선작가 · 예술가들은 자기들의 작품에 우리 인민이 과거와 현재를 통하여 발휘하였으며 또 발휘하고 있는 숭고한 애국심을 보여 주어야 하겠습니다. … 조선인민은 유구한 역사를 통하여 오늘날 우리들이 진행하고 있는 위대한 조국해방전쟁시기에서처럼 숭고한 애국심을 발휘한 때는 없었습니다. 전선에서와 후방에서 도시에서와 마을에서 우리 인민은 그 어느 때 보다도 자기의 역사적 사명과 자기 조국의 운명에 대한 인식이 고도로 양양되고 있다는 것을 명시하는 것입니다.”

인민들에 대한 애국주의 교양은 민주선전실을 통해 농촌지역으로부터 강화되었다. 1951년 1월 당중앙 정치위원회에서는 「인민 속에 정치사업을 강화할 데 대하여」를 채택하고 농촌에서 대중정치사업을 강화하기 위한 ‘유급민주선전실장’ 제도를 실시하였다.[31)] 민주선전실은 “농촌에 있어서 군중선전선동사업과 문화계몽사업을 일상적으로 조직 진행함으로써 농촌주민의 정치사상 및 문화수준을 향상”시킨다는 목적으로 운영됐다. 민주선전실의 사업은 주로 인민들에 대한 강연, 강의, 보고, 보도, 담화, 독보, 라디오 청취사업과 생산경험 교환 등의 조직사업과 영화, 연극, 공연, 전람

29) 김일성, 「현 정세와 당면 과업(1950.12.21)」, 『김일성선집 3』(평양: 조선로동당출판사, 1954), 147-210쪽.

30) 김일성, 「전체작가예술가들에게 주신 김일성장군의 말씀」, 『조선문학』 1951년 6월호(평양: 문학예술사, 1951), 4-7쪽.

31) 한길언, 「위대한 조국해방과정에 있어서 조선민주주의인민공화국 인민정권의 가일층의 강화 발전에 대한 력사적 고찰」, 『8 · 15해방 10주년기념 법학론문집: 제2집』(평양: 조선민주주의인민공화국 과학원, 1955), 149쪽; 서동만(2005), 471쪽 재인용.

회, 생산품 품평회 등의 문화사업이 중심이 됐다.[32)]

1950년 하반기 3,794개였던 민주선전실은 피점령지 회복 이후 정치사상 교육이 강조되면서 1951년 1만 2,833개로 확장된다.[33)] 또한, 1952년 12월부터 리당부위원장이 민주선전실장을 겸임하였다. 이는 문화선전성 관할하에 있는 농촌지역 민주선전실을 당의 직접적인 통제하에 두기 위한 조치였다.[34)] 민주선전실은 전시 농촌지역에서 애국주의 규범을 강화할 뿐만 아니라 농촌지역에서 당 조직의 거점이 되었다.

평안남도 강서군 운포리 민주선전실(실장 김명도)은 각 계층별로 "김일성 장군 략전" 연구회를 조직해 조선인민의 민족해방투쟁에서 김일성 항일무장투쟁의 역사적 의의를 교육하였다. 민주선전실은 조국해방전쟁 과정에서 배출한 공화국 영웅, 노력 영웅들의 사진집을 만들어 놓고 그들의 투쟁을 농민들에게 소개해주고 그 모범을 따르도록 선전했으며 후방가족들과 애국자 유가족에게 자기 남편과 그 가족들의 공훈을 간직하고 그 뜻을 실천하도록 추동하였다.[35)]

북한은 한국전쟁에서 보여준 인민들의 희생을 애국주의 정신의 발로로 칭송하였다. 그 일부 내용을 보면 다음과 같다.[36)]

「애국주의 사상교양의 강조」

"자기 조국과 민족을 사랑하고 그를 위하여 자기의 모든 것을 바치는 높은 애국주의 정신은 우리 인민들의 정신 도덕적인 기본 특질을 이루고

32) 국사편찬위원회(편), 「농촌(리)민주선전실에 관한 규정(1951.8.30)」, 『북한관계사료집 24』(과천: 국사편찬위원회, 1996), 302-304쪽.

33) 사회과학원 역사연구소, 『조선전사 26』(평양: 과학, 백과사전출판사, 1981), 290쪽.

34) 서동만(2005), 472쪽.

35) 「애국주의 사상교양」, 『로동신문』 1953년 2월 20일자; 한성훈(2010), 337-338쪽 재인용.

36) 최중극, 『위대한 조국해방 전쟁과 전시경제』(평양: 사회과학출판사, 1992), 251쪽.

있었으며 용감성, 강의성, 희생성의 기초를 이루고 있었다. 우리 인민들의 애국주의는 자기 조국과 민족에 대한 높은 애국적인 사상감정과 인민민주주의제도와 혁명의 전취물을 견결히 고수하려는 혁명정신과 침략자들과 계급적 원쑤, 제국주의와 착취제도를 미워하는 적개심과 결합됨으로써 그것은 불패의 것이였다."

북한은 전쟁으로 부상당한 군인과 사망한 군인의 가족에 대한 지원, 그리고 제대군인에 대한 후원사업을 통해 당과 군에 대한 지지를 강화하였다. 이들은 전시뿐만 아니라 전후에도 김일성을 중심으로 한 지도부에 강한 충성심을 갖고 전후 국가재건에 주도적 역할을 담당하는 충성계층으로 성장하게 된다. 먼저 인민군, 경비대, 보안대의 군관 · 하사관 · 전사 및 빨치산의 성원으로 전쟁과 군무수행 과정에서 불구가 된 인민을 위하여 노동성이 직접 관할하는 영예군인학교를 설립하였다. 영예군인학교는 입학생들에게 직업교육을 실시하고 국가의료기관 및 사회보장기관을 통해 정형외과수술과 기타 특수치료를 받을 수 있도록 보장했다.[37]

북한은 또한 전쟁에서 부상 또는 발병으로 제대한 인민군 장병의 직업을 보장하기 위해 군사위원회 지시 제89호「제대되는 인민군 상병자들의 직업보장에 관하여」를 공포하였다. 지시는 상병자 중 우수인력을 각급간부양성학교, 기술학교, 전문학교, 대학 등에 입학하도록 보장하고, 모든 기업소 지배인 및 기관책임자는 노동성으로부터 배정 · 파견된 상병자에게 그들이 수행할 수 있는 직종이 있는 한 의무적으로 해당 직장에 취업시키도록 하였다. 해당 기관은 이들의 채용과 함께 주택, 연료, 식량 등을 지원하였다. 지시는 또한 입대 전 농민이었던 자들에 대해 각급 인민위원회가 토지를 알선하고 주택과 종곡, 농구비용을 보장하도록 했다.[38]

37) 국사편찬위원회(편),「영예군인학교에 관한 규정(노동성 규칙 제2호, 1951.5.12)」,『북한관계사료집 24』(과천: 국사편찬위원회, 1996), 167-178쪽.

유가족에 대해서도 그들이 일할 수 있는 작업부문에 의무적으로 취업시키고 식량, 신탄 기타 생활필수품을 배급하며 주택을 보장하도록 국가계획위원회 위원장, 상업상, 도시경영상, 내각 양정국장에게 지시하였다. 이와 함께 본인과 그 자녀들의 학비와 국가주택의 사용료를 면제하고 농업현물세와 기타 세금을 20% 이상 감면하도록 했다.[39)]

후방에서는 청소년에 대한 애국주의 교양이 강조되었다. 각 학교에서 적에 대한 증오심과 경각성을 제고시키기 위한 교육이 강조되었으며 학생들의 전선 원호와 생산지원이 강제되었다. 1951년 12월 5일 각 도교육부장, 각 대학총장 및 학장회의에서는 "학생청년들의 애국주의 교양은 전쟁승리와 인민경제복구발전에서 절실한 국가적 요구로 되며 물질적 역량으로 된다"는 것이 강조되었으며, 그 결과 모든 학교에서 영웅들의 전기를 연구하는 사업이 광범위하게 진행되었다.[40)] 이와 같은 애국주의 교양의 강화는 전시 공중폭격과 학살을 경험한 북한 인민들에게 전시지도부와의 유대관계를 강화시키고 전시피해의 저항의식을 애국주의 규범으로 승화시키기 위한 노력의 일환이었다.

2) 휴전협상기 김일성의 국내파 숙청

김일성은 1950년 12월 조선로동당 중앙위원회 제3차 전원회의를 통해 연안파의 무정(군단장)과 소련파의 김열(후방총국장), 빨치산파의 김일(전

38) 국사편찬위원회(편), 「제대되는 인민군 상병자들의 직업보장에 관하여(군사위원회 지시 제89호, 1951.5.17)」, 『북한관계사료집 24』(과천: 국사편찬위원회, 1996), 208-210쪽.

39) 국사편찬위원회(편), 「국가사회보장에 관하여(내각 결정 제322호, 1951.8.30)」, 『북한관계사료집 24』(과천: 국사편찬위원회, 1996), 312-314쪽.

40) 교육도서출판사(1955), 137쪽.

선사령부 군사위원), 그리고 국내파의 허성택(남조선빨치산 조직책) 등을 숙청하는 등 휴전협상이 진행된 2년간 당내 숙청을 지속해 나갔다.

조선로동당은 중앙위원회 제3차 전원회의 이후 복구된 지역에서 당원 재등록과 조직정리사업을 통해 약 45만 명에 달하는 당원을 처벌하였다. 결국, 1951년 11월 개최된 당 중앙위원회 제4차 전원회의에서는 당 정비과정에 나타난 '책벌주의와 관문주의'가 비판되었다.[41] 전원회의에서 김일성은 당증관계로 책벌을 받은 당원이 전체 징계자의 80~85%에 해당한다고 밝히고 이는 당의 처벌이 기계적으로 적용된 결과라고 지적하였다. 평안남도 순천군당의 경우 처벌받은 세포(분세포) 위원장 164명 중 154명이 이와 같은 당증의 유실 혹은 매몰과 관련한 것이었다고 비판했다.[42]

이 회의를 통해 해방 이후 조선로동당의 조직사업을 담당해 온 허가이가 내각 부수상으로 좌천되었으며 소련파가 도당위원장을 맡고 있던 평안남도당(박영성), 황해도당(김열), 함경남도당(박영), 인민군당(김재욱)은 숙청대상이 되었다.[43] 결국, 허가이는 1953년 6월 30일 소집된 당 정치위원회에서 저수지 복원사업에 있어 지도를 소홀히 하였다는 이유로 비판받게 되고 허가이는 이 문제를 재논의하기 위해 정치위원회가 개최되기 전 자살하였다.[44] 해방 이후 북한에서 조선로동당 조직을 건설하고 조직사업을 통해 영향력을 행사해왔던 소련파의 허가이가 축출됨에 따라 소련 공산당의 후원하에 북한에서 활동하던 소련출신 고려인들의 영향력 또한 약화되었다.

41) 이종석(1993), 219-221쪽.

42) 김일성, 「당 단체들의 조직사업에 있어서 몇 가지 결점들에 대하여(1951.11.1)」, 『김일성선집 3』(조선로동당출판사, 1953), 301-302쪽; 서동만(2005), 394쪽.

43) 서동만(2005), 394쪽.

44) 국사편찬위원회(편), 「박헌영의 비호하에서 리승엽도당들이 감행한 반당적 반국가적 범죄적 행위와 허가이의 자살사건에 관하여(전원회의 제6차 회의 결정서, 1953.8.5.~9)」, 『북한관계사료집 30』(과천: 국사편찬위원회, 1998), 391쪽. 란코프는 실제로는 허가이가 평양 근교 자신의 저택에서 살해당했을 것이라 주장하고 있다[안드레이 란코프, 김광린(역), 『소련의 자료로 본 북한 현대정치사』(서울: 오름, 1995), 112쪽].

조 · 중연합군의 성립과 함께 연합사령부의 부사령원 겸 정치위원으로 임명되며 북한 측 정치책임자가 되었던 연안파의 박일우 또한 1953년 2월 부정치위원에서 소환된 이후 내무상에서 해임되었고 결국 체신상으로 좌천됐다.[45] 허가이와 박일우는 박헌영 등 국내파가 미국의 간첩으로 지명되어 숙청되는 과정에서 이들과 함께 무장폭동을 준비했다고 지목되었다.

전쟁이 종결국면에 다다른 상황에서 김일성은 전쟁의 책임을 물어 국내파 공산주의자의 거두였던 박헌영을 숙청하였다. 박헌영을 비롯한 국내파의 숙청은 1952년 12월 개최된 당중앙위원회 제5차 전원회의에서 김일성이 "노동당의 조직적 · 사상적 강화는 우리 승리의 기초"라는 보고를 통해 "당성을 강화하고 자유주의적 경향들과 종파주의 잔재들과 투쟁"할 것을 제기하며 시작되었다.[46]

이후 진행된 문헌 토의 과정에서 국내 공산주의 세력을 중심으로 공고한 세력을 구축하고 있던 박헌영과 이승엽(당 비서 겸 인민검열위원회 위원장), 조일명(문화선전성 부상), 임화(조 · 소문화협회 부위원장), 박승원(당 연락부 부부장), 이강국(무역성 조선일반제품 수입상사 사장), 배철(당 연락부 부장), 윤순달(당 연락부 부부장), 인원조(당 선전선동부 부부장) 등 국내파 지도자들이 미제의 고용간첩이라는 혐의로 체포돼 재판에 회부되었다.[47] 박헌영이 허가이, 주녕하, 박일우 및 기타 북반부에 잔존한 종파분자들을 규합해 미제의 공세와 합류하여 당과 공화국 정부를 전복하기 위한 무장폭동을 준비했다는 것이다.[48]

45) 서동만(2005), 424-425쪽.

46) 김일성, 「로동당의 조직적 사상적 강화는 우리 승리의 기초(1952.12.15)」, 조선중앙통신사(편) 『조선중앙연감 1953년』(평양: 조선중앙통신사, 1953), 65-69쪽.

47) 한락규(1960), 203-204쪽.

결국, 1953년 8월 휴전협정의 체결과 함께 이승엽 등 국내파에 대한 재판이 개최되었다. 북한은 이승엽 등 국내파 지도자들은 진술을 통해 죄과를 인정하고 처벌을 받아들였다고 주장하였다. 이와 달리 박헌영에 대한 재판은 1955년 12월에 가서야 개최된다. 박헌영에게 부여된 죄목은 첫째, 1939년부터 미국의 첩자였으며, 둘째, 해방 후에는 미국으로부터 임무를 부여받고 공산당 및 좌파세력 전체에 대한 파괴활동을 수행하였고, 셋째, 지하활동가들을 살해하고 이승엽 등 국내파 세력과 함께 국가를 전복하고 권력을 찬탈하기 위해 모의했다는 것이다.[49]

한국전쟁 기간 진행된 숙청의 결과로 한국전쟁 이전 사회주의 세력 내에 존재해 온 세력균형은 해소되고 만다. 결국, 숙청은 김일성을 중심으로 한 단일지도체제를 공고히 하는 과정이었다. 전후 김일성 단일지도체계를 강화되는 과정에서 숙청은 엘리트층뿐만 아니라 전 사회적 처벌 기제로 지속되었다.

3) 조선로동당의 사회적 지배

조선로동당은 휴전협상이 지속되는 상황에서 당을 재정비하고 당의 사회적 지배를 강화하기 위한 조치를 취해 나갔다. 피점령지를 회복한 이후 진행된 당내 숙청은 결과적으로 조선로동당의 당세를 약화시키는 결과를 가져왔다. 앞서 서술한 바와 같이, 김일성은 이를 무분별한 '책벌주의'로 비판하였다.

김일성은 또한 "노동자 비율만 따지고 당내 노동자 성분 비율이 저하될까 두려워하여 광범한 근로농민 성분들을 당에 인입하지 않으며 그와 동시

48) 김일성, 「조선로동당 제3차 대회에서 한 중앙위원회 사업총결보고(1956.4.23)」, 서대숙(편), 『북한문헌연구: 문헌과 해제 Ⅰ』(서울: 경남대학교 극동문제연구소, 2004a), 157-162쪽.

49) 안드레이 란코프(1995), 118-120쪽.

에 공장에서나 인민군대에서 훈련 부족이니, 수준이 낮으니, 근무 연한이 짧으니 등등 일체 부당한 조건과 구실로써 당 장성을 저해"하는 행위들을 '관문주의'로 비판하였다.[50] 이와 같은 관문주의와 책벌주의에 대한 비판이 제기되면서 당 조직을 정상화하고 당의 외연을 확대하기 위한 노력이 병행되었다.

당내 '관문주의'가 비판된 이후 농촌지역의 당원 수가 급격히 증가해 1년간 40% 이상 성장하게 된다. 특히 인민군대에서 당원 확대정책이 강력하게 추진된 결과, 한국전쟁 기간 중 약 14만여 명이 입당하게 된다.[51] 이와 같은 노력으로 조선로동당은 1952년 12월 당 중앙위 5차 전원회의 당시 100만 명이 넘는 당원을 가진 대중적 정당으로 확대됐으며 4만 8,933개의 초급당 단체를 보유하게 되었다.[52] 초급당 단체는 사회 기층단위에서 당의 사회지배를 실현하는 역할을 담당하게 된다.

휴전협상 과정에서 진행된 당 조직 정비 작업은 이후 권력기관에 대한 당의 지배로 확대된다. 무엇보다도 행정기관에 대한 당의 지배가 실현되며 실질적인 당-국가 체제가 구축되었다. 김일성은 1952년 4월 내무기관 내 간부들과 정치일꾼들을 대상으로 한 강연에서 내무기관의 일군들이 당의 결정대로 집행하는 데 노력할 것을 강조하였다. 즉, "공화국 내무기관은 단적으로 말하면 인민 정권을 보위하며 당을 보위하는 권력기관"임을 선언한 것이다. 행정기관이 조선로동당의 노선과 정부의 정책에 근거해 모든 문제

50) 김일성, 「당 단체들의 조직사업에 있어서 몇 가지 결점들에 대하여(1951.11.1)」, 『김일성선집 3』(평양: 조선로동당출판사, 1954), 289-327 · 349-396쪽.

51) 리권무, 『영광스런 조선인민군』(평양: 조선로동당출판사, 1958), 52쪽; 서동만(2005), 422쪽 재인용.

52) 계층별 당원은 로동자 21%, 빈농민 57.9%, 중농 3.5%, 사무원 16.6%, 기타 1%로 전쟁 이전과 큰 차이를 보이지는 않았다[김일성, 「로동당의 조직적 사상적 강화는 우리 승리의 기초(1952.12.15)」, 『김일성선집 4』(평양: 조선로동당출판사, 1954), 295-296쪽].

들을 판단하고 해당 시기에 적합한 국가적 질서와 사회적 질서를 유지하는 권력기관으로 재정립된 것이다.[53]

농촌지역에서 당의 지배는 새롭게 개편된 리 인민위원회와 약 1만 5,000개의 민주선전실을 중심으로 진행됐다. 북한은 1952년 11월 27일 내각결정 제213호에 따라 행정체계 개편에 돌입한다. 행정체계 개편은 종래의 도·군(시)·면·리 중면을 폐지하고 군(君)의 역할을 강화하는 데 초점이 맞춰졌다.[54] 이와 같은 행정개편은 이전에 촌락자치의 성격이 강했던 농촌지역이 중앙의 직접적인 통제 아래 귀속됨을 의미했다. 리의 경우 인민위원회에 상근 유급직원이 리 인민위원장 1명밖에 배치되지 않았으나 새로운 체제에서는 5~6명이 배치되었다.[55]

북한은 38선을 중심으로 교착상태가 지속됨에 따라 전쟁의 장기화에 따른 정서적, 경제적 불안을 해소하기 위한 교양과 문화사업을 강화해 나갔다. 조선로동당은 농촌에서 군중문화사업을 개선하기 위해 약 5,000명의 유급 민주선전실장을 전국에 파견해 농촌지역에서 정치·사상교양과 군중문화사업을 진행하도록 하였다.[56] 민주선전실장은 인민학교 1급 교원과 동일한 국가적 대우를 보장받았다.[57] 유급 민주선전실장은 각급 당학교

53) 김일성, 「내무기관 내 간부들과 정치일꾼들 앞에서 진술한 연설(1952.4.4)」, 『김일성선집 4』(평양: 조선로동당출판사, 1954), 86쪽.

54) 한길언, 「위대한 조국해방과정에 있어서 조선민주주의인민공화국 인민정권의 가일층의 강화 발전에 대한 력사적 고찰」, 『8·15해방 10주년기념 법학론문집: 제2집』(평양: 조선민주주의인민공화국과학원, 1955), 171쪽; 서동만(2005), 480-481쪽 재인용.

55) 서동만(2005), 481쪽.

56) 김일성, 「인민 속에서 대중적 정치사업 제고를 위한 유급 민주선전실장제도 확립에 관한 결정서(내각 결정 제224호, 1951.3.12.)」, 국사편찬위원회(편), 『북한관계사료집 24』(과천: 국사편찬위원회, 1996), 34쪽.

57) 국사편찬위원회(편), 「농촌(리)민주선전실에 관한 규정(1951.8.30)」, 『북한관계사료집 24』(과천: 국사편찬위원회, 1996), 302-304쪽.

및 행정간부학교, 고급중학교 졸업생 또는 이와 동등한 지식수준을 가진 자로 '정치문화적으로 준비되고 앞으로 발전성이 있는 사람'이 배치되었다.[58]

1953년 5월 인민군을 제대하고 안주군 평률리 민주선전실장에 배치된 김진계에 따르면, 유급직인 민주선전실장은 인민들이 당 정책에 자발적으로 따르도록 정치교양사업을 진행하고 도서실 관리 등 문화사업을 조직하는 역할을 담당했다. 리 선동원들은 한 부락마다 7~8명씩 20여 명 정도로 대개 30~40대의 장년들이었다. 선동원들은 모두 노동당원으로 구성되었다. 제대군인들의 경우 인력부족으로 직책을 겸임하는 경우가 많았다.[59]

이와 같이 북한은 기층단위의 당 지휘체계를 강화하기 위해 행정체계를 개편하고 인민군대 전역자를 농촌지역에 파견함으로써 당의 사회적 지배를 실행해 나가게 된다.

4) 전시통제체제의 일상화: 감시, 처벌, 동원

휴전협상의 장기화는 후방에서 전시통제체제가 일상생활 깊숙이 내재화되는 결과를 가져왔다. 전시통제체제는 구성원에 대한 감시와 처벌, 그리고 동원을 통해 일상화되었다.

첫 번째로, 북한은 기층단위에서 일상적인 감시체제를 구축하였다. 북한은 사회통제의 효율성을 재고하기 위한 목적으로 1951년 4월 내무성 내 정치보위국과 다른 부서 일부를 통합한 사회안정성을 창설하였다. 사회안정성은 주민등록과 여행증명 발급업무를 담당하였는데 이를 통해 주민들의 동향을 파악하고 여행객을 통제하는 업무를 담당했다. 특히 주민등록국은 주민등록업무와 주민요해, 이동, 출생, 결혼, 사망 등 기록업무를 담당하여

58) 국사편찬위원회(편), 「민주선전실 사업에서 얻은 몇 가지 경험」, 『북한관계사료집 XI』(과천: 국사편찬위원회, 1991), 188쪽.

59) 김진계(1990), 195-204쪽.

주민들의 신상정보를 관리하고 있다. 주민감시, 특히 월남자와 적대분자들에 대한 통제는 개전 직전부터 매우 조직적으로 단행되었다.[60)]

이와 관련하여 김일성은 1951년 2월 포고문을 통해 후방에서 감시와 자발적 신고를 강조하였다.[61)]

「후방에서 감시와 자발적 신고 강조」

1. 전체 공민들은 누구를 물론하고 지방주권 기관의 허가 없이 면목을 알지 못하는 사람들을 숙박시키거나 은폐함을 절대 금지한다.
2. 전체 공민들은 지방 주권기관의 허가 없고 또는 신청서가 없이는 운수 기재 식량 등을 발급함을 금지한다.
3. 신분증명서 혹은 출장 증명서가 없이 돌아다니는 군무자들을 즉시 경무부와 내무기관에 보고할 것이며 경무부와 내무기관에서는 이를 체포하여 해당 기관에 압송할 것이다.
4. 본 포고문 위반자는 전시법대로 처리할 것이다.

북한은 또한 피점령지의 회복 이후 군중심판을 통해 드러난 이적행위자에 대한 '요(要)감시사업'을 강화하였다. 요감시인은 만14세 이상의 범죄를 지을 우려가 농후한 자로, 이들을 감시하기 위한 정보원이 지역별, 직장별로 배치되었다. 요감시 대상자는 별도로 등록되어 20여 가지 감시사항을 월평균 2회 이상 보고하도록 하였다. 또한 요감시인이 이동할 시에는 요감시인 이동통보서를 제출해야 했다.[62)]

북한은 또한 후방에서의 사회통제를 재정비하기 위하여 1952년 5월 공민증 재발급 사업을 진행하였다. 내무성령 제2호 「공민증에 관한 규정」은

60) 한성훈(2010), 63-64쪽.

61) 김일성, 「포고문(1951.2.24)」, 『김일성선집 3』(평양: 조선로동당출판사, 1954), 206-207쪽.

62) 남상호, 「요감시사업 재강화 보강에 대하여(1951.4.10)」, 국사편찬위원회(편), 『북한관계사료집 XVI』(과천: 국사편찬위원회, 1993), 244-253쪽.

18세 이상 공민은 공민증을 교부받도록 지시하고 18세 미만자는 부모 또는 후견인의 공민증에 등록하도록 하였다.[63] 이와 같은 조치는 후방지역에서 이색분자를 색출함과 동시에 지역에서 인민 상호 간 감시기능을 강화하려는 조치였다.

5가작통 조직사업은 간첩, 반동, 미체포자, 그리고 군무도피자를 적발하는 등 일상의 공간을 통제하기 위한 장치로 활용되었다. 5가작통 조직은 5가를 기본으로 당원, 자위대원, 열성농민 등 핵심일군을 조장으로 임명하여 운영하였다. 5가작통 조직 안에서는 친척, 친우를 막론하고 모르는 사람이 숙박을 요하는 경우 신속히 조장에게 통보해야 했다. 보고를 접수한 조장은 리(里)정권기관이나 자위대본부에 보고하고 위협분자로 판명될 경우 인근 부락의 자위대와 협동해 체포하도록 하였다.[64] 외부의 적과 이적분자들을 색출하기 위해 단행된 5가작통의 통제망은 인민 스스로 상호감시를 생활화하고 국가의 사회통제에 대한 저항을 억제하는 기제로 활용되었다.

두 번째로, 북한은 전시 범죄를 "원수들의 온갖 음모에 동조하는 것"으로 규정하고 처벌하였다. 일탈은 범죄와 같은 이적행위로 규정됐다. 적들은 "교활하며, 잔악하며, 자기들의 수법, 자기들의 범죄 활동 형태들을 변경하고 있다는 사실을 잊어서는 안 된다"는 것이다.[65]

이와 관련하여 군정당국은 일정한 지역에 대한 출입 금지, 타지방으로의 이주, 그리고 필요한 수색과 억류 등에 관한 권한을 부여받았다. 만약 이를

63) 국사편찬위원회(편), 「공민증에 관한 규정(내무성령 제2호, 1952.5.28)」, 『북한관계사료집 24』(과천: 국사편찬위원회, 1996), 435-441쪽.

64) 남상호, 「5가작통조직 강화에 대하여(1951.7.29)」, 국사편찬위원회(편), 『북한관계사료집 XVI』(과천: 국사편찬위원회, 1993), 360-361쪽.

65) 심현상(1957), 16-17쪽.

위반할 경우 6개월 이하의 징역 또는 5천 원 이하의 벌금(동 정령 제4조 제1호)에 처해졌다.[66] 전시통제체제하에서 처벌의 주체가 군사위원회를 중심으로 한 군정당국으로 이관된 것이다.

전시상황에서 최고인민회의 「정령」과 군사위원회 「결정」 등은 형법 기능을 수행하였다. 각종 정령과 결정은 전선과 후방을 막론하고 광범위하게 적용됐다. 특히 중국인민지원군의 참전 이후 힘의 균형이 맞춰지고 휴전협상이 개시된 이후 전시 형사법령은 체제전복을 기도하는 저항세력의 진압에 초점이 맞춰져 있었다.[67] 전시에 벌어진 사회적 일탈은 평시와는 다른 이적행위에 준해 엄격한 처벌이 가해졌다.

북한은 전선이 38선을 중심으로 고착화된 이후 일상생활에서 사회적 혼란을 야기하는 밀주의 제조, 군수용 원료의 판매, 고리대 행위 등에 대해서도 엄격하게 처벌하였다.[68] 당시 전시상황에서 양곡을 원료로 밀주의 생산이 이뤄졌고 이는 식량배급에 차질을 가져왔기 때문이다.

또한 「외국 화폐 취급에 관한 임시 규정」(1951년 10월 26일), 「군수용 일부 원료 자재 및 기계의 자유 판매를 제한함에 관하여」(1951년 10월 30일), 「농촌에서 빈민들에 대한 고리대적 현상을 제지할데 대하여」(1952년 10월 30일) 등 군사위원회 및 내각 결정을 채택하고 준법성에 대한 내무, 검찰, 재판기관들의 통제를 강화하였다. 당시 전시상황을 이용해 기계, 휘발유와 기타 군수 물자들, 그리고 원료들을 탈취하는 일들이 발생했으며 운수기자재, 원조물자, 의약품, 그리고 전리품과 노획품 등을 판매하는 행위도 나타났다. 뿐만 아니라 농민들을 대상으로 고리대 행위가 적발되기도 하였다.[69]

---

66) 심현상(1957), 53-54쪽.

67) 박광섭(1992), 45쪽.

68) 국사편찬위원회(편), 「주류전매제 실시에 관하여(내각결정 제278호, 1951.5.14)」, 『북한관계사료집 24』(과천: 국사편찬위원회, 1996), 152-153쪽.

이와 관련하여 최고검찰소는 전시상황을 이용해 군사상 필요한 물자와 적(敵)역산 및 생활필수품 등을 다량으로 매점해 경제질서를 저해하는 행위를 엄중히 단속할 것을 지시하였다.[70] 북한은 또한 전선과 후방에서 허위낭설을 유포시켜 사회적 혼란을 일으키거나 주권에 대한 불신을 일으킨 자는 파괴분자 · 간첩분자 간의 반국가 목적의 선전선동인지 엄격히 추궁하도록 했다.[71]

다만 반동분자를 처단할 때에는 법적 근거를 명확히 규명하도록 했다. 일부 지역에서 범죄자에 대한 총살 처분이 발생하였고 이에 대한 비판이 제기된 것이다. 자강도 전천군 내무서장 고명흘은 강도범 1명을 절도상습자라 하여 총살하였고, 군복, 착식을 절취한 인민군 2명을 체포해 총살하였다.[72] 내무상 대리부상 방학세는 반동분자의 처리에 있어 반드시 해당 검찰소와 재판소의 법적 수속에 의해 처리하도록 명령했으나 적의 침입으로 위급한 경우 즉결처분 할 수 있다고 지시하였다.[73]

세 번째로, 휴전협상이 장기화되면서 후방지역에서 일상적인 동원이 지속됐다. 1950년 7월 북한은 정령 「조선민주주의인민공화국 전 지역에 동원을 선포함에 관하여」를 발표하고 동원체제를 제도화하게 된다. 정령은 북한 전 지역에 동원을 선포하고 동원 대상자를 1914년부터 1932년간에 출생

69) 한락규(1960), 200-201쪽.

70) 한상순, 「남반부 해방지역에 있어서의 당면한 일반 검찰사업에 대하여(1950.7.25)」, 국사편찬위원회(편), 『북한관계사료집 Ⅸ』(서울: 국사편찬위원회, 1990), 833-838쪽.

71) 최상울, 「전시에 있어서 특수범죄와의 투쟁에 대하여(1950.7.30.)」, 국사편찬위원회(편), 『북한관계사료집 XVI』(과천: 국사편찬위원회, 1993), 126쪽.

72) 방학세, 「사건취급 처리에 대한 지시(1950.11.19)」, 국사편찬위원회(편), 『북한관계사료집 XVI』(과천: 국사편찬위원회, 1993), 209쪽.

73) 방학세, 「반동분자 취급 처리에 대하여(1950.11.23)」, 국사편찬위원회(편), 『북한관계사료집 XVI』(과천: 국사편찬위원회, 1993), 208쪽.

한 전체 공민으로 하였다.[74] 관련하여 동원을 거부하는 자는 6개월 이하의 징역 또는 5천 원 이하의 벌금(동 정령 제4조 제1호)에 처해졌다.[75]

북한은 전시동원과 함께 후방에서 각종 증산경쟁운동을 발기하였다. 각 공장기업소에서는 '전선 브리가다 운동', '청년작업반운동', '전선돌격대 운동', '2인분, 3인분 초과생산운동', '원가 저하 운동' 등 각종 형태의 전시증산경쟁운동이 전개됐다.[76] 이와 같은 경쟁운동은 UN연합군의 공중폭격과 상호 후퇴 시 각종 생산시설을 파괴하면서 더욱 강조되었다.

북한은 또한 1951년 6월 14일 내각결정 제297호로 「조국보위복권발행에 관하여」를 공포하고 군기재 헌납기금을 조성할 목적으로 조국보위복권을 발행하였다. 결정에 의하면 1951년 7월과 10월에 각 5억 원씩 조국보위후원회에서 복권을 발행하도록 했다.[77] 당시 북한의 발표에 따르면, 복권발행 후 10일 만인 목표액 5억 원을 초과한 6억 원 상당의 복권이 구매되었다고 한다.[78]

전시의 물자부족 상황이 지속되면서 여성의 전선원호사업 또한 강조되었다. 1951년 8월 15일 김일성은 여맹간부들과의 담화를 통해 전선원호사업의 구체적 과제로 첫째, 산나물 채취와 건조로 인민군의 부식물 문제와 수송의 어려움을 해결할 것, 둘째, 여성들을 동원해 군인들이 많이 오가는 도로 주변에 쉼터를 마련하고 그들의 식사와 의복 수리, 그리고 항공감시에 협조할 것, 셋째, 파괴된 도로와 교량을 복구할 것, 넷째, 위문품과 위문

74) 조선중앙통신사(편)(1952), 82-83쪽.

75) 심현상(1957), 53-54쪽.

76) 장종엽(1957), 31쪽.

77) 국사편찬위원회(편), 「조국보위복권 발행에 관하여(내각결정 제297호, 1951.6.14)」, 『북한 관계사료집 24』(과천: 국사편찬위원회, 1996), 225-226쪽.

78) 박영자(2005b), 252-255쪽.

편지를 더 많이 보낼 것, 다섯째, 무명생산운동으로 의류문제를 해결할 것, 여섯째, 전쟁고아 양육사업을 잘 할 것, 일곱째, 여맹과 사상교양사업 강화 등을 제시하였다. 위문품과 위문편지 보내기 또한 여성을 중심으로 광범위하게 진행됐다.[79]

이와 같은 전시동원에도 불구하고 후방에서 노동규율이 약화되고 구성원이 이탈하는 문제가 지속된 것으로 보인다. 북한은 노동규율을 강화하기 위해 군사위원회 결정으로 「전시로동에 관한 결정 위반자에 대하여」를 공포하고 직장 무단이탈, 무고결근, 작업이탈을 범죄로 규정해 형법에 따라 처벌하도록 하였다.[80]

그러나 이와 같은 조치에도 불구하고 노동규율의 약화로 인해 기계 고장과 도난, 화재 등 일련의 사고들이 발생했으며 무단결근, 지각, 조퇴, 꾀병 등 일탈현상이 나타났다. 당조직위원회는 1952년 전기국에서 전체 노동자 중 76%가 이유 없이 직장을 이탈했으며, 경공업성은 연 40만 공수의 병결자와 무단 결근자가 발생하면서 열성분자들을 지나치게 혹사했다고 비판하였다.[81] 후방지역에서 북한 군정의 노력에도 불구하고 구성원의 일탈이 확대되면서 전시통제체제가 제대로 작동되지 못했음을 시사한다.

3. 휴전협정의 체결: 준전시상태의 지속

휴전체제의 성립은 전후 북한 사회에 어떤 영향을 끼쳤을까? 승리자 없

79) 박영자(2005b), 255-258쪽.

80) 최상울, 「전시에 있어서 특수범죄와의 투쟁에 대하여(1950.7.30.)」, 『북한관계사료집 XVI』(과천: 국사편찬위원회, 1993), 122-124쪽.

81) 국사편찬위원회(편), 「전시국가 및 로동규율 강화에 대하여(조직위원회 제137차 회의결정서, 1953.4.24.)」, 『북한관계사료집 30』(과천: 국사편찬위원회, 1998), 437-438쪽.

는 종전은 전시체제에 준한 사회통제체제의 지속과 동원, 그리고 전시행위에 준한 처벌이 전 사회적으로 일상화됨을 의미했다.

개전 초기의 역동적 전개와는 달리 38선을 중심으로 전선이 형성된 이후 2년여간 지속된 휴전협상은 결국 1953년 7월에 가서야 종결된다. 1953년 7월 27일 유엔군사령관 클라크(Mark W. Clark) 장군을 일방으로 하고 조선인민군 최고사령관 김일성과 중국인민지원군 사령관 팽덕회(彭德懷)를 다른 일방으로 하는 정전협정(Armistice Agreement)이 채결된 것이다. 동 정전협정의 정식명칭은 「국제연합군 총사령관을 일방으로 하고 조선인민군 최고사령관 및 중국인민지원군 사령원(司令員)을 다른 일방으로 하는 한국(Korea) 군사정전에 관한 협정」이다. 정식으로는 이 협정의 마지막 문구를 따서 '한국군사정전에 관한 협정(Agreement Concerning a Military Armistice in Korea)' 또는 '군사정전협정(Military Armistice Agreement)' 이라 칭한다.[82] 동 협정의 서문은 아래와 같다.

「한국군사정전에 관한 협정 서문」

"국제연합군 총사령관을 一方으로 하고 조선인민군 최고사령관 및 중국 인민 지원군 사령관을 다른 一方으로 하는 下記의 서명자들은 쌍방에 막대한 고통과 유혈을 초래한 한국충돌을 정지시키기 위하여서 최후적인 평화적 해결이 달성될 때까지 한국에서의 적대행위와 일체 무장행동의 완전한 정지를 보장하는 정전을 확립할 목적으로 下記조항에 기재된 정전조건과 규정을 접수하며 또 그 제약과 통제를 받는 데 각자 공동 상호동의한다. 이 조건과 규정들의 의도는 순전히 군사적 성질에 속하는 것이며, 이는 오직 한국에서의 交戰 雙方에만 적용한다."

82) 이상면, 「한국전쟁과 휴전의 당사자 문제」, 『국제법학회논총』 제52권, 2호(2007), 248쪽.

동 협정은 제1조 군사분계선과 비무장지대, 제2조 정화(停火) 및 정전(停戰)의 구체적 조치, 제3조 전쟁포로에 관한 조치, 제4조 쌍방 관계정부들에의 건의, 제5조 부칙으로 구성되었으며 제2조는 군사정전위원회와 중립국감독위원회의 구성과 책임, 권한을 규정하였다.[83]

그렇다면 2년여간 지속된 휴전협상이 체결될 수 있었던 원인은 무엇인가?[84] 여기서는 앞서 피어론이 제시한 세 가지 협상 방해요인이 어떻게 해소되었는지를 중심으로 그 원인을 분석해 본다.

첫 번째로, 한국전쟁을 지휘한 미국과 소련은 전쟁확대에 대한 두려움을 가지고 있었다. 무엇보다 미국은 소련의 참전 가능성을 우려했다.[85] 소련 또한 맥아더의 중국침공 등 확전을 경계할 수밖에 없었다.[86] 결국, 어떤 일방이 무력으로 상대를 점령하기 어려운 힘의 균형과 확전에 대한 두려움, 그리고 전쟁의 피로감이 중첩되면서 협상이 타결될 수 있었다. 이와 함께 1953년 초 미국과 소련의 정치권력이 교체된 것은 협상의 실질적인 진전을 가져왔다. 1953년 1월 20일 아이젠하워가 전쟁 종결을 공약으로 당선되면서 종전여론이 새 정부로 하여금 휴전협상을 타결하도록 압박하였다. 같은 해 3월 스탈린이 사망하고 스탈린의 후계자인 말렌코프가 평화적 해결을 지지함에 따라 미국과 소련은 정치적 타결에 다다를 수 있었다.

두 번째로, 휴전협정 체결 이후의 안전보장 문제는 미국이 한국과의 상호방위조약체결을 약속함으로써 해소되었다.[87] 한국전쟁의 종식을 공약하

83) 통일부 남북회담본부, 「국제연합군 총사령관을 일방으로 하고 조선인민군 최고사령관 및 중국인민지원군 사령관을 다른 일방으로 하는 한국 군사정전에 관한 협정」, https://dialogue.unikorea.go.kr/ukd/ca/usrtalkmanage/View.do(검색일, 2018.9.1.).

84) 휴전협상의 체결에 관한 분석은 정일영, 「한국전쟁의 종결에 관한 연구: 휴전협상의 지연과 협정체결의 요인 분석」, 『현대북한연구』 제16권 제2호(2013).

85) Goulden(1982), pp.59-60.

86) 신복룡(1998), 122쪽.

며 등장한 아이젠하워 정부는 1953년 7월 2일 한국의 안보와 관련하여 필리핀, 오스트레일리아, 뉴질랜드와 유사한 안보조약을 한국정부에 보장하였다(NSC-154).[88] 북한 또한 전후 일정 기간 중국인민지원군이 주둔하고 소련이 북한의 안전보장을 공약하면서 이 문제를 해소하게 된다.

세 번째로, 북한은 장기간 지속된 폭격으로 인해 국토의 파괴가 지속되는 상황에서 협상의 가장 큰 걸림돌로 대두된 포로교환 문제를 어떤 식으로든 해결하고자 하였다. 특히 1952년 5월부터 1953년 3월에 이르는 기간에 평양을 비롯한 대도시에 감행된 프레셔펌프작전(Pressure Pump Operation)은 북한의 주요 도시를 폐허로 만들었다. 미 공군은 평양에 대해서만 1952년 7월 11일 1,254회 출격하였으며 8월 29일에는 1,403회 공습을 가했다.[89]

휴전협상이 마지막 국면에 다가서던 시점에서 미국의 대규모 댐 폭격은 공산 측의 양보를 이끌어냈다.[90] 또한, 6월 18일 2만 7,000명의 북한군 포로들이 집단 탈주한 사건이 발생함에 따라 포로교환 문제가 의도치 않은 국면으로 전개되었다. 결국, 양측은 귀환 거부 포로를 중립국송환위원회를 통해 정치회담 후 석방한다는 모호한 방식으로 이 문제를 해결하게 된다.

휴전협상을 체결한 양측은 휴전 이후 한국문제의 평화적 해결을 위한 정치교섭을 명문화하였다. 휴전협정문 제4조는 쌍방 관계정부들에게 정치적 협상을 제안함으로써 휴전체제 이후 한국문제의 평화적 해결을 모색하도록 제안하였다.[91]

---

87) William Stueck(2001), p.710 · p.854.

88) 남정옥(2010), 270-275쪽.

89) Rosemary Foot, *The Wrong War: American Policy and the Dimensions of the Korean Conflict, 1950~1953*(NY: Cornell University Press, 1985), pp.177-178; 남정옥, 『미국은 왜 한국전쟁에서 휴전할 수밖에 없었을까』(파주: 한국학술정보, 2010), 250-260쪽 재인용.

90) 브루스 커밍스 · 존 할리데이(1989), 189-199쪽.

「휴전협정에서 정치회의 소집 제안」

"한국문제의 평화적 해결을 위하여 쌍방 군사령관은 쌍방의 관계 각국 정부에 정전협정이 조인되고 효력을 발생한 후 삼개월내에 각기 대표를 파견하여 쌍방의 한급 높은 정치회의를 소집하고 한국으로부터 모든 외국군대의 철수 및 한국문제의 평화적 해결문제들을 협의할 것을 이에 건의한다."

그러나 이와 같은 노력은 쌍방 간 외국군대의 주둔이 장기화됨에 따라 현실화되지 못했다. 휴전협정은 쌍방 간의 무력충돌을 감시하기 위한 제도적 장치를 마련해 휴전 이후의 충돌을 방지하고자 했다. 양측은 휴전협정의 이행과 조정, 그리고 감시를 위하여 군사정전위원회(제2조 나)와 중립국감독위원회(제2조 다)의 설치에 합의하였다. 군사정전위원회는 북한과 중국이 임명하는 5인과 UN연합군이 임명하는 5인으로 구성된 전쟁당사자 간의 협의기구이다. 여기에 4인으로 구성된 중립국감독위원회가 쌍방의 군사이동을 감독, 감시, 시찰 그리고 조사하는 임무를 수행하도록 하였다.[92)]

미국은 전시 초기의 기대와 달리 많은 희생을 치르고도 전쟁을 승리로 이끌지 못하였다.[93)] 한미상호방위조약에 따른 미군의 한국주둔은 한국전쟁이 발발하기 이전 그들이 원하는 동북아전략과 다른 결과였다. 결국, 한국전쟁이 휴전으로 종결되고 중국인민지원군 또한 상당 기간 북한에 주둔

91) 국가정보원(편), 「국제연합군 총사령관을 일방으로 하고 조선인민군 최고사령관 및 중국인민지원군 사령관을 다른 일방으로 하는 한국 군사정전에 관한 협정」, 『남북한 합의문건 총람』(서울: 국가정보원, 2005). 436쪽.

92) 또한, 휴전협정 43항은 UN연합군 군사통제지역 5곳과 조중연합군의 군사통제지역의 5곳에 중립국 감시소조가 주재함을 명시하였다. 국가정보원(편)(2005). 424-430쪽.

93) 미국은 군인과 사무원을 모두 포함해 2만 7,671명이 사망하였으며 7만 7,422명이 부상당하였다. 사망자 중 인민군에 생포되어 사망한 자가 2,374명이었고 실종 후 사망 처리된 자가 3,292명이었다[Richard E. Ecker, *Korean Battle Chronology: Unit-by-Unit United States Casualty Figures and Medal of Honor Citations*(North Carolina: McFarland & Co., 2010), pp.192-200].

하면서 남북은 끝나지 않은 전쟁을 지속해야만 했다. 북한은 국가재건 과정에서 전시체제의 억압성을 유지하고 사회에 대한 숙청과 동원을 지속하게 된다.

3부 〉

국가재건(1953~1961)

전시사회주의체제의 건설

7장

판옵티콘*

사회통제의 물적 조건

한국전쟁으로 파괴된 북한의 국토, 특히 도시들은 북한 당국의 의도에 따라 새롭게 주조되었다. 북한의 도시들은 '수직적으로 통제'되고 '수평적으로 단절'되었으며 이를 통해 '구성원을 원자화'하는, 판옵티콘(panopticon: 한눈에 전체를 본다)과 같은 물리적 토대가 되었다.

판옵티콘은 일방향의 수직적 통제 속에 구성원 간 소통을 차단함으로써 개인을 원자화시키는 물적 조건이라 할 수 있다. 북한은 이와 같은 판옵티콘의 성격을 전후 파괴된 도시의 건설에 투영하였다. 판옵티콘의 도시는 도처에서 개인을 감시하고 구성원 간 수평적 관계를 차단함으로써 개인을 권력에 직접 대면케 하는 '사회통제체제' 그 자체로 기능하였다.

* 전후 북한 사회통제체제의 물리적 토대에 관한 서술은 정일영, 「김정은 시대의 국토건설전략에 관한 연구」, 『2015 신진연구논문집』(서울: 통일부, 2016); 정일영, 「북한에서 '도시통제체제'의 형성」, 북한연구학회 춘계학술회의(2017.4.17)를 재구성한 것이다.

1. 파괴와 건설

판옵티콘의 원리는 권력이 구성원을 통제하는 기제로서, 가시성의 지속적이고 의식적인 상태에 수감자를 놓여 있게 함으로써, 감시가 중단되더라도 그 효과가 지속되도록 한다.[1] 북한에서 진행된 전후 건설은 판옵티콘과 같은 사회통제체제의 물리적 조건을 구축하는 과정이었다.

한국전쟁은 남과 북에 막대한 물적 파괴와 인적 피해를 초래했다. 특히 북한은 전쟁의 전 기간에 걸쳐 감행된 공중폭격으로 국토가 황폐화되었다. 한국전쟁의 발발 이후 휴전협정이 체결될 때까지 북한의 국토는 미공군의 폭격에 그대로 노출되어 있었다. 공중폭격은 특히 개전과 함께 전선이 한반도를 오르내렸던 8개월 동안 집중됐다. 개전 이후 북한의 급속한 남하, 그리고 중국인민지원군의 참전과 함께 전개된 2차 남하를 저지하기 위해 공중폭격이 핵심적인 저지작전으로 수행되었고 그 결과는 성공적이었다.

북한은 전쟁기간 약 8,700개의 공장, 기업소들이 완전히 파괴되었고 2,800만㎡에 준하는 60여 만호의 살림집, 약 5,000개의 학교, 약 1,000개의 병원과 진료소, 약 260개의 극장 및 영화관, 약 670개의 과학연구기관 및 도서관, 그리고 수천개소의 문화후생시설들이 파괴되었다고 주장하였다.[2] 북한이 발표한 전쟁 피해를 구체적으로 정리하면 다음과 같다.[3]

「전쟁으로 인한 북한의 피해」

"3년여에 걸친 가열한 전쟁에서 공업부문에 대한 피해는 특히 혹심했다. 8천 7백여 동의 공장제조소 건물과 생산설비들이 파괴되었다.

---

1) 미셸 푸코, 오생근(역,) 『감시와 처벌: 감옥의 탄생』(파주: 나남, 2016), 12-13쪽.

2) 사회과학원 역사연구소, 『조선전사 27』(평양: 과학, 백과사전출판사, 1981), 175쪽.

3) 과학원 역사연구소(편)(1988), 468-469쪽.

공업생산에서 1953년에는 전쟁 전 1949년에 비하여 전력공업은 26%로, 연료공업은 11%, 야금공업은 10%로, 화학공업은 23%로 각각 감소되었으며 철광석, 선철, 강철, 조동, 조연, 전동기, 변압기, 꼭스(코우스트), 유산, 화학비료, 시카바이드, 가성소다, 세멘트 등 생산시설들은 완전히 파괴되었다. 농업부문에 대한 피해도 막대하였다. 장대한 몽리(蒙利)면적을 가진 관개시설, 하천제방의 파괴와 농토에 대한 야만적 폭격으로 인하여 37만 정보의 농토가 피해를 받았으며 9만 정보의 농경지가 감소되었다. 또한 25만 두의 소와 38만 두의 돼지가 피해를 당하였으며 9만 본의 과수가 폭격에 의해 손실되였다. 1953년에는 1949년에 비하여 알곡생산은 88%로 감소 되였으며 면화와 담배는 각각 23%, 과실은 72%, 고치생산은 58%로 감소되었다. 전쟁으로 인하여 운수, 체신부문이 받은 피해도 막심하였으며 도시와 노동자구에서 입은 피해는 특히 혹심하였다. 2천 8백만 평방메터의 주택, 5천여 개소의 학교, 1천여 개소의 병원 및 진료소, 260여 개소의 극장 및 영화관과 수천 개소의 문화후생시설들이 파괴 되였으며 공화국의 도시들은 잿더미로 되였다."

이와 같은 전 국토의 파괴는 전후 국가의 의도에 따라 국토를 새롭게 개조하는 물질적 토대가 되었다. 파괴된 국토는 일본의 식민지 잔재를 청산하고 그 위에 북한식 사회주의 도시화를 진행하는 길을 터주었다.[4] 김일성은 한반도 통일을 가정해 미뤄온 사회주의적 개조작업을 전후복구에 따른 불가피한 선택, 혹은 필요라는 정당성으로 강행하였다. 김일성은 이와 같은 사회주의적 개조의 과정을 일본 제국주의 시대의 '비문명'으로부터 현대적 문명으로 대치시키고 있다.[5]

4) 차문석, 「문헌자료를 통해서 본 북한의 도시 역사」, 『사회주의 도시와 북한: 도시사연구방법』(파주: 한울아카데미, 2013), 262쪽.

5) 김일성, 「모든 것을 전후 인민경제복구 발전을 위하여(1953년 8월 5일)」, 『김일성 선집 제4권』(평양: 조선로동당출판사, 1960), 25쪽.

「파괴와 새로운 건설에 대한 김일성의 강조」

"이제 야만들의 폭격에 의하여 파괴된 도시와 읍 및 공장지대들을 복구 건설하는 데 있어서 우리는 과거 일본제국주의시대의 비문명적이며 특권계급의 이기적 목적에 부합 되였던 퇴폐한 도시건설방식을 배격하고 근로인민의 생활에 편리하며 현대적 문명생활에 적합하도록 도시와 읍들을 건설하여야 하겠습니다."

도시는 하나의 물리적 공간이자 정치 · 행정의 공간으로 개별 사회의 특성에 따라 그 경계가 명확하기도, 혹은 불명확하여 외부의 영향을 더 많이 받기도 한다. 도시는 또한 해당 사회의 역사가 응축된 공간으로 정치, 경제, 사회의 변화를 읽을 수 있는 리트머스지라 할 수 있다. 전쟁으로 파괴된 도시의 재건은 기존의 사회구성체를 새롭게 건설하는 작업이었다.

전후 북한은 국토건설에서 '사상교양의 장'으로서 도시의 역할을 강조하게 된다. 김일성은 전후 전국 건축가 및 건설자 회의에서 한 연설을 통해 새로운 도시의 설계는 반드시 '진보적인 사회주의적 내용'을 가져야 한다고 지적하였다. 즉 낡은 부르주아 사상의 관점을 버리고 노동계급의 성격을 건설에 반영해야 한다는 것이다.[6)]

사회주의 국가들의 지원은 파괴된 도시를 재건하는 데 중요한 재원으로 활용되었다. 이를 통해 북한은 평양을 비롯한 도시들을 '문명한 현대적 도시'로 건설하는 사업에 착수할 수 있었다.[7)] 김일성은 도시를 재건함에 있어 중심부들을 정확히 선택하고 비계획적이며 산만 · 무질서한 일체 현상들을 퇴치하고 오직 국가의 통제하에서만 건설할 것을 지시하였다.[8)]

6) 김일성, 「전국 건축가 및 건설자 회의에서 진술한 연설(1956.1.30)」, 『전후인민경제복구발전을 위하여』(평양: 조선로동당출판사, 1956). 419-421쪽.

7) 김일성, 「형제국가 인민들의 고귀한 국제주의적 원조(1953년 12월 20일)」(1960), 63쪽.

8) 김일성, 「정전협정체결과 관련하여 전후 인민경제복구발전을 위한 투쟁과 당의 금후 임무(1953.8.5)」, 『전후인민경제복구발전을 위하여』(평양: 조선로동당출판사, 1956). 28-29쪽.

2. 사회주의 도시계획의 적용

북한의 도시는 도심의 광장을 중심으로 단핵적인 도시 공간구조를 형성하였다. 도심의 중심부에는 상업용도의 건물보다는 대규모 혁명 사적지와 광장이 조성됐다. 도시 내부의 공간은 도심, 간선도로, 그리고 광장의 3가지 요소를 기본으로 하였으며 그 구조는 중앙집중적 형태로 계획되었다. 또한, 도시의 입구와 중심을 연결하는 가로를 핵심적인 축으로 삼고, 이 중심가로에 면하여 상업 및 서비스 공간, 문화 공간 등 중심기능을 배치하였다. 무엇보다도 정치적, 도시경관적 의미에서 도심광장이 지니는 상징성이 강조됐다. 이와 같이 평양을 비롯한 북한의 도시는 정치사상의 상징적 역할을 담당할 수 있도록 건설되었다.[9]

일반적으로 사회주의 도시와 마을은 중앙에 위치한 정치행정기관을 중심으로 도로와 철도를 따라 도시공간이 확장되는 단핵구조를 형성한다.[10] 북한의 도시 또한 자생구조를 갖추도록 재건되었다. 북한의 도시는 단순히 주민들이 생활권이나 소비시설만이 아니라 생산영역, 즉 제조업 등 공업지역과 농경지역이 함께 존재하는 하나의 자생 단위, 독립적인 세포 구조를 이루게 된다. 북한에서 도시는 도시영역과 농촌영역이 공존하고 있다는 점이 특징적이다. 농촌은 단순히 도시의 식생활을 지원하는 차원을 넘어 도시화를 억제하는 역할 또한 담당하였다.[11] 북한의 도시는 자기완결적 체계로 구성되어 있을 뿐만 아니라 단핵의 구조하에 내적 통합력과 응집력을 도모하기 위한 공간전략을 구사하고 있다.[12] 이와 같이 사회주의적 이념

9) 남한의 도시와 같이 도시는 도심과 여러 개의 부도심이 형성되는 것이 일반적이다. 이승일(2009), 31-32쪽.

10) Sailer-Fliege, U, "Characteristics of post-socialist urban transformation in East Central Europe," *GeoJournal*, Vol.49 No.1(1999), p.8.

11) 임동우, 「사회주의 도시의 교훈」(2014), 199-202쪽.

이 추구하는 단핵구조를 넘어선 도시의 자생적 구조는 전후 국토의 재건과정에서 휴전체제의 특성, 즉 군사적 전략 또한 반영된 결과라 할 수 있다.

북한은 또한 한국전쟁 이후 새롭게 건설된 주요 생산시설들을 군사전략상 안전한 지대에 조성하는 정책을 추진하였다. 전시에 준한 생산시설의 배치는 한국전쟁을 통해 얻은 경험의 결과라 할 수 있다. 지속적인 공중폭격과 도시파괴에 대비해 안전한 지역에 생산력을 배치할 필요가 있었다. 결국, 군수산업 및 이와 관련된 기계공업을 접근성이 낮은 북부 내륙지역으로 이전했고 휴전선 인근의 지역과 기존의 공업 집중지역이라 할 수 있는 해안의 일부지역은 발전이 억제되었다. 북한은 외부로부터의 공격에 상대적으로 안전한 '내륙지향적 산업입지' 정책과 함께 군(郡) 단위로 공업생산과 농업의 균형을 유지하는 '지방분산적 산업입지'를 추구하였다.[13] 결과적으로 북한에서 진행된 국토의 재건은 전시체제에 준하여 군사와 경제, 사회통제를 통합적으로 접목시킨 국가의 재설계였다.

1952년 12월 22일 최고인민회의 상임위원회는 정령「조선민주주의인민공화국 북반부지역에 있어서의 행정체계 중 면을 폐지함에 관하여」를 통해 종래의 면(面)을 폐지하고 군(郡)을 중심으로 행정체계를 재설정하였다. 행정개편의 결과 군(郡)은 91개에서 168개로 늘어났고, 리(里)는 1만 120개에서 3,736개로 통합되었으며, 군(郡) 중심지에 168개의 읍(邑)이 설치되었다. 또한 노동자구 41개가 신설되었다.[14]

북한은 한 개의 군(郡)에 평균 20개의 협동농장과 15만 정보의 경지, 농

---

12) 박희진(2013b), 229쪽.

13) 이승일(2009), 28쪽.

14) 사회과학원 역사연구소(1981), 98-101쪽.

업에 봉사하는 국영기업과 평균 10개의 지방공업과 기업소, 1~2개의 중앙공업소를 배치함으로써 군(郡)을 '지역거점'으로 구축하고자 하였다.[15] 이는 도시와 농촌의 차이를 해소하기 위해 '도시형의 농촌', '농촌형이 도시전원생활'이 접합된 공간인 군(郡)을 중심으로 국토의 거점을 재설정하는 작업이었다.

군(郡) 단위의 지역개발은 지역별 자급자족체제 구축과 밀접하게 연관되어 있었다. 북한은 대도시에 의존하지 않고 지방의 농촌지역에서 전시에 준한 자급체계를 구축하고자 했다.[16] 이러한 사회주의적 개조의 물적 조건들은 1970년대를 거치며 김일성 우상화 건축물과 광장을 도시와 마을의 중앙에 배치하는 '주체형'의 도시건설로 확장된다.[17]

북한의 도시 재건은 전시 폭격으로 인해 폐허가 된 공간에서 새로운 신도시의 건설과 다름없는 도시계획이 가능하였기 때문에 가능한 결과였다. 또한, 전후 생산관계의 집단적 소유가 함께 진행되면서 북한식의 사회주의적 개조를 완성해 나갔다.

3. 도시통제체제의 형성

북한에서 재건된 국가는 폐쇄와 배제, 그리고 착취를 통해 사회적 불평등을 구조화하였다.[18] 도시를 기반으로 한 북한의 사회통제체제의 구조적

15) 김양손, 「사회주의 농촌건설에 있어서 문제점」, 『근로자』 7월호(1964), 7쪽; 임형백(2010), 272쪽 재인용.

16) 이승일, 「북한의 국토 및 도시공간구조 현황과 과제」, 대한토목학회(편), 『북한의 도시 및 지역개발』(서울: 보성각, 2009), 28쪽.

17) 리화선, 『조선건축사 Ⅲ』(서울: 발언, 1993b), 29쪽.

18) 에드워드 그랩, 양춘(역), 『사회불평등: 고전 및 현대이론』(서울: 고려대 출판부, 2003), 295쪽.

특징을 정리하면 다음과 같다. 첫 번째로, 북한의 사회통제체제는 원자화된 구성원에 대한 수직적 통제라는 성격을 갖는다. 여기서 '수직적'이라 함은 정치권력의 투사뿐만 아니라 사회적 가치, 즉 경제적 자원의 일방적 분배, 그리고 정보의 일방성이라는 특성을 모두 포함한다. 사회통제에 있어 이와 같은 권력과 가치의 일방적 투사는 수령을 정점으로 사회유기체를 표방하는 주체사상이라는 강한 통제규범 아래 사회적 동의구조를 구축하게 된다.

도시건설의 규범 또한 정치적 상징공간이 도시공간을 투사하는 구조를 끊임없이 강조하고 있다. 김일성의 혁명전적지와 사적지를 중심으로 형성된 상징공간에서 주민들은 일상적인 국가의례를 통해 자발적 충성 의식을 일상적으로 반복하게 된다.[19)]

두 번째로, 북한의 사회통제체제는 수평적으로 단절된 구조를 기초로 한다. 북한의 도시는 다른 지역과 독립된 정치 · 경제적 독립성을 갖도록 건설됐으며 구성원의 이동과 이주는 엄격히 통제되었다. 수평적 단절은 구성원의 이동을 차단함과 동시에 정보의 단절을 의미하며 수평적 네트워크의 형성을 차단하게 한다.

이와 같은 수평적 단절의 도시구조는 국가가 의 · 식 · 주의 생산과 분배의 전 과정을 통제하는 철저한 계획경제체제하에서 작동된다. 결과적으로 주민들의 단기적인 이동뿐만 아니라 거주지의 이동 또한 철저히 국가의 승인을 통해서만 가능한 것이다.[20)]

세 번째로, '수직적 통제와 수평적 단절'에 기반한 사회통제체제는 휴전체제라는 한반도 분단체제의 위기담론 속에서 재생산 된다. 휴전체제는 북

19) 조은희, 「북한의 상징적 공간과 국가의례」, 임동우 · 라파엘 루나(편), 『북한 도시 읽기』(서울: 담디, 2014), 98-99쪽.

20) 이금순, 『북한주민의 거주 · 이동: 실태 및 변화전망』(서울: 통일연구원, 2007), 9쪽.

한당국이 전시에 준하여 구성원을 통제하기 위한 규범적 정당성을 부여했고 이와 같은 억압성이 재생산되는 결과를 가져왔다.

전후 재건된 북한의 도시는, 단핵의 구조를 통해 내적 통합과 응집력을 극대화하는 공간전략을 반영하고 있다.[21] 또한, 외적으로 다른 지역과 분리된 정치 · 경제적 폐쇄성을 갖도록 건설되었다.[22] 이와 같은 수직적인 억압성과 수평적 폐쇄성은 휴전체제라는 위기의 재생산 구조 속에 지속될 수 있었다.

북한에서 성립된 획일화된 권력체계, 즉 유일지도체계는 수직적으로 통제되어 있을 뿐만 아니라 수평적으로 단절된 국토의 물리적 공간 속에서 그 통제력을 극대화하였다. 이는 사회주의적 일반성에 한반도 분단체제의 구조와 북한에서 김일성의 우상화라는 특수성이 종합된 결과라 할 수 있다.

21) 박희진, 「북한 평성시의 공간전략과 도시성 변화: 위성도시에서 개방도시에로」, 북한연구학회 동계학술발표논문집(2013), 229쪽.

22) 임동우, 「사회주의 도시의 교훈」, 임동우 · 라파엘 루나(편), 『북한 도시 읽기』(서울: 담디, 2014), 199-202쪽.

8장 규범

'사회주의적 애국주의' 규범의 정착

휴전은 또 다른 전쟁의 시작이었다. 또한, 끝나지 않는 전쟁 속에서 전시와 같은 사회통제체제가 지속됨을 의미했다. 점령과 피점령, 재점령을 경험한 북한의 구성원들은 전시에 그들이 어디에서 무엇을 했으며 전쟁이 끝난 후 그들의 친인척이 어디에 생존해 있었느냐에 따라 충성분자와 적대분자로 나뉘게 되었다. 전후 북한에서 성립된 사회통제체제는 그 역사적 과정의 결과물이라 할 수 있다.

전후 한반도에서 전시체제에 준한 휴전체제가 성립됨에 따라 북한은 항일무장투쟁을 성역화하고 '사회주의적 애국주의' 규범을 정착시켜 나갔다. 이와 같은 '사회주의적 애국주의' 규범은 수직적인 통제체계와 수평적으로 단절된 사회관계 속에서 구성원 스스로 자기(自己)통제의 행위규범을 일상화하는 결과를 가져왔다.

1. 항일 빨치산투쟁의 성역화

한국전쟁이 승리자 없는 휴전협정 체결로 연장됨에 따라 북한은 미국이라는 강대국에 대항해 준전시의 사회적 긴장을 지속할 수밖에 없었다. 또한, 국가의 산업과 기간시설, 그리고 인적자원의 광범위한 손실은 사회구성원에 대한 지속적인 동원을 의미했다. 국가는 '빨치산 투사의 정신'을 확산시킴으로써 최고사령관에 대한 충성을 요구하고 일상에서 전시규범에 준해 행동하도록 강제하였다.

빨치산 투사의 정신이란 김일성을 최고사령관으로 '미제국주의'에 대항하는 빨치산 부대원으로 살아감을 의미했다. 북한은 먼저 인민군대를 '항일무장투쟁의 계승자'로 명명하고 그 연원을 1932년 조직된 항일빨치산 유격대로 재규정하였다.[1] 한국전쟁 발발 당시 북한군 총병력은 1950년 6월, 10개 사단(7개 전선배치, 3개 예비), 1개 전차여단, 2개 독립연대 등으로 구성된 13만 5천여 명이었으나 1953년 휴전협정이 체결될 무렵에는 31만여 명(6개 군단)으로 확장되었으며 1955년까지 약 41만~42만 명으로 증강되었다.[2]

북한은 또한 인민군 전역자들을 지방의 민주선전실에 파견해 항일무장투쟁의 역사를 성역화하는 작업에 동원하였다. 북한은 빨치산의 혁명전통을 학습하는 공간으로 '김일성원수 혁명활동 연구실'을 1958년 말부터 1959년 상반기에 걸쳐 전국적으로 설치하였다. 전국의 각 군, 리 소재지와 직장, 학교 등 모든 단위에 이 연구실이 설치됨으로써 항일무장투쟁에 대한 선전과 선동이 전 사회적으로 확장된다. 1959년 2월 김일성의 항일무장투쟁 '혁명전적지'를 찾는 학생답사대가 구성돼 기념비와 추모비 건립 등을

1) 김일성, 「조선인민군은 항일무장투쟁의 계승자이다(1958.2.8.)」, 『김일성선집 5』(평양: 조선로동당출판사, 1963), 308-349쪽.

2) 함택영, 「북한의 군사정책과 군사력」, 박재규(편), 『새로운 북한 읽기를 위하여』(서울: 법문사, 2009), 212-213쪽.

추진하였고 같은 해 5월부터 9월까지 빨치산 참가자를 포함하는 대규모 '항일무장투쟁답사단'이 조직되면서 전적지 답사, 해당지역 주민과의 인터뷰 및 자료수집 작업이 전개되었다. 또한, 1960년 4월에는 김일성 생일을 맞아 평양시 소년단원 1만 명이 만경대에서 혁명전통학습을 위한 모임을 가졌으며 1961년 1월에는 조선혁명박물관이 항일무장투쟁 사료를 중심으로 재구성되었다.[3] 항일무장투쟁의 역사를 회고하고 답습하는 활동이 전국적으로 확산되면서 항일무장대원과 같이 최고사령관의 영도에 따라 고난을 이겨내겠다는 충성의 결의가 구성원들에게 요구됐다.

김일성은 1947년 10월 과거 빨치산 투쟁을 함께하던 동료들의 가족을 찾아 그 후손들을 위한 '만경대혁명학원'을 설립하였다. 혁명학원은 소학교에서 고급중학교까지의 전 과정에 걸쳐 과학, 정치 군사 등 각 분야의 전문지식을 교육했으며 혁명학원 졸업생은 한국전쟁 당시 정부호위총국 군관으로 복무하였다. 이들은 김일성에 대한 절대적인 충성심을 가진 핵심간부로 양성됐다.[4] 또한 각지에 애국열사유자녀학원을 교육단계별로 설립하고 보육원과 초등학원, 여자기술학원의 명칭을 애국자의 이름으로 호칭토록 했다. 평안남도의 경우 리중엽 보육원, 김창걸 초등학원, 김정숙 여자기술학원으로 호칭되었다.[5] 김일성은 항일빨치산의 후예와 한국전쟁 당시 전사자의 후예들에 대한 관심과 투자를 통해 이들을 항일무장투쟁의 정신으로 김일성을 보위하는 친위대로 양성하였다.

---

3) 김용현, 「북한의 군사국가화에 관한 연구: 1950~60년대를 중심으로」, 동국대학교 박사학위논문(2001), 109-110쪽.

4) 김일성, 「만경대혁명학원은 주체의 혈통을 이어나갈 핵심골간양성기지이다」, 『로동신문』(1997년 10월 12일); 김광운(2003), 536-537쪽 재인용.

5) 국사편찬위원회(편), 「애국렬사유자녀학원 명칭제정에 관하여(1951.5.27)」, 『북한관계사료집 24』(과천: 국사편찬위원회, 1996), 201쪽.

김일성은 1955년 12월 당 선전선동부문 책임일군회의에서 당의 선전사업이 교조주의와 형식주의에 빠져있음을 지적하고 사상사업에 '주체'가 없음을 비판하였다.[6)]

「김일성의 '주체' 강조」

"우리는 어떤 다른 나라의 혁명도 아닌 바로 조선의 혁명을 하고 있는 것입니다. 이 조선혁명이야말로 우리 당 사상사업의 주체입니다. 그러므로 모든 사상사업을 반드시 조선혁명의 리익에 복종시켜야 합니다. 우리가 쏘련공산당의 력사를 연구하는 것이나, 중국혁명의 력사를 연구하는 것이나, 맑스-레닌주의의 일반적 원리를 연구하는 것이나 다 우리 혁명을 옳게 수행하기 위해서 하는 것입니다."

'주체'에 대한 김일성의 강조는 북한의 혁명역사를 발굴하고 항일무장투쟁을 성역화하는 과정에서 강조되었다.

항일무장투쟁 관련 학습은 주로 항일무장투쟁 참가자들의 회상기와 김일성의 저작들이 활용되었다. 특히 1959년부터 지속적으로 발간된 「항일빨치산 참가자들의 회상기」 총 12권은 해마다 수백만 부씩 출판되어 학습교재로 사용되었다고 한다. 각 생산단위와 학교 등 모든 부문에서 회상기 학습을 위한 학습조, 연구토론회, 감상모임 등이 조직돼 주제별 학습, 발표, 토론이 반복되었다. 항일무장투쟁의 전통이 개인의 삶에 깊숙이 동화되어 가는 과정은 곧 상명하복의 군사규범이 사회적 가치로 강제됨을 의미했다.[7)]

빨치산 부대원 오백룡이 1933년 9월 중국 동녕현성 전투를 회상한 내용은 다음과 같다.[8)]

6) 김일성, 「사상사업에 있어서 교조주의와 형식주의를 퇴치하고 주체를 확립할 데 대하여(1955.12.28)」, 서대숙(편), 『북한문헌연구: 문헌과 해제 Ⅲ』(서울: 경남대학교 출판부, 2004), 21-22쪽.

7) 김용현(2001), 110-112쪽.

「동녕현성 전투 회상기」

"김일성 원수께서는 동녕현성에 있는 적을 격파함으로써 일제 침략자들에게 심대한 군사 정치적 타격을 줄 뿐만 아니라 항일 구국군들에게 우리 유격대의 용감성, 대담성의 모범을 보여 줌으로써 그들에게 승리의 신심을 고취시키며 반일통일전선의 위력이 얼마나 거대한가를 똑똑히 인식시킬 목적으로 이 성시를 공격하기로 결심하시였던 것이다. … 아군은 200여 명의 일본군과 300여 명의 위만군을 살상하였으며 많은 군수물자를 로획하였다."

인민들은 회상기 학습을 통해 항일유격대원의 공산주의 사상과 투쟁의지, 투쟁방법을 배우고 실천하도록 요구되었다. 인민들은 현실에서 어떻게 항일유격대원으로 유격대식 삶을 살아갈 것인지 각각의 실천방안을 마련하고 이행하도록 하였다.[9] 회상기 학습 초기에는 일반적인 공산주의 덕성이 강조되었으나 1960년대 중반 이후 「명령은 무조건 끝까지 관철해야 한다」, 「그는 언제나 사령관 동지의 명령집행에 충실하였다」, 「오직 그이의 가르침대로」, 「혁명의 사령부를 목숨으로 지켜」, 「수령을 따라 배우자」 등 수령에 대한 충실성을 강조한 회상기 학습이 강조됐다.[10]

이와 같이 항일무장투쟁의 성역화 작업은 북한 인민들에게 유격대원과 같이 최고사령관에게 충성할 것을 요구함으로써 전후 국가재건을 위한 사회적 동원과 통제를 정당화하는 기제로 활용되었다.[11]

8) 오백룡, 「동녕현성(삼차구) 전투(1933.9.6)」, 『항일 빨치산 참가자들의 전투 회상기』(평양: 조선인민군 출판사, 1959), 52-58쪽.

9) 이종석(1995), 291쪽.

10) 이종석(1995), 293쪽.

11) 와다 하루키는 1967년 갑산파에 대한 숙청 이후 김일성이 유일한 사령관으로서 인민 전체가 유격대원이기를 요구하는 노선이 정착되었다고 주장한다. 즉 만주파를 탈실체화(脫實體化)하여 그것을 국가적으로 확대하고 전 인민의 유격대원화 하였다는 것이다. 그는 북한을 유격대를 모델로 하여 이것을 전 국가로 확대하고 김일성을 최고사령관으로 하여 전 인민이 받드는 '유격대국가'라고 정의하고 있다. 와다 하루키(2002), 127-131쪽.

2. 사회주의적 개조: 생산단위의 집단화와 천리마 운동

전쟁으로 인해 폐허가 된 국토와 노동력의 부족은 사회주의적 집단주의를 통한 사회개조를 앞당기게 된다. 소련과 중국의 경제지원은 북한이 전후 빠르게 국가를 사회주의적으로 개조하는 데 물질적 기초가 되었다.

소련은 전쟁으로 붕괴된 북한의 경제재건을 위해 10억 루블을 지원하였다.[12] 북한은 소련과 협의하여 이 자금을 파괴된 김책제철소, 성진제강소, 흥남비료공장, 남포제련소, 승호리세멘트공장, 수풍발전소, 평양방직공장 등의 재건과 견방직 공장, 육류 종합공장, 해어통조림공장, 염산공장, 염색공장과 표백공장, 뜨락또르수리공장 등을 신설하는 데 투자했다. 또한 중국정부도 전쟁이 개시된 이후 3년 반 동안 지원된 물자와 자금을 무상으로 전환하였다.[13] 이는 북한 정부가 전후 중공업 우선전략에 따라 산업시설에 외부지원을 집중한 결과이기도 했다. 결국, 농촌에서의 복구는 농업구조의 협동화를 통해 진전시켜 나갔다.

해방과 함께 단행한 토지개혁으로 자영농이 된 대다수의 농민, 특히 영세농민들은 농지의 황폐화와 노동력, 농경기구의 부족으로 어려움에 처하였다. 결국, 북한은 전후 농업집단화에 대한 논쟁을 펼치게 되는데 김일성은 농업집단화가 현실적으로 불가피한 선택임을 강조하고 이를 강행하였다.

사회주의적 개조에서 관건이 된 것은 농업부문의 소상품 형태를 사회주의적 형태인 집단농장과 협동농장화 하는 것이었다.[14] 공업부문의 경우,

12) 「소련공산당 중앙위원회 제22차 간부회 회의 의사록에서 발췌, 전쟁으로 파괴된 인민경제의 복구 사업에 소련이 조선민주주의인민공화국에 원조를 제공하는데 대하여, No.22, 1953년 8월 3일」, 『한국전쟁 문서와 자료, 1950~53년』(과천: 국사편찬위원회, 2006), 797쪽.

13) 김일성, 「형제국가 인민들의 고귀한 국제주의적 원조(1953.12.20)」, 『김일성 선집 4』(평양: 조선로동당출판사, 1960), 57-91쪽.

14) 강정구(1992a), 186쪽.

국영 및 협동단체의 생산액이 1949년에 이미 전체 공업 총생산액의 90.7%를 차지하고 있었기 때문이다.[15] 김일성은 소상품경제와 자본주의적 경제 요소가 생산력의 발전을 저해하고 있으며 특히 농촌에서 지배적인 개인·농민경리는 농업의 급속한 복구와 발전에 결정적 장애가 된다고 비판하였다. 농민경리와 개인상공업을 사회주의적으로 개조하지 않고서는 생산력의 발전을 보장할 수 없으며 인민생활을 근본적으로 개선할 수 없다는 것이다.[16]

또한, 전후 자작소농제의 기반이었던 중농층 가운데 다수가 빈농화되었는데 일부 농민층의 부농화와 빈농지배현상이 나타나면서 농촌에서 체제 위기감이 확산됐다. 농업에서 곡물생산량은 1955년까지 전쟁 이전 수준을 회복하지 못한 상태였다. 1948년~49년에 곡물생산량은 약 265만 톤에 달하여 식량자급화가 이루어졌으나, 1951년에는 226만 톤으로 감소하였고 1955년까지도 수확량이 234만 톤에 머물렀다.[17]

김일성은 전체 농가의 30%가 영세 농민임을 지적하고 영세농민의 생활을 개선하기 위한 대책으로 1954년부터 '사유토지와 사유 생산도구를 가지는 원칙하에 일부 지역에서 경험적으로 농업협동조합을 조직'할 것을 주장했다.[18] 그는 전쟁으로 농민의 다수가 빈농으로 전락한 생태에서, 생산도구의 부족 상태를 노동력의 집중과 협업, 그리고 국가의 지원으로 타개해야 한다고 강조하였다. 가축과 농기구, 종자와 노동력이 부족한 상태에서 농업협동화가 새로운 대안으로 제시되었던 것이다.[19] 이는 농업집단화에

---

15) 김일성, 「조선로동당 제3차 대회에서 한 중앙위원회 사업총결 보고(1956.4.23)」, 110-111쪽.

16) 김일성, 「모든 힘을 조국의 통일·독립과 공화국 북반부에서의 사회주의 건설을 위하여: 우리 혁명의 성격과 과업에 관한 테제」, 『김일성선집 4』(평양: 조선로동당출판사, 1960), 200-201쪽.

17) 김성보(2000), 265-268쪽.

18) 김일성, 「정전협정체결과 관련하여 전후 인민경제복구발전을 위한 투쟁과 당의 금후 임무(1953.8.5)」, 『전후인민경제복구발전을 위하여』(평양: 조선로동당출판사, 1956). 18-19쪽.

대한 논의가 사회주의적 개조에 관한 논쟁을 불러일으킬 것에 대한 우려에서 나온 대안으로 단계적 추진을 강조한 조치였다.

초기의 농업협동화는 한 개 군에 몇 개씩 경험적으로 농업협동조합과 부업협동조합들을 조직하는 방식으로 진행됐다.[20] 먼저 하나의 시·군에 시범농장을 하나씩 두고, 이곳에 농기구와 농약, 화학비료를 우선 공급하는 등 군 행정단위의 지도와 지원을 집중하였다.[21] 결국, 황폐화된 농지와 노동력, 농기구의 부족에 어려움을 느낀 빈농을 중심으로 농업협동화에 동참하게 된다.

1954년 1월 14일 당중앙위원회 지시 「농업협동경리의 조직문제에 관하여」는 농업협동조합의 조직·운영상 기본원칙을 제시하고 있다. 동 지시에서 제1형태는 일종의 두레(소결의 반)와 같은 협동조합으로 서로 돌아가면서 품앗이 하는 형태였다. 제2형태는 토지, 농기구, 축력 등을 통합하여 생산물을 투하된 노동력과 토지의 양, 등급에 따라 분배하여 농기구와 축력은 그 해 농사가 끝난 후 찾아가는 형태였다. 제3형태는 토지, 농기구, 축력 등을 통합하고 생산물은 순전히 투하된 노동력에 따라 분배하며 농기구와 축력은 그 해 농사가 끝난 후 찾아가는 형태였다. 이와 같은 초기의 세 가지 형태는 아직 토지와 농기구 등을 개인 소유로 남겨두고 있었다.[22] 북한당국이 농업협동화에 따른 부작용을 최소화하기 위해 준비된 정도에 따라 조심스럽게 접근했음을 알 수 있다.

농업집단화는 당초 우려와는 달리 순조롭게 진행됐다. 무엇보다도 노동력과 축력의 부족으로 어려움을 겪고 있던 빈농을 중심으로 전재민, 전쟁

19) 김진계(1990), 238쪽.

20) 김일성, 「형제국가 인민들의 고귀한 국제주의적 원조(최고인민회의 제1기 제6차 회의에서 한 보고(1953.12.20.)」, 『김일성선집 4』(평양: 조선로동당출판사, 1960), 57-91쪽.

21) 김진계(1990), 238-239쪽.

22) 김진계(1990), 242쪽.

유가족, 군인가족 등이 가담하였다. 1953년 말에 1.2%였던 협동화 비율은 1954년 말에 31.8%, 1955년 말에 49%로 증가되었다.[23] 김일성은 1955년부터 농업협동화운동이 대중적으로 급속히 발전하였음을 지적하고 1956년 2월 말 현재 1만 4,651개의 농업협동조합이 조직·운영되고 있으며 전 농호의 65.6%, 경지면적의 62.1%가 집단화되었다고 강조하였다.[24] 또한, 1956년 국영 및 협동농장의 총생산액은 1949년에 비해 2배 증가했으며 1957년의 식량생산은 320만 톤으로 57년 말 전체 농가 호수의 95.6%가 협동경리에 망라되었다고 주장하였다.[25]

그렇다면 공장 등의 생산현장에서 집단주의는 어떻게 실현되었을까? 농업분야와 달리 공업분야는 전후 이미 189개의 공업생산협동조합에 1만 9,075명의 조합원이 가입되어 있었다. 1958년에는 사회주의 경리 형태에 의한 공업 총생산액이 100%를 차지했으며 소상품 자본에 의한 생산은 소멸하게 된다. 소매상품의 유통 또한 개인 상업이 소멸하고 1958년 국영 및 협동단체 상업이 100%를 차지하게 된다.[26]

전후 국가재건의 주요 재원이었던 사회주의 국가들의 경제지원은 급속히 축소되어 갔다. 북한은 부족한 자원과 경제력으로 인한 한계를 군중동원을 통해 해결하려 했다. 김일성은 1956년 12월 28일 강선제강소를 현지지도하고 국가재건의 동력을 내부에서 동원하기 위한 방안으로 천리마운동을 발기하였다. 김일성은 강선제강소의 노동자들에게 생산의 초과달성

23) 조선로동당출판사(편)(1958), 24쪽.

24) 김일성, 「조선로동당 제3차 대회에서 한 중앙위원회 사업총결보고(1956.4.23.)」, 105-106쪽.

25) 김일성, 「조선민주주의인민공화국 인민경제발전 제1차 5개년(1957~1961) 계획에 관하여」, 『조선민주주의인민공화국 인민경젭발전 제1차 5개년(1957~1961) 계획에 관한 보고 및 결정서』(평양: 조선로동당출판사, 1958), 67-70쪽.

26) 김남식(1972), 185-190쪽.

을 직접 호소하였는데 이러한 호소에 따라 6만 톤의 생산능력을 갖는 압연기에서 12만 톤의 강재를 생산하는 업적을 달성하였다. 강선제강소의 사례를 모범으로 천리마운동은 '천리마를 탄 기세로 달리자'는 구호를 내세워 생산현장에서 목표의 초과달성을 독려했다.[27]

천리마운동의 특징은 첫째, 생산목표의 달성 및 초과달성을 대중적 노력, 대중적 기술혁신에 의존한다는 점, 둘째, 김일성을 중심으로 현지지도의 방법을 통해 운동을 주도했다는 점이다. 천리마운동은 지도자와 대중의 연계구조를 통한 혁신운동이라 할 수 있다.[28] 천리마운동은 생산현장에서 사상교양사업을 강조한 천리마작업반운동으로 발전하였다. 1959년 3월 9일 강선제강소 제강직장 진응원 작업반의 발기로 개시된 천리마작업반운동은 노동자의 사상의식을 강조하고 생산단위에서 사상교양사업을 강화하는 데 초점이 맞춰져 있었다.[29]

「천리마작업반운동에서 사상교양사업의 강조」

"사업은 어디까지나 작업반 앞에 제기된 과업과 반원들의 사상생활에서 걸리고 있는 문제들을 해결하는 방향에서 진행하되 일정한 내용을 계속 집중적으로 하는 것이 좋다. 그러자면 해결하려는 문제에 적합한 연구제목과 내용을 미리 반원들에게 알려주고 그 중심사상과 방법을 침투한 다음 그것을 실지 사업과 결부하여 집중적으로 연구하도록 하여야 한다. 연구한 다음에는 감상 모임, 연구 토론회 등을 조직하여야 한다. 그리하여 항일 빨찌산들의 산 모범을 본받도록 자신의 생활과 결부하여 결의를 다지게 하며 그렇게 하기 위한 실천적 대책이 나오도록 하여야 한다."

27) 이승목(2005), 85쪽.

28) 신병식, 「한국전쟁과 북한사회주의체제 이행과정」, 경남대학교 극동문제연구소(편), 『한국전쟁과 북한사회주의체제건설』(서울: 경남대학교 출판부, 1992), 110쪽.

29) 직업동맹출판사, 『천리마 작업반 운동』(평양: 직업동맹출판사, 1964), 8-11쪽.

천리마작업반운동은 공업분야 뿐만 아니라 농업, 건설, 운수, 상업, 교육, 문화, 보건부문, 그리고 인민반에 이르기까지 북한 사회의 모든 단위로 확장되었다.[30] 천리마작업반운동은 기존의 생산경쟁운동과 달리 노동자·농민의 사상의식을 강조함에 따라 당의 영도와 집단주의적 사업방식이 결합된 사회주의적 집단주의가 확장되는 전환점이 되었다.

북한에서 집단주의는 사회의 발전이 개인의 발전을 가져오고 개인의 발전이 사회의 발전을 가져온다는 '하나는 전체를 위하여, 전체는 하나를 위하여'라는 구호로 표현된다. 개인의 이익을 사회의 이익에 부합시키고 집단의 이익을 존중함으로써 사회에 대한 개인의 의무를 이행해야 한다는 것이다.[31] 전후 파괴된 국가의 재건이라는 현실적 요구와 사회주의적 개조라는 혁명적 요구가 결합되어 나타난 결과였다.

전후 북한에서 진행된 생산단위의 집단화는 기층단위의 개인을 집단(작업반)에 귀속시켜 통제하는 과정이었다. 북한은 청산리 방법을 통해 기층단위에 대한 당의 통제를 강화하고 천리마작업반운동과 같은 사상교양사업을 함께 병행함으로써 사회주의적 집단주의를 실현해 나갔다.

3. '사회주의적 애국주의' 규범의 정착

북한에서 전쟁과 국가의 재건은 각각의 세대와 집단, 개인으로 하여금 같은 시기에 새로운 역할군에 들어서게 하고, 그 역할들을 적절히 수행하

30) 오기완, 「북한의 「천리마운동」」, 『북한 공산화과정연구』(서울: 고려대학교출판부, 1972), 256쪽.

31) 이승목 「북한 집단주의의 형성 및 변천에 관한 연구」, 동국대학교 박사학위논문(2005), 33쪽.

도록 사회화하는 과정이었다.[32] 북한은 다양한 형태의 군중동원과 모범의 창출을 통해 준전시의 사회규범을 지속시켜 나갔다.

북한은 1958년 사회 각 분야의 집단화를 완성하고 그 과정에서 나타난 반혁명적 요소를 해소하기 위해 공산주의 교양이라는 새로운 유형의 운동을 전개하였다.[33] 이것이 '사회주의적 애국주의'이다. 사회주의적 애국주의는 전후 항일무장투쟁을 성역화하고 국가재건과 전 사회의 집단화를 이행하는 과정에서 강조된 애국주의에 사회주의의 이데올로기를 가미한 것이었다. 사회주의적 애국주의는 첫째, 사회주의에 대한 열렬한 사랑, 둘째, 선진적 전통 및 문화유산에 대한 민족적 긍지, 그리고 프롤레타리아 국제주의의 고수를 특징으로 하였다. 여기서 북한은 '사회주의적 애국주의'를 조선로동당에 대한 입장, 당적 태도와 동일시하게 된다.[34]

사회주의적 애국주의는 한국전쟁으로 탄생한 영웅을 따라 배우는 것으로부터 시작됐다. 북한은 전후 13개 부대에 전투위훈을, 480여 명에게 공화국 영웅칭호를, 그리고 74만 6,000여 명에게 훈장메달을 수훈하였다.[35]

또한 다양한 형태의 영웅이 모범으로 추대되었다. 예를 들어, 문덕군 용오리의 전승복은 모를 기르지 않고 직접 파종하는 '건직파 담수 재배법'을 창안한 공로로 '노력영웅' 칭호를 받았다. '전투영웅' 혹은 '노력영웅'의 칭호를 받으면 약간의 연금이 지급되었으며, 영웅칭호는 그 부모와 자식에게 물려줄 수 있었다. 기차에 '영웅 칭호자' 좌석이 따로 마련되어 있는 등 사회적 우대조치가 취해졌다.[36] 전후 배출된 전쟁영웅, 혁신영웅들은 사회적

[32] B. 진 밀러 · 윤혜미(1995), 120-121쪽.

[33] 김남식(1972), 198-199쪽.

[34] 조선로동당출판사(편)(1958), 20-65쪽.

[35] 조선로동당출판사(편)(1958), 43쪽.

[36] 김진계(1990), 261쪽.

모범으로 학습되고 전파되었으며 인민들은 이들의 모범을 따라 배우도록 학습되었다.

천리마작업반운동은 혁명전통의 교양을 작업반원들의 사상생활, 당면한 경제과업 수행을 위한 투쟁과 결부하여 진행하도록 요구되었다. 작업반원들에게 제시된 학습계획을 구체적으로 보면 다음과 같다.[37)]

「천리마작업반운동에서 혁명전통교양의 강조」

> "혁명전통교양을 천리마 작업반원들이 로동과 사상 생활에서 항일투사들처럼 공산주의적으로 일하며 생활하는 혁명가적 기풍을 철저히 확립하며 당면한 경제 사업과 생활에서 전변을 일으킬 때까지 계속하여야 한다. … 예를 들면, 학습제목: 「조선인민혁명군의 국내진출」, 참고문헌: 회상기 「항일무장투쟁 시기를 회상하여」, 「보천보 전투」, 「간상봉 전투」, 학습형식과 방법: 자습과 연구모임, 집행자: 분초급 직맹 단체 위원장 등으로 할 수 있다."

천리마작업반운동은 생산단위인 작업반을 기본으로 사회주의적 애국주의를 현장에서 실현하는 군중적 혁신운동으로 강조되었다. 천리마작업반운동을 통해 항일무장투쟁 투사들의 '고상한 사상과 고귀한 정신'이 계승·구현되었다는 것이다.[38)] 또한, 모든 학교에서 역사교육을 통해 학생들에게 애국주의 교양을 강화해 나갔다.[39)]

김일성은 사회주의적 애국주의 규범이 항일무장투쟁을 통해 모범적으로 실천되었음을 강조하였다. 1930년대 김일성이 지도한 항일무장투쟁에서 빨치산 투사들이 보여준 애국주의적 감정이 사회주의적 애국주의의 정수로 자리매김한 것이다.[40)]

---

37) 직업동맹출판사(1964), 10쪽.

38) 량환갑(편), 『전후 우리당 경제 건설의 기본로선』(평양: 조선로동당출판사, 1961), 88쪽.

39) 교육도서출판사(1955), 221쪽.

「사회주의적 애국주의의 강조」

"1930년대에 들어와서 김일성 동지를 수반으로 하는 견실한 공산주의자들의 지도하에 조직 전개된 반일 민족해방투쟁은 종전의 애국적 운동과는 질적으로 구별되는 특성을 가졌다. … 1930년대의 투쟁에 있어서 애국주의적 감정은 나라의 주인으로 된 오늘의 조선 인민의 사회주의적 애국주의의 고귀한 전통으로 된다."

또한, '사회주의적 애국주의'가 김일성을 수반으로 하는 조선로동당의 영도에 의해 강화되어야 함을 강조하였다.[41]

「사회주의적 애국주의에서 김일성과 당에 대한 충직성 강조」

"사회주의 제도하에서의 사회주의적 애국주의는 조선인민의 승리의 지도적 및 향도적 역량이며 근로자들의 선봉대인 조선로동당의 적극적 활동에 의하여 결정적으로 심화되였으며 또 되고 있다. … 사회주의적 애국주의는 우리 당에 대한 충직성과 당의 통일을 자기의 눈동자와 같이 수호하는 데서 표현되고 있다. … 우리는 김일성 동지를 수반으로 하는 조선 로동당과 공화국 정부를 가지고 있다는 영예감과 그에 대한 충직성을 배양하여야 한다."

지금까지 분석한 바와 같이, 북한은 국가재건의 과정에서 항일무장투쟁을 성역화하고 전 사회를 집단화하는 과정에서 '사회주의적 애국주의' 규범을 정착시켜 나갔다. 이는 전쟁으로부터 파괴된 국토의 재건이라는 현실과 민족주의(항일무장투쟁)와 사회주의(사회주의적 개조)의 이념이 배합되는 결과라 할 수 있다.[42]

40) 조선로동당출판사(편)(1958), 15-16쪽.

41) 조선로동당출판사(편)(1958), 64-76쪽.

42) 정일영, 「북한에서 민족주의 담론의 형성과 전개」, 『민족연구』 제56권(2013), 126-127쪽.

9장 동의

유일지도체계의 구축

김일성은 한국전쟁의 책임을 떠맡기보다는 한국전쟁을 통해 강력한 권력을 손에 넣었다. 한국전쟁의 '정치적 승자'는 김일성이라 해도 과언이 아니다.

1953년 7월 27일 휴전협정의 체결은 한반도에서 준전시의 대결구도가 지속됨을 의미했다. 북한은 전후에도 미국이라는 강대국에 대응해 전시체제의 성격을 유지·강화해 나가게 된다. 북한은 8월종파사건과 사회검열사업을 통해 당과 사회구성원을 핵심계층과 적대계층으로 이원화함으로써 전시행위에 준한 포섭과 배제의 사회구조를 정착시켜 나갔다. 또한 전후 생산단위의 집단화를 통해 농장과 공장의 작업반을 단위로 개별 구성원을 포섭하였다.

특히 한국전쟁은 전쟁의 피해와 저항의식을 공유하는 군인, 전사자 가족, 그리고 로동당원 등 무의식적 충성분자(unconscious loyalist behavior)

를 양산하였다. 이들 무의식적 충성계층은 전시애국주의를 기반으로 최고 사령관(지도자)과 강한 유대관계를 형성하게 된다. 반면 사회주의적 집단화가 진행된 이후 생산단위와 생활공간의 상호 감시구조에 포섭된 개인은 위계적 통제구조 아래 원자화된다.

1. 8월 종파사건과 김일성의 정치적 승리

김일성은 한국전쟁을 통해서 무정, 허가이, 그리고 박헌영 등 당내 경쟁자들을 숙청하고 권력을 장악하였다. 그러나 스탈린의 사망 이후 흐루시초프(Nikita Khrushchov)의 우상숭배 반대에 힘입은 소련파와 연안파 세력은 1956년 8월 당 중앙위 전원회의에서 김일성에 대한 비판을 제기하였다. 8월 종파사건으로 알려진 이 사건은 북한정치에서 가장 격렬했던 권력투쟁으로 기록된다. 결과적으로 김일성에 대한 이들의 도전은 실패로 귀결되었다. 또한, 이 사건이 김일성의 승리로 귀결됨에 따라 북한정치에서 최소한의 다양성이 소멸되고 김일성과 빨치산 세력이 조선로동당을 장악하게 된다.

북한에서 유일하고 절대적인 지도자라는 신화는 한국전쟁을 계기로 전면화되었다. 전쟁이라는 집단적 상처가 집단적 복수의식을 형성하였고 집단적 복수의식이 인격화된 민족체로서 김일성 권력을 강화시켰던 것이다. 이것이 북한에서 1인지배체제가 아래로부터의 동의를 확보할 수 있었던 하나의 이유였다.[1] 전쟁 직후부터 김일성은 '경애하는 수령'으로 불리기 시작했으며 이와 같은 우상화는 당과 군을 넘어 전 사회적으로 통용되기 시작했다.

1) 박영자(2005a), 181-183쪽.

그렇다면 김일성을 견제할 수 있는 세력은 없었나? 앞서 언급한 바와 같이 한국전쟁은 김일성이 그의 정적들, 무정, 허가이, 박헌영 등을 순차적으로 숙청하는 과정이었다. 또한 전후 김일성이 농업집단화와 중공업우선 정책을 강행하고 1955년 12월 당 중앙위 전원회의를 통해 박창옥 등 소련파의 문학정책을 비판함에 따라 소련파와 연안파는 정치적 위기에 처해 있었다. 마침 1956년 새롭게 등장한 소련의 지도부가 스탈린의 개인숭배를 비판하고 사회주의 국가들에게 개인숭배의 척결을 요구하면서 소련파와 연안파는 김일성과 빨치산파에 대한 마지막 반격을 가하게 되고 그것이 1956년 8월의 종파사건이다.[2)]

소련의 기록을 중심으로 당시 북한의 상황을 분석한 란코프는 당시 반(反) 김일성에 대한 정치적 모의가 연안파를 중심으로, 소련파가 협력하는 형태로 진행되었다고 분석하였다. 이와 관련하여 연안파의 주요인물로 건축자재국장 이필규가 소련대사관을 방문하여 소련의 대리대사 페트로프를 면담한 내용이 눈에 띈다.[3)]

「이필규와 페트로프의 면담 내용」

> "김일성의 개인숭배는 참아주기 어려운 양상으로 나가고 있다. 그는 여하한 비판이나 자아비판도 수용하지 않고 있다. …(이와 관련하여) 한 무리의 지도급 인사들이 가까운 시일 내에 불가피하게 김일성과 그의 가까운 측근들을 반대하는 어떤 행동을 취할 수밖에 없다고 생각하고 있다. … 이 그룹은 조선로동당 중앙위원회와 정부 내의 일부 지도급 인사를 교체하는 것을 자신들의 과제로 삼고 있다. … 첫 번째 방법은 날카롭게 단호한 당내비판과 자아비판을 가하는 것이다. 하지만 김일성은 이

2) 이종석, 『새로 쓴 현대북한의 이해』(서울: 역사비평사, 2000), 74-77쪽.

3) 「페트로프와 이필규 간의 대담록(1956.7.20.)」, 안드레이 란코프(1995), 208-209쪽 재인용.

길을 받아들이지는 않을 것이다. … 두 번째 방법은 강력한 변혁을 추진하는 것이다. 이것은 희생을 초래하는 어려운 길이다. 그러나 현재 조선민주주의인민공화국 내에는 이 방식을 선택하여 이에 관련된 준비활동을 하고 있는 사람들이 있다."

연안파를 이끌고 있던 최창익 또한 필라토프를 방문해 이와 관련된 담화를 하였다.[4)]

「필라토프와 최창익의 면담 내용」

"(김일성은) 지도의 방식과 형태를 바꾸는 것을 원치 않으며, 자신이 갖고 있는 결점들에 대한 비판과 자아비판을 받아들이려 하지 않고 있습니다. 그러한 김일성의 노선은 우리 당의 활동을 개선시킬 수 없으며 당내 기율을 확립할 수 없습니다. 우리 당내에는 김일성의 개인숭배가 존재하고 있으며, 대규모로 유포되어 왔고, 또 유포되고 있습니다. … 이 모든 사실을 당신에게 알리려고 합니다. 왜냐하면 우리 당내의 상황에 대해서, 그리고 중앙위원회 정기 전원회의에서, 비록 이것이 매우 위험한 일임에도 불구하고, 확실히 김일성이 혹독한 비판을 받게 될 것이라는 사실에 대하여 당신에게 정보를 제공하는 것이 제 의무라고 생각하기 때문입니다."

김일성에 대한 소련파와 연안파의 반격은 1956년 8월 당 중앙위원회 제6차 전원회의에서 감행된다. 전원회의가 시작되자 상업상 윤공흠이 단상에 올라 김일성의 개인숭배를 비판하는 토론을 진행하려 했으나 실패로 돌아간다. 당시 동유럽 순방 중 귀국한 김일성은 이미 그들의 도전을 인지하고 있었던 것이다. 결국, 김일성에 대한 도전의 기회로 삼았던 전원회의는 빨치산 세력이 소련파와 연안파를 숙청하는 장으로 전환됐다. 전원회의는

4) 「필라토프와 최창익 간의 대담록(1956.7.23.)」, 안드레이 란코프(1995), 211-212쪽 재인용.

그 자리에서 「최창익, 윤공흠, 서휘, 리필규, 박창옥 등 동무들의 종파적 음모에 대하여」를 채택하고 이들을 출당 및 당직에서 박탈하게 된다.[5)]

예상치 못했던 김일성의 반격에 소련과 중국은 해당 사건을 조사한다는 목적으로 공동대표단을 파견하였다. 이들 대표단은 김일성의 파면을 포함한 정치개입을 준비했으나 전원회의에서 채택된 소련파와 연안파의 숙청을 번복하는 선에서 후퇴하게 된다.[6)] 김일성의 당 장악력은 소련과 중국이 개입할 여지가 없는 강고한 것이었다. 소련과 중국이 물러난 후 종파에 대한 피의 숙청이 조선로동당의 중앙과 기층에 휘몰아 쳤다. 결과적으로 소련파와 연안파는 당의 상층과 기층단위에서 소멸되고 만다.

1957년 5월 30일 당 중앙위원회 상무위원회는 반혁명분자에 대한 투쟁을 전군과 당적 운동으로 확장시켜 나갈 것을 제기하고 황해북도와 함경북도를 비롯한 도소재지와 군소재지 등에서 공개공판을 진행하였다.[7)]

본격적인 종파투쟁은 1958년 12월부터 1960년 말까지 2년여간 진행된 중앙당 집중지도사업을 통해 전개됐다. 집중지도사업은 평양 · 황해남도 · 개성지구 · 강원도를 중심으로 진행되었다. 이 지역들은 전쟁 당시 피점령 지역으로 반혁명적 사건이 발생하였거나 농업집단화 과정에서 저항이 발생했던 지역이었다. 지도사업은 한 지역에 평균 6개월간, 도시의 경우 한 개의 동에 평균 약 60명, 농촌은 한 개 리에 약 30명의 지도성원이 파견돼 당내 종파를 숙청하고 김일성의 유일권력을 기층에서 구축하는 작업이었다.[8)]

5) 조선로동당중앙위원회, 「최창익, 윤공흠, 서휘, 리필규, 박창옥 등 동무들의 종파적 음모에 대하여(1956.8.30.)」, 『결정집 1956년』(평양: 조선로동당 중앙위원회, 1956), 12-17쪽.

6) 안드레이 란코프(1995), 231-244쪽.

7) 사회과학원 역사연구소, 『조선전사 29』(평양: 과학, 백과사전출판사, 1981), 57-58쪽.

8) 김남식(1972), 203-204쪽.

당내 종파의 숙청은 1961년 9월 '영광스런 승리자의 대회'라 명명된 제4차 당 대회를 통해 빨치산 세력의 승리로 마무리 된다. 제4차 당 대회는 당내 경쟁이 소멸되고 조선로동당이 빨치산 세력에 의해 장악되었음을 확인하는 자리였다. 제3차 당 대회까지만 해도 당 중앙위원회 내에서 상당한 비율을 차지했던 연안파와 소련파는 사라져 버렸다.

제4차 당 대회에서 선출된 85명의 중앙위원회 정위원 중 연안계는 빨치산파에 흡수된 김창만, 하영천과 김창덕뿐이었으며 소련파 또한 김일성의 신임을 받고 있던 남일 한 사람뿐이었다. 이와는 대조적으로 빨치산 세력은 당 핵심지도부를 구성하는 5명의 중앙위원회 부위원장 중 4명(최용건, 김일, 박금철 ,이효순), 11명의 정치위원 중 6명을 차지했고 37명이 중앙위원회 정위원으로 선출되었다.[9] 제4차 당 대회를 정점으로 당내 경쟁이 중앙과 지역에서 해소되고 김일성과 빨치산 세력의 단일지도체계가 성립된 것이다.

이와 관련하여 이종석은 1961년 9월 조선로동당 제4차 당 대회를 기점으로 형성된 단일지도체계가 1967년 사회문화적 공간의 굴절이동을 통해 유일지도체계로 강화됐다고 평가한다. 김일성은 1967년 5월 당 중앙위원회 제4기 제15차 전원회의를 통해 김일성의 유일항일혁명전통 수립에 소극적이었던 당의 조직, 사상, 문화 분야의 갑산파 인사들, 즉 박금철, 김도만, 허석선, 그리고 대남총책 이효순을 숙청하였다. 갑산파의 숙청과 함께 모든 사회구성원은 "김일성 동지의 혁명사상 외에는 그 어떤 사상도 모르는 확고부동한 신념"을 가지도록 강제되었다.[10] 해방 이후 북한의 정치과정에서 최소한으로 유지되고 있던 다원성이 제거되고 수령의 영도에 의한

9) 이종석(1995), 287-288쪽.

10) 이종석(1995), 303-315쪽.

유일지도체계가 완성된 것이다.

2. 조선로동당의 사회지배

조선로동당의 사회통제는 중앙당의 통제를 받는 각 급 당위원회를 중심으로 외곽단체와 행정기관, 그리고 물리적 억압기구를 통해 다면적으로 이루어졌다. 첫째, 당의 인전대로 규정된 외곽단체의 역할이 강조됐다. 외곽단체들 특히, 4개의 근로단체들은 인민대중의 조직생활과 사상교육을 직접 실행하였다.[11] 둘째, 내각과 산하 조직 등 각 급 행정조직은 공급을 통한 행정통제를 실시하였다. 마지막으로, 국가안전보위부와 사회안전성 등 물리적 억압기구를 통해 각 단위 인민대중을 통제하고 군(軍) 또한 조선로동당의 혁명적 무장력으로써 주둔지역에서 당 조직과 협력하였다.

해방 이후 조선로동당을 중심으로 협의적 구조를 형성했던 정당 · 사회단체들은 한국전쟁을 통해 조선로동당의 지도를 받는, 당과 인민을 연결하는, 준국가기관으로 전락하게 된다. 전쟁과정에서 확장된 조선로동당은 1956년 3차 당 대회가 개최되기 이전인 1956년 1월 111만 4,945명으로 5만 8,259개의 세포를 통해 주요 사회단체에 대한 지배를 강화해 나갔다.[12] 정당 · 사회단체에 대한 당의 지배는 1956년 8월 종파사건 이후 구체화되었다.

한국전쟁 당시 직업동맹은 '전선작업반운동'과 '전선돌격대운동' 등을 통

11) 김일성, 「조선로동당 제3차 대회에서 한 중앙위원회 사업총결 보고(1956.4.23)」, 172쪽.

12) 북한자료에 따르면, 이와 같은 당원 수는 제2차 당 대회(1948년 3월) 당시보다 43만 9,183명이 증가한 수라고 한다[김일성, 「조선로동당 제3차 대회에서 한 중앙위원회 사업총결 보고(1956.4.23.)」, 150-151쪽].

해 증산경쟁 운동을 펼쳐나갔으나 대중단체로서 당의 정책과 방침에 따라 자체의 사업을 전개하지 못했다고 비판받았다.[13] 직업동맹 위원장 서휘는 전후 직업동맹의 권한을 강화하기 위해 노력하였는데 전시 중단된 단체계약을 부활시키려는 노력이 이 중 하나였다.[14] 그러나 서휘는 직업동맹을 '자치적 조직체'로서 '당과 직맹 동격론' 등을 유포시켰다는 혐의로 숙청되었다.[15] 결국, 1958년 진행된 중앙당 집중지도사업을 통해 국가단체로서 직업동맹의 지위가 재정립되었다.

민주청년동맹(민청)은 전후 1956년 11월 제4차 대회를 개최하고 민청의 변화된 성격을 반영해 '조선로동당과 조선민주주의인민공화국 정부정책을 실천', '사회주의 경제건설에 조직 · 동원', '프로레타리아 국제주의 정신으로 교양' 등의 규약을 새롭게 추가하게 된다. 민청은 또한 1964년 5월 조선사회주의로동청년동맹으로 명칭을 개정하고 청년동맹의 기본임무가 "청년들을 당 주위에 굳게 단결시켜 조국의 통일독립과 사회주의, 공산주의 건설을 위한 당의 혁명위업 실천에 적극 조직 · 동원하며 그들을 전면적으로 발전한 공산주의건설자로 교양 육성"하는 데 있음을 천명하였다.[16]

모든 근로단체들이 당 대열을 보충하는 후비대의 역할을 담당하게 되지만 특히 청년동맹은 당원을 가장 많이 배출하는 근로단체였다. 이런 이유로 당은 청년동맹의 정치사상적 준비를 강조했으며 당이 청년들의 조직생활을 지도 · 방조할 것을 지시하였다.[17]

13) 국사편찬위원회(편), 「직업동맹 사업에 대하여(1952.5.5.)」, 『북한관계사료집 29』(과천: 국사편찬위원회, 1998), 177-183쪽.

14) 『로동신문』 1956년 6월 21일자, 2면; 정상돈, 「조선직업총동맹」, 『조선로동당의 외곽단체』(서울: 한울, 2004), 102-103쪽 재인용.

15) 정상돈(2004), 103쪽.

16) 「조선민주청년동맹 규약(1956.9)」, 『조선민주청년동맹 제4차 대회문헌집』 120-121쪽; 이종석(2000), 321-324쪽 재인용.

17) 정성장, 「김일성사회주의청년동맹」, 『조선로동당의 외곽단체』(서울: 한울, 2004), 60-62쪽.

조선농민동맹의 경우 전후 농업협동화 과정에서 당의 통제에 놓이게 된다. 한국전쟁 당시 1952년 8월 당 중앙정치위원회 결정서 「농촌에서의 당 정치교양사업 및 군중문화사업 정형과 그의 개선방침에 대하여」는 농촌에서 당의 지도가 관철되지 못하고 있음을 비판하였다.[18] 그러나 토지개혁을 통해 소작농화 된 농민들을 사회단체를 통해 장악하는 것은 쉽지 않은 문제였다.

결국, 조선로동당은 전후 농업협동화의 과정에서 조선농민동맹을 활용하기보다는 당이 직접 조합원에 대한 계급교양과 사회주의 교양을 강화해 나갔다. 실제로 조선농민동맹이 1965년 조선농업근로자동맹으로 새롭게 건설될 때까지 농민동맹의 활동은 제한적이었다. 이는 당의 적극적인 농업협동화 작업에 따른 결과라기보다는 전후 농업협동화 과정에서 산발적이고 비공개적인 농촌지역에서의 저항이 조선농업근로자동맹의 결성을 지연시킨 결과라는 분석도 제기된다.[19]

기층단위에서 당의 지배는 농촌에서 청산리 방법을 통해, 공장 등 생산단위에서는 '대안의 사업체계'를 통해 정립되었다. 첫 번째로, 청산리 방법은 1960년 2월 김일성이 평안남도 강서군 청산리 현지지도를 통해 제시하였다. 김일성은 직접 청산리 당 총회를 개최하고 「사회주의적 농촌경리의 정확한 운영을 위하여」라는 연설을 통해 리당위원회의 사업작풍에 대한 비판과 대안을 제시하게 된다. 북한은 청산리 방법을 "지도 일군들이 군중속에 들어가 군중을 배워주며 군중에게서 배우면서 당 정책 관철에로 군중을 적극적으로 발동시키며 군중의 리익을 철저히 옹호할 데 대한 당의 군

18) 당중앙정치위원회, 「농촌에서의 당 정치교양사업 및 군중문화사업 정형과 그의 개선방침에 대하여(1952.8.3)」, 『북한관계사료집 29』(과천: 국사편찬위원회, 1998), 207쪽.

19) 정상돈(2004), 160-161쪽.

중로선의 본질적 요구를 철저히 관철"시킨 사업작풍으로 강조하였다.[20] 북한은 청산리 방법에서 제시한 사업작풍을 '농촌 리와 군의 전형'으로 제기하고 농촌의 각 군과 리 단위에서 청산리 방법에 대한 지도를 진행하였다.

두 번째로, 생산단위에서 당의 지배는 대안의 사업방식을 통해 구현된다. 1961년 12월 김일성은 대안전기공장에 대한 현지지도를 진행하고 공장단위에서 당의 지도를 정립한 대안의 사업체계를 제시하였다. 대안의 사업체계는 첫째, 공장당위원회[21]의 집체적 지도를 통해 공장을 관리 · 운영하는 체계, 둘째, 생산에 대한 기술적 지도를 강화하고 생산을 종합적으로 지도하는 생산 · 지도 체계, 셋째, 자재를 중앙에서 공급하는 자재공급체계와 후방공급체계로 구성되었다. 특히, 공장당위원회를 최고기관으로 하는 집단지도체제 확립은 이전의 지배인 유일관리제와 달리, 공장의 관리운영에 있어서 당의 지도성을 강화한 결과였다.[22]

결국 당위원회의 결정에 따라 지배인이 계획화 사업, 기술지도, 생산보장, 재정관리 등을 지휘하고 당위원회가 행정관료를 '당적'으로 통제하는 체계가 성립된다.[23] 대안의 사업체계는 생산단위에서 당의 통제를 관철시킨 사업체계로 선전되었으나 당비서와 지배인의 갈등은 효율적인 생산관리에 걸림돌로 남게 된다.[24]

20) 조선로동당출판사(편), 『청산리 교시와 사회주의 경제 건설』(평양: 조선로동당출판사, 1962), 30쪽.

21) 공장당위원회는 공장의 최고 정책결정기관이며, 동시에 최고의 지도기관이다. 초급당위원회는 일반적으로 규모에 따라 구성 위원의 수가 5~13명에 달한다. 초급당위원회의 구성을 보면, 위원장은 초급당비서이며, 지배인, 기사장, 직맹위원장, 사로청위원장, 여맹위원장, 그리고 그밖에 성분이 좋고 여러 해 동안 검증되어 파악된 핵심군중도 1~2명 정도 포함되었다. 최종태 외(2003), 39-41쪽; 박형중 외(2004), 195쪽.

22) 최종태 · 김강식, 『북한의 노동과 인력관리』(서울: 서울대학교 출판부, 2003), 35-37쪽.

23) 최신림 · 이석기, 『북한의 산업관리체계와 기업관리제도』(서울: 산업연구원, 1998), 131쪽.

24) 신병식, 「한국전쟁과 북한사회주의체제 이행과정」, 경남대학교 극동문제연구소(편), 『한국전쟁과 북한사회주의체제건설』(서울: 경남대학교 출판부, 1992), 123쪽.

3. '무의식적' 충성계층의 형성: 지도자-당-충성계층의 결합

한국전쟁을 통해 양산된 무의식적 충성계층은 김일성과 강한 유대관계를 형성함으로써 전후 북한에서 형성된 사회동의구조의 핵심을 이루게 된다.

북한에서 유일하고 절대적인 지도자, 김일성이라는 신화는 한국전쟁을 계기로 전면화되었다. 전쟁이라는 집단적 상처가 집단적 복수의식을 형성하였고 집단적 복수의식이 인격화된 집단, 즉 항일유격대로 승화되면서 김일성 지도체계를 더욱 강화시켰다.[25] 이와 같은 김일성 중심의 단일지도체계는 전쟁을 통해 양산된 무의식적 충성계층을 통해 안정적으로 유지되었다. 무의식적 충성계층은 1958년 단행된 중앙당 집중지도사업에서 핵심계층으로 분류된 노동당원, 혁명유가족, 애국열사유가족, 6·25피살자 가족, 전사자 가족, 후방가족, 영예군인 등 전체주민의 28%에 해당하는 구성원을 의미한다.[26]

북한은 한국전쟁을 통해 물적·인적 피해, 그리고 군중심판과 전후 숙청의 회오리 속에 사회적으로 높은 가입비용을 치렀다.[27] 이들 무의식적 충성계층은 전쟁과 숙청의 사회적 혼란과 재구성 과정에서 최고지도자와 강한 경험적, 의식적 유대를 형성하며 북한 사회의 지배계층으로 성장하였다.

한국전쟁을 통해 등장한 무의식적 충성계층은 조선로동당원과 인민군대, 그리고 전사자 가족을 핵심으로 한다. 전후 조선로동당은 1956년 116

25) 박영자(2005a), 181-184쪽.

26) 전현준(2003), 55쪽.

27) 정일영(2011), 147-148쪽.

만 4,945명[28] 조선인민군의 경우 1955년까지 41만~42만여 명의 규모를 유지했다.[29] 또한, 한국전쟁으로 사망한 인민군은 약 50만 명에 이르는 것으로 추정된다.[30]

결국, 노동당원과 인민군대가 약 127만 명이었고 전사자 약 50만 명의 가족을 포함하는 구성원이 핵심계층, 즉 무의식적 충성계층이라 할 수 있다. 1958년 12월부터 1960년 말까지 진행된 중앙당 집중지도사업은 조선로동당원, 혁명유가족, 애국열사유가족, 한국전쟁 피살자 가족, 전사자 가족, 후방가족, 영예군인을 중심으로, 노동자, 고농(머슴), 빈농, 사무원, 8 · 15 이후 양성된 인테리 사무원 등을 포함하는 전체주민의 28%를 핵심계층으로 분류하였다.[31] 전후 북한의 인구를 약 1,700만 명으로 추정한다면 약 470만 명에 달하는 광범위한 충성계층이 형성된 것이다.

전후 북한은 이들 충성계층에 대한 지원을 아끼지 않았다. 1953년 8월 공포된 「제대군인 및 영예 전상자들의 직업 알선과 취학 조건을 보장할 데 관하여」는 제대군인에 대한 '전쟁 전의 직장 복직 및 우선 취직, 농업부문 희망자에 대한 토지 · 주택 및 농기구 알선 보장, 김일성대학 예비과 및 각 대학 로동학원 우선 입학' 등의 조치를 취하였다. 또한 동 조치에 대한 지도 검열기관을 각 시 · 군 · 구역에 조직할 것을 지시하였다.[32]

이와 함께 「애국렬사 유자녀들과 전쟁고아들을 위한 초등학원을 평양시 및 각 도 소재지에 설치할 데 대하여」(1953.8.30), 「제대군인들의 생활안전의 제반 대책을 수립할 데 관하여」(1956.6.10) 등을 통해 인민군에 대한 정

28) 김일성, 「조선로동당 제3차 대회에서 한 중앙위원회 사업총결 보고(1956.4.23)」, 150쪽.

29) 함택영(2009), 212-213쪽.

30) 브루스 커밍스 · 존 할리데이(1989), 202-203쪽.

31) 전현준(2003), 55쪽.

32) 김용현(2001), 113쪽.

책적 지원을 강화해 나갔다.[33] 인민군을 중심으로 한 충성분자들은 전후 기층단위에서 당의 지배를 실현하는 말초신경으로 자리 잡게 된다.

특히 제대군인은 전후 농업집단화 과정에서 농업협동조합 관리 간부로 각 지역에 파견됐다. 농업의 집단화로 1만 2천 개 이상의 협동조합이 조직되고 관리위원회가 구성되면서 조직을 운영하는 기층간부가 부족한 상황이었다. 결국, 북한은 약 8만 명의 제대군인을 전국의 농촌, 특히 협동조합에 파견하였다. 북한은 제대군인을 농촌경리, 특히 협동조합의 관리 간부나 작업반장 등에 임명하고 이들에게 영농자금대출, 식량대여, 경지알선, 주택보장 등의 지원을 아끼지 않았다.[34] 제대군인은 전쟁과정에서 강화된 당 조직과 군(郡)을 중심으로 재편된 행정체계의 책임자로서 김일성 단일 지도체계의 중추적 역할을 담당하게 되었다.

전후 김일성과 무의식적 충성계층이 강한 유대관계를 형성한 반면 기층의 개인들은 사회의 집단화와 조직화 속에 원자화되었다. 북한에서 개인은 전후 건설된 사회통제의 물적 구조, 즉 수직적인 통제와 수평적으로 단절된 사회구조 속에 파편화됐다. 북한은 전시행위에 준하여 적들에게 동조한 구성원을 고립시켰고 이와 같은 처벌로부터 벗어난 인민이라 하더라도 통제와 상호감시의 굴레에서 벗어날 수 없었다.

33) 한성훈(2010), 86-88쪽.

34) 『로동신문』 1955년 6월 14일자; 서동만(2005), 686쪽 재인용.

10장 재사회화

성분의 탄생, 그리고 처벌과 일상의 재사회화

휴전체제하에서 북한 주민들은 끝나지 않은 전쟁을 치러야 했다. 그들은 전쟁을 통해 부여된 성분으로 구분되었고 일상화된 국가의 통제와 재사회화를 통해 원자화되어 갔다.

전후 휴전체제의 성립은 북한에서 전시에 준한 사회통제를 가능하게 했다. '전시사회주의' 체제하에서 재사회화는 사회조사사업을 통해 부여된 성분과 일상에서의 조직생활을 통해 이루어졌다. 북한은 전후 사회계층을 '혁명적 요소(핵심계층)', '반혁명적 요소(적대계층)', '중간층'으로 분류하고 핵심계층을 강화하는 한편 반혁명적 요소, 즉 적대계층에 대한 처벌과 사회적 고립을 구조화하였다. 전후 감행된 사회주의적 개조와 그에 따른 사회집단화로 인해 개인은 일상적인 재사회화의 구조 속에 포섭되고 만다.

1. 사회계층의 분리: 성분의 탄생

한국전쟁 중 정적들을 숙청한 김일성은 1956년 8월 종파사건을 통해 당내 경쟁세력이었던 소련파와 연안파를 제거하고 주민 분류 및 사회조사사업을 통해 사회계층을 재분리하게 된다. 전후 북한의 모든 구성원은 그의 가계가 가진 계급적 성격과 한국전쟁에서 어떤 선택을 했느냐에 따라 출신성분이 낙인처럼 부여되었다.

특히 1958년 12월부터 1960년 말까지 2년여간 진행된 중앙당 집중지도사업은 주민들을 '혁명적 요소', '반혁명적 요소', '중간층'의 3계층으로 분류하는 사회계층의 재구성작업이었다. 적대계층 중 월남자 가족은 휴전선 인근의 황해남도와 강원도, 개성지구를 중심으로 많이 분포하였는데 인구 7만의 개성시는 전체인구의 40%가 월남자 가족이었다. 북한은 이들을 3개부류로 분류시켜 세분화하여 통제하였다. 특히 제3부류는 계급적 성분이 지주나 자본가 등 구지배층에 속하는 자로, 한국전쟁 당시 치안대·반공단체 등에서 간부급 책임자로 일했거나, 죄를 범하고 월남한 자의 가족 등이 포함되어 있었다. 또한, 반공단체 가입자는 주로 한국전쟁 당시 치안대와 자위대 등에 참여한 주민들이었다. 이들 중에는 이미 전시에 군중심판을 통해 처벌을 받은 경우가 많았는데, 재심을 통해 엄중한 형벌이 추가되었다. 그리고 한국전쟁 전, 후에 월북한 남한 출신자들은 박헌영과 이승엽 일파의 추종자, 혁명의 변절자로 취급받게 되었다. 또한, 정치범 및 사상범으로 복역 중인 자의 가족들은 원칙적으로 주거를 제한시켜 산간지대로 이주시켰고 기타 범죄자의 가족은 죄의 경중에 따라 감시의 대상이 됐다.[1)]

이와 같이 적대계층으로 분류된 인민은 월남자 가족 및 한국전쟁 당시

1) 김남식(1972), 208-211쪽.

반공단체에 가입했던 자와 그 가족 약 200만 명, 한국전쟁 당시 군대기피자와 과거 지주, 개인상공업자, 종교인, 종파관계자와 그 가족 등 약 20만 명, 귀환포로 및 그 가족 약 40만 명, 남한출신자와 그 가족 약 40만 명 등 약 300만 명에 이른다.

중앙당 집중지도사업을 통해 적대계층으로 분류된 인민들은 강제추방과 구속(처형), 노동교화 등에 처해졌다. 적대계층으로 분류된 인민 중 추방조치를 받은 149호[2] 대상자는 해안선과 휴전선으로부터 20km, 평양과 개성시로부터 50km 이외 지역에 일정한 거주지를 설정하여 그 범위 내에서만 주거하도록 강제하였다. 149호 대상자는 평양시에 약 5,000세대, 개성지역에 약 600세대, 황해남도에 약 1,500세대, 강원도에 약 1,000세대로 총 8,000여 세대에 달했다고 한다. 또한, 인민재판 또는 군중투쟁을 통해 처형 및 구속된 자는 평양시에서 약 1,000명, 개성지역 약 300명, 황해남도에서 약 600명, 강원도에서 약 600명 등 2,500여 명에 달했다. 기타 노동교화 대상자로 처벌된 인민 또한 약 5,500명이었다.[3]

중앙당 집중지도사업을 시작으로 진행된 주민분류사업은 이후에도 지속되어 적대계층에 대한 사회적 고립과 처벌을 가하였다. 1964~69년에 이루어진 주민등록사업, 1969~70년에 진행된 주민성분분류사업을 통해 전체 인민을 3개 계층(핵심, 기본, 복잡계층), 51개 성분으로 분류하고 각 성분에 대한 당의 시책을 구체화하였다. 기본계층에 속하는 각 성분의 인민은 교양 포섭하고, 적대(복잡)계층에 속하는 인민은 제재(일반감시, 철저한 감

2) 149호라 함은 1957년 5월 30일 당상무위원회 결정에 근거하여 불순분자를 추방시키고 거주를 제한하는 것을 내용으로 한 내각결정 149호를 말한다.

3) 김남식(1972), 212-213쪽.

시, 특수감시)를 가하는 원칙이 적용되었다.[4)]

각 계층은 사회생활에서 공급의 차별을 받았으며 성분이 나쁜 경우 당원이 되거나 고위 간부로 진급할 수 없었다. 이를 통해 북한 정권은 핵심계층과 기본계층으로부터 체제 유지에 대한 지지와 순응을 강제하고, 복잡계층의 신분 상승 경로를 제한함으로써 체제 저항요소를 사전에 차단하고자 했다.

2. 사회적 일탈에 대한 처벌

전후 북한에서 사회적 일탈은 이적행위와 동일시되었고 국가의 처벌은 이와 같은 이유로 정당화되었다. 북한은 범죄행위를, '사회혼란을 야기하는 간첩 파괴 암해분자, 테로분자들의 교활한 범죄적 시도들'과 연계시켜 혁명적 경각심을 요구하였다.[5)]

연장선상에서 형벌은 '소수의 적대 계급들의 잔재 내지 제국주의 주구, 민족 반역자들과 낡은 사상 잔재들의 보전자들'을 처벌하는 것으로 규정되었다. 형벌 적용은 공화국 인민민주제도와 법질서를 원수의 침해로부터 보위하며 범죄자 및 낙후한 인민 계층을 교양하는 것에 주안점을 두었다. 북한의 형법은 형벌의 목적을, "1) 죄를 범한 자로 하여금 새로운 죄를 범할 수 없도록 하기 위하여, 2) 범죄의 일반적 예방을 위하여, 3) 죄를 범한 자로 하여금 인민민주주의 국가의 자유로운 공동생활의 조건에 적응하게 하기 위하여(제27조 1항)"라 명시하였다. 재판소 구성법 또한 제5조에서 형벌 적용에 있어서 '특별예방과 일반예방의 교양적 의의'를 강조하고 있다.[6)]

4) 서재진(1995), 126-127쪽.

5) 심현상(1957), 63-64쪽.

6) 심현상(1957), 230-235쪽.

즉 형법이 사회적 일탈에 대한 처벌과 함께 재사회화의 기제로 활용되었음을 알 수 있다.

북한은 인민을 혁명의 주체로 규정하고 군중노선을 강조하면서도 현실적으로 물리적 억압기구를 사회통제의 핵심 도구로 활용하였다. 핵심적인 물리적 억압기구로는 국가안전보위부와 사회안전성을 들 수 있다. 국가안전보위부는 정치사찰기구로서 형사재판 제도와는 별개로 운영되고, 정치사상범에 대한 감시, 구금, 체포, 처형 등을 법적 절차 없이 임의대로 결정할 수 있었다. 국가안전보위부의 주요 임무는 체제보위를 위해 반국가사범을 색출하고 반당·반국가 종파분자들을 특별 독재대상구역, 정치범교화소 등에 수용하여 특별 관리하는 것이었다. 보위부는 당·정·군뿐만 아니라 대학, 기업소, 공장 등에도 보위지도원(요원)을 배치해 반체제 인사를 색출하였다. 사회안전성은 경찰조직으로 공공질서의 유지·강화뿐 아니라 국가의 재산보호 기능을 이유로 주민들의 사상 동향을 감시·적발하는 역할을 담당했다.[7]

전후 강화된 물리적 억압기구들은 사회통제의 제1선 담당자라 할 수 있는 인민반장을 말초신경으로 활용하였다. 인민반장은 행정체계상 동 사무소, 구역(시·군) 인민위원회에 속해 있으나 실질적인 지시는 위의 억압기구로부터 하달되었다. 인민반장은 매일 아침 동사무소에, 일주일에 한두 번씩 보안서를 방문해 주민 동태를 보고하고 새로운 과제를 부여받는 구조였다.[8]

7) 이우영(1999), 27-28쪽.

8) 안찬일 외, 『10명의 북한 출신 엘리트들이 보는 10년 후의 북한』(서울: 인간사랑, 2006), 441쪽.

북한의 형법은 '낙후한 공민의 의식 내에 존재하는 낡은 사상 잔재로 말미암아 범죄를 수행하는 견실치 못한 공민들을 형벌에 의하여 새로운 규율에로 교양'하는 것을 과업으로 하였다.[9] 이와 같은 시각에서, 북한의 형법은 강제(진압, 징벌)와 교양이 결합 된 사회주의적 인간개조의 도구라 할 수 있다. 당시 재판소 구성법에 따르면, 재판소는 형벌을 적용함에 있어서 범죄자를 처벌할 뿐만 아니라 그들을 교화 · 재교육해야 한다고 강조하였다.[10]

이와 같은 형벌의 교양적 역할은 교화노동을 통해 구체화 되었다. 새로운 형사적 진압의 수단으로서 교화노동은 '범죄자의 사회적 위험성이 그를 사회로부터 격리시킬 필요까지 없다고 인정되는 자들에게 자유 박탈을 수반시키지 않고서 노동을 통하여 그를 교화시킴'을 과업으로 하였다. 교화노동에 처해진 자는 지정된 장소에서 교화노동 기관에 의해 조직된 노동에 참여하거나 교화노동 수용소에서 의무노동에 참여해야 했다. 이들은 종전의 본업을 유지하면서도 집단의 사회적 통제를 받으며 일상생활에 대한 태도를 평가받아야 했다.[11]

마지막으로, 북한은 한국전쟁 당시 제정되거나 적용된 전시 노동규율을 국가재건을 명분으로 인민경제복구 과정과 증산경쟁운동에 계속 적용하였다. 휴전 직후인 1953년 8월 31일 최고인민회의 상임위원회는 「기업소 및 기관 로동자, 사무원들이 임의로 직장을 리탈하는 행위를 금지함에 관하여」를 채택하였다.[12] 직장을 이탈하거나 이직할 경우 직장 책임자의 허가가 필요했으며, 임의로 직장을 이탈한 자는 재판에 회부되어 6개월 이상 1년 이하의 교화노동에 처해졌다.[13] 생산단위를 통한 배급체제에서 직장

9) 심현상(1957), 21-22쪽.

10) 심현상(1957), 233-234쪽.

11) 심현상(1957), 245-246쪽.

12) 한락규(1960), 207쪽.

이탈은 공급의 중단을 의미하였다. 전후에도 국가재건이라는 준전시의 명분 아래 전시의 억압적 노동규율이 강제되었던 것이다.

3. 직장과 가정의 통제: 일상적 재사회화

전후 북한에서 일상적 재사회화는 직장(생산단위)과 가정(생활공간)에 대한 통제를 의미했다. 이와 같은 일상적 재사회화는 전후 폐허가 된 국토를 사회통제에 적합하도록 재건설하는 과정에서 강화됐다. 이 과정에서 북한은 전시제도라 할 수 있는 배급제를 전후에도 유지하고 이를 사회통제의 기제로 활용하였다.

북한은 1958년 식량을 제외하고 배급제가 철폐됐다고 선언하였으나, 실질적으로는 식량과 주택, 그리고 소비품에 대한 국가의 공급체계가 그 명칭만을 변경해 유지되었다. 배급제도는 경제적인 물자 부족 상황에 대응한 조치뿐만 아니라 통치수단으로서도 지속되어야 할 이유가 있었다.[14] 배급제는 인민개인의 소속단위를 통해 이루어졌으며 이를 통해 개인에 대한 정치 · 사상 및 이동의 통제가 가능했기 때문이다.

북한의 국가공급체계는 생산단위에서 생산주체와 인민들에 대한 물질적 통제를 가함으로써 구성원의 일탈을 억제하는 기제로 발전하였다. 첫 번째로, 북한에서 공장 · 기업소에 필요한 물자의 수 · 공급은 국가(당)가 직접 공급하였다. 이러한 공급의 일원화로 인해 각 생산단위는 국가(당)의 통제를 따를 수밖에 없는 것이다. 두 번째로, 북한은 인민대중에게 필요한 의 · 식 · 주와 관련된 모든 물자를 공급하는 배급체계를 구축하였다. 배급제도

13) 한성훈(2010), 318쪽.

14) 서동만(2005), 485쪽.

는 그 자체로 강력한 사회통제 기제라 할 수 있다. 국가(당)가 인민대중에게 필요한 기본 물자들을 광범위하게 장악 · 공급함으로써 배급체제로부터 벗어난 인민은 생존이 불가능하였다. 이러한 이유로 각 단위의 생산조직에 소속된 인민대중은 해당 단위 국가(당) 조직의 통제체계에 구속될 수밖에 없었다.[15)]

북한에서 일상적 재사회화는 생산 현장과 생활공간에서 구체화되었다. 북한은 일상생활 공간에서 국가에 순응하는 인민의 정형을 만들고자 하였다. 조선로동당 기관지인 『로동신문』의 1950년대 사설 중 사회문화 분야에서 가장 강조된 부분은 인내, 창의성, 반(反)보수주의, 규율, 질서, 공중도덕, 변화에의 적응력, 계획성, 적극성, 책임성과 같은 태도와 정향의 실천이었다.[16)]

먼저 생산 현장에서의 재사회화는 작업반을 중심으로 진행된 경쟁운동과 사상교양사업을 통해 진행됐다. 1956년 12월 김일성은 강선제강소를 현지지도하고 국가재건의 동력을 내부에서 동원하기 위한 방안으로 천리마운동을 발기하였다. 이후 생산현장에서 사상교양사업을 강조한 천리마작업반운동은 생산현장에서 개인의 재사회화를 강제하는 기제로 정착하게 된다. 1959년 3월 9일 강선제강소 제강직장 진응원 작업반의 발기로 개시된 천리마작업반운동은 노동자의 사상의식을 강조하고 생산단위에서 사상교양사업을 강화하는 데 초점을 맞춰졌다.[17)] 천리마작업반운동은 공업 분야뿐만 아니라 농업, 건설, 운수, 상업, 교육, 문화, 보건부문, 그리고 인민반에 이르기까지 북한 사회의 모든 단위로 확장되었다.[18)]

15) 이우영(1999), 54쪽.

16) 이온죽, 『북한사회연구: 사회학적 접근』(서울: 서울대학교 출판부, 1988), 149쪽.

17) 직업동맹출판사(1964), 8-10쪽.

18) 오기완(1972), 256쪽.

전후 북한의 모든 개인은 당의 외곽단체인 근로단체에 소속되어 조직생활과 사상교육을 통해 일상적인 재사회화 구조에 귀속되었다. 조선로동당의 외곽단체로서 가장 대표적인 사회단체는 4개의 '근로단체' 즉, 김일성사회주의청년동맹, 조선직업총동맹, 조선농업근로자동맹, 조선민주여성동맹을 말한다. 이들 근로단체들은 연령별, 직업별, 성별로 조직된 대중단체로 조선로동당과 대중을 연결하는 인전대로 규정되었다.[19] 조선로동당은 각 단위 당 조직에 구성된 조직지도부와 선전선동부 기관 혹은 책임자를 통하여 조직－사상적 통제를 지휘하게 되고 근로단체들은 구체적으로 조직생활과 사상학습이라는 형식으로 당의 지도를 사회적으로 이행하였다.

각자의 생산현장에서 개인은 근로단체에 의해 진행되는 정치행사, 군중동원, 생활총화 등을 통해 재사회화의 구조에 포섭되었다. 특히 생활총화는 북한의 모든 인민들이 자신이 속한 조직 속에서 반드시 참여해야 하는 생활의 일부로 강조됐다. 사상학습은 각 단체별로 하루 일과 시작 전에 진행되는 독보모임, 방과 후 매주 1회 진행되는 혁명사상 연구모임, 시기별로 제기되는 강연회, 혁명전적지 답사, 혁명사적관 견학 등을 통하여 끊임없이 실시되었다.[20]

조직생활은 일상적인 교육 이외에 상호비판과 자기비판의 형식을 통해 공고화되었다. 자기비판은 해방 이후 공산당원들에게 요구된 조직생활의 일부분이었다. 자기비판은 자신의 자격과 그릇됨을 솔직히 동지 앞에 내어놓고 그것을 개정함으로써 자기 자신을 교육하고 단련하는 무기로 강조됐다. 일반적으로 자기비판은 상호비판과 함께 진행되었다.[21] 김일성이 1955년 4월 당 중앙위원회 전원회의에서 당성 강화의 수단으로 비판과 자기비

19) 사회과학출판사(편) 『영도체계: 주체사상총서 9』(서울: 지평, 1989), 175-177쪽.

20) 안찬일 외(2006), 426쪽.

21) 조선공산당 청진시위원회(1982), 76쪽.

판을 강조한 내용을 보면 아래와 같다.[22)]

「조직생활에서 비판과 자기비판의 강조」

"우리 당내에서는 비판과 자기비판이 아직 충분치 못하게 전개되고 있습니다. … 일부 우리 당 일꾼들 중에는 특히 간부들 중에는 자기비판이 마치 자기 '위신'을 저하시킨다고 생각하면서 그를 회피하는 사람도 있습니다. 이것은 위신에 대한 아주 옳지 못한 헛된 개념입니다. … 자기비판에 있어서 중요한 것은 말로써 과오와 결점을 인정하는 데 있는 것이 아니라 드러난 과오와 결점들을 신속히 제거하며 사업상의 개선을 가져오는 거기에 있는 것입니다. … 비판과 자기비판은 개별적 당원들의 자부, 교만, 관료 작풍을 방지하며 혁명적 경각성이 해이되지 않도록 방지하는 데 큰 의의가 있는 것입니다. … 비판은 반드시 구체적이여야 하며 명확하여야 하며 비판자가 결점만 지적할 것이 아니라 그 결점을 어떻게 퇴치하는 문제까지 제기한다면 그 비판과 자기비판은 더 효과적일 것입니다."

비판과 자기비판은 관료주의와 공명주의, 형식주의 등 각종 반인민적 작풍과 낡은 사상 잔재에 따른 과오를 시정하기 위한 핵심수단으로 일상화되었다.[23)] 개인은 사회적 통제구조 속에 원자화되었으며 자신의 의사를 표방하기보다는 자기(自己)통제의 규범을 내면화하게 되었다.

생활공간에서 진행된 재사회화는 인민반 활동과 교육기관을 통해 진행되었다. 북한은 "사회의 세포로서의 가족의 리익은 사회와 국가의 리익과 결합"된다고 지적하고 가족의 핵심적인 기능을 아래와 같이 강조하고 있다.[24)]

22) 김일성, 「조선로동당 중앙위원회 제5차 전원회의에서 진술한 보고(1952.12.15)」, 조선중앙통신사(편) 『조선중앙년감 1953년』(평양: 조선중앙통신사, 1953), 66-67쪽.

23) 이종석(1993), 138-139쪽.

24) 조림행, 『조선가족법』(평양: 교육도서출판사, 1958), 20쪽.

「가족의 사회적 기능: 사회주의적 애국주의 교양」

"가족이 담당하는 사회적 기능 중 가장 중요한 것은 가족성원들, 특히 자녀들에 대한 사회주의적 애국주의 교양이다. 여기서 사회주의적 애국주의 교양이 담는 주된 내용은 가족성원들 상호관계가 노동력 협조, 상부상조의 원칙에 입각한 집단주의 정신과 다른 사람의 행복을 위한 책임감으로 집약된다."

북한에서 가족은 사회규범을 체득하고 재사회화하는 사회의 세포로써 그 역할이 강조되었음을 알 수 있다. 북한에서 인민반은 일상생활의 공간에서 가족의 사회적 기능이 정상적으로 작동되는지 감시하고 동원하는 재사회화의 기초 행정단위라 할 수 있다.[25]

학교는 조직 생활을 통해 규율의 엄격성을 체득하고 집단주의를 생활화함으로써 국가에 순응하는 인민을 재생산하는 공간이었다. 북한은 전후 학교 내부의 질서와 생활규제를 정상적인 상태로 정비하고 광범한 사회사업과 대중문화사업을 통해 학생들이 자각적 규율을 생활화하도록 하였다.[26] 자각적 규율은 학생 교육사업에서 개별적 지도로 이루어졌고, 개별교양은 언제나 집단주의 교양의 목적에 맞게 이행됐다. 지도방법으로는 담화와 문학작품을 통한 방법, 써클, 영화 등이 제시되었다.[27] 이와 같은 집단주의의 생활화는 구체적으로 자각적 규율을 내재화함으로써 실현되었다.

인민학교에서는 학생들에게 학생 생활표준 세칙과 학생 규칙을 일일이 해설하면서 교육하였는데, 이것은 학생들에게 자각적 규율·교양을 습득시키도록 하는 것이었다. 자각적 규율·교양은 학생들의 잘못, 규율 위반을 스스로 깨우쳐서 부끄러움과 양심의 가책을 느끼고 반성하여 새로운 각

25) 안찬일 외(2006), 441쪽.

26) 교육도서출판사(1955), 222쪽.

27) 김택인, 「학생교양사업에서의 개별적 지도」, 『교원경험론문집』(평양: 교육도서출판사, 1955), 51-57쪽; 한성훈(2010), 328쪽 재인용.

오를 갖고 실천하는 것이다. 학교규칙은 학생들이 공적 영역에서 지켜야 하는 최초의 규율을 규범화한 것이다. 규율은 시간에 의한 활동 통제, 교원 · 학교장 등 상관에 대한 정확한 명령체계, 신체를 위치 지우는 질서 정연함, 일탈행위에 대한 제재와 벌 등으로 구체화됐다.[28] 학교에서 진행된 이와 같은 규율의 강조와 집단주의의 생활화는 북한에서 일상사를 통해 개인이 재사회화의 과정을 내면화하는 결과를 가져왔다.

개인은 적절한 행동(appropriate behavior)의 준거로 개인의 '자아' 즉 자신의 태도, 가치관, 그리고 신념 등에 근거할 뿐만 아니라 역할 행동에 대한 사회적 기대에 의해 영향받게 된다.[29] 한국전쟁 이후 진행된 사회계층의 분류와 일탈자에 대한 처벌, 그리고 일상적 재사회화의 기제는 사회 공간에서 구성원 스스로가 자신의 행위를 검열함으로써 국가가 요구하는 규범으로부터 벗어나지 않는 자기(自己)통제의 행위규범을 강화하게 된다.[30]

28) 최영옥, 「학생들의 자각적 규률 교양」, 『교원경험론문집』(평양: 교육도서출판사, 1955), 40-44쪽; 한성훈(2010), 327쪽 재인용.

29) B. 진 밀러 · 윤혜미(1995), 126-127쪽.

30) 전시 군사위원회는 1951년 1월 5일 결정 제44호 「적에게 림시 강점당하였던 지역에서의 반동단체에 가담하였던 자들을 처벌함에 관하여」를 채택한 바 있다. 또한, 내각은 1951년 2월 10일 결정 제203호 「군중 심판회에 관한 규정」 및 「자수자 취급 절차에 관한 규정」을 채택하여 피점령기 적들에 동조한 구성원을 군중심판의 형식을 통해 처벌하였다[한락규(1960), 197-198쪽].

결론

이 책은 한국전쟁을 중심으로 북한 사회통제체제의 형성과정을 분석하였다. 북한의 현재를 이해하고 북한 사회의 변화를 예측하기 위해서는 북한이 어떻게 통제되어 왔는지 그 역사적 기원을 찾는 노력이 선행되어야 한다. 필자는 이 책에서 북한의 사회가 여타의 사회구성체와 다른 형태로 통제되고 있음을 강조했다. 북한은 마치 판옵티콘(panopticon)과 같은 사회통제체제를 구축하였다.

북한의 사회통제체제가 갖는 차별성은 해방 이후 한국전쟁을 가로지르며 발생한 역사적 사건들, 즉 일련의 충격적이면서도 아이러니한 사건들의 시간적 나열과 중첩, 그리고 이들 상호 간의 인과관계 속에 구성된 결과라 할 수 있다.

필자는 한국전쟁의 몇 가지 역사적 특징들로 북한의 사회통제체제가 여느 국가와 다른 성격을 갖게 되었다고 주장하였다. 첫 번째로, 인천상륙작전 이후 발생한 급격한 후퇴와 피점령의 경험은 김일성이 숙청을 통해 당 조직을 장악하고 당의 사회적 지배를 실현함으로써 유일지도체계의 기반을 구축하는 기회가 되었다. 남과 북이 상호 지배와 피지배를 경험하는 과정에서 국가는 전시행위를 기준으로 적(敵)과 아(我)를 구분 짓게 된다.

두 번째로, 한국전쟁으로 인한 물적 파괴와 인적 피해는 전후 북한 사회의 억압성을 강화시키는 계기가 된다. 전쟁으로 황폐화된 국토는, 역설적으로, 전후 북한지도부가 농업집단화를 단행하고 사회주의적 개조를 이행하는 결과를 가져왔다. 또한, 피점령 기간 발생한 인적 피해는 북한 사회의 억압적 동의구조를 강화시켰다. 조선로동당원과 인민군대, 그리고 전사자 유가족을 중심으로 형성된 무의식적 충성계층은 김일성의 유일지배를 지탱하는 인적 자원이 되었다.

세 번째로, 한국전쟁 초기의 역동적인 공방이 마무리된 후, 휴전협상이 지연되면서 전시통제체제가 북한 사회에 깊숙이 자리 잡게 되었다. 전쟁이 휴전의 형태로 '지속'되면서 전시에 준한 사회통제체제가 북한사회를 지배하게 된 것이다. 결과적으로, 휴전체제는 한국전쟁을 통해 구축된 북한의 전시사회주의체제가 소멸하지 않고 재생산되는 구조적 조건이 되었다.

이 책은 이와 같은 역사적 결과로 성립된 북한의 사회통제체제를 사회규범과 동의 구조, 그리고 일탈에 대한 처벌과 재사회화라는 요소들을 중심으로 분석하였다. 북한은 한국전쟁을 경과하며 사회주의적 애국주의를 사회규범으로 승화하게 된다. 그 결과, 전후 북한의 구성원들은 준전시체제라는 특수한 구조 속에서 김일성을 사령관으로 하는 빨치산의 부대원으로 살아가게 된다.

북한은 또한 지도자와 무의식적 충성계층, 그리고 원자화된 개인의 억압적 동의 구조를 구축하였다. 전쟁을 통해 양산된 무의식적 충성계층은 김일성에 대한 강한 연대감을 바탕으로 전후 사회주의 개조와 수령 우상화

작업을 주도하게 된다.

북한은 전시, 특히 피점령기에 구성원이 무엇을 했는지에 따라 사회계층을 재분류함으로써 적대계층을 사회로부터 고립시키고 이들을 감시하는 통제체제를 구축하였다. 또한, 준전시체제하에서 사회적 일탈은 이적행위로 규정되어 처벌되었으며 생산현장과 생활공간에서 작동되는 일상적인 재사회화 기제는 어떤 구성원도 회피할 수 없는 치밀한 구조 속에 작동됐다.

그렇다면 이렇게 형성된 북한의 사회통제체제는 어떻게 변해 왔는가? 이 질문은 북한의 현재와 미래를 이해하기 위해 필요한 두 번째 질문이 될 것이다. 1990년대 중반 북한을 혼란에 빠뜨린 경제위기는 판옵티콘과 같았던 북한의 사회통제체제를 이완, 내지 붕괴시키고 있다. 우리는 이러한 변화를 이해하기 위해 다시 한번 북한의 사회통제체제에 관심을 기울여야 한다.

최근 북한 사회에서 나타나는 변화의 양태는 우리가 어떤 기준으로 북한의 체제와 제도, 그 구성원들을 바라봐야 하는지 되묻게 한다. 단순히 북한의 변화를 있는 그대로 묘사하는 것을 넘어 변화를 추동하는 작동원리를 밝혀내고 그로부터 미래를 예측해 나가야 한다. 북한의 사회통제체제는 북한의 변화를 이해하는 핵심적인 주제라는 점에서 이 책은 부족하나마 학문적 소임을 담당했다고 생각한다.

이 책에서 분석한 전후 북한의 사회통제체제를 김정일, 김정은 시대의 북한에 직접 적용하는 것은 한계가 있다. 다만 한국전쟁을 통해 형성된 북한 사회통제체제의 성격이 이후 어떠한 변화를 겪게 되었는지, 현재의 북한에서 규범과 동의, 재사회화의 기제는 어떻게 작동되고 있는지 분석하는 기초자료로 활용될 수 있을 것이다.

출판을 마무리하는 지금, 현재의 북한을 분석하고픈 욕심보다는 과거를 제대로 공부했는지 다시 한번 돌아보게 된다. 하지만 과거의 북한만큼이나 호기심을 불러일으키는 현재의 북한 역시 연구자로서 지나치고 싶지 않다. 김정은 시대의 북한을 분석한 새로운 연구결과로 다시 한번 독자들을 만나게 되길 희망해 본다.

참고문헌

1. 국내 단행본

고병철 외, 경남대학교 극동문제연구소(편), 『한국전쟁과 북한사회주의체제건설』, 서울: 경남대학교출판부, 1992.

공보처 통계국, 『서울특별시 피해자명부』, 서울: 공보처 통계국, 1950.

공산권연구실(편), 『북한 공산화과정연구』, 서울: 고려대학교 출판부, 1972.

국가정보원(편), 『남북한 합의문건 총람』, 서울: 국가정보원, 2005.

국방군사연구소, 『국방정책변천사 1945~1994』, 서울: 국방군사연구소, 1995.

국방군사연구소(편), 『한국전쟁자료총서』, 서울: 국방군사연구소, 1995~1999.

국방부 군사편찬연구소(편), 『미 국무부 한국국내상황관련 문서』, 서울: 군사편찬연구소, 1998~2003.

국방부 군사편찬연구소(편), 『6 · 25전쟁 참전자 증언록』, 서울: 국방부 군사편찬연구소, 2003.

국방부 군사편찬연구소, 『6 · 25전쟁사 1: 전쟁의 배경과 원인』, 서울: 국방부군사편찬연구소, 2004.

국방부 전사편찬위원회, 『국방조약집 제1집』, 서울: 국방군사연구소, 1981.

국사편찬위원회(편역), 『한국전쟁, 문서와 자료, 1950년~53년』, 과천: 국사편찬위원회, 2006.
국사편찬위원회, 『남북한관계사료집』, 과천: 국사편찬위원회, 1982~1998.
국사편찬위원회, 『북한관계사료집』, 과천: 국사편찬위원회, 1995.
김광운, 『북한 정치사 연구 I』, 서울: 선인, 2003.
김기진, 『한국전쟁과 집단학살, 미국 기밀문서의 최초증언』, 서울: 푸른역사, 2005.
김성보, 『남북한 경제구조의 기원과 전개: 북한 농업체제의 형성을 중심으로』, 서울: 역사비평사, 2000.
김진계, 『조국 上』, 서울: 현장문학사, 1990.
김태우, 『폭격: 미공군의 공중폭격 기록으로 읽는 한국전쟁』, 파주: 창비, 2013.
남정옥, 『미국은 왜 한국전쟁에서 휴전할 수밖에 없었을까』, 파주: 한국학술정보, 2010.
대한민국 6·25참전 유공자회(편), 『6·25전쟁 참전수기 Ⅲ』, 서울: 대한민국 6·25 참전 유공자회, 2011.
대한민국 공보처 통계국, 『6·25사변 피살자 명부 1』, 서울: 대한민국 공보처 통계국, 1952.
대한민국 국방부 전사편찬위원회(편), 『한국전란 일년지』, 서울: 대한민국 국방부, 1951.
대한민국 국방부 전사편찬위원회(편), 『한국전쟁사 4권: 총반격 작전기』, 서울: 대한민국 국방부, 1971.
박명림, 『한국전쟁의 발발과 기원 II』, 파주: 나남, 1996.
박명림, 『한국 1950 전쟁과 평화』, 파주: 나남, 2002.
박치영, 『유엔 정치와 한국문제』, 서울: 서울대학교 출판부, 1995.
박형중, 『북한의 정치와 권력』, 서울: 백산자료원, 2002.
백학순, 『국가형성전쟁으로서의 한국전쟁』, 성남: 세종연구소, 1999.
서대숙(편), 『북한문헌연구: 문헌과 해제 I-Ⅴ』, 서울: 경남대학교 출판부, 2004.
서동만, 『북조선사회주의체제성립사』, 서울: 선인, 2005.
서재진, 『북한의 맑스-레닌주의와 주체사상 비교연구』, 서울: 통일연구원, 2002.
서중석 외, 『전장과 사람들』, 서울: 선인, 2010.
손호철 외, 경남대학교 극동문제연구소(편), 『한국전쟁과 남북한사회의 구조적 변화』, 서울: 경남대학교출판부, 1991.

심영희 · 전병재(공편), 『사회통제의 이론과 현실』, 서울: 나남출판, 2000.
심지연(편), 『남북한 통일방안의 전개와 수렴』, 서울: 돌베개, 2001.
안찬일 외, 『10명의 북한 출신 엘리트들이 보는 10년 후의 북한』, 서울: 인간사랑, 2006.
양영조, 『韓國戰爭 以前 38度線 衝突』, 서울: 국방군사연구소, 1999.
이금순, 『북한주민의 거주 · 이동: 실태 및 변화전망』, 서울: 통일연구원 2007.
이동원 · 조성남, 『미군정기의 사회 이동』, 서울: 이화여자대학교 출판부, 1997.
이석, 『1994~2000년 북한기근: 발생, 충격 그리고 특징』, 서울: 통일연구원, 2004.
이온죽, 『북한사회연구: 사회학적 접근』, 서울: 서울대학교 출판부, 1988.
이용필(편), 『공산주의 이론 비판』, 서울: 대왕사, 1980.
이우영, 『전환기의 북한 사회통제체제』, 서울: 통일연구원, 1999.
이종석, 『조선로동당연구: 지도사상과 구조변화를 중심으로』, 서울: 역사비평사, 1995.
이종석, 『새로 쓴 현대북한의 이해』, 서울: 역사비평사, 2000.
전현준, 『북한의 사회통제기구 고찰』, 서울: 통일연구원, 2003.
전현준 외, 『북한체제의 내구력 평가』, 서울: 통일연구원, 2006.
정용욱, 『미군정자료연구』, 서울: 선인, 2003.
정일권, 『6 · 25 비록: 전쟁과 휴전』, 서울: 동아일보사, 1986.
정진일, 『마르크스주의: 그 배경과 전개』, 서울: 동성사: 1983.
조선은행조사부, 『조선경제연보』, 서울: 조선은행조사부, 1948.
최성, 『북한학 개론: 김정일과 북한의 정치체제』, 서울: 풀빛, 1997.
최신림 · 이석기. 『북한의 산업관리체계와 기업관리제도』, 서울: 산업연구원, 1998.
최윤경, 『사회와 건축공간』, 서울: 시공문화사, 2003.
최장집(편), 『한국전쟁연구』, 서울: 태암, 1990.
최종태 · 김강식, 『북한의 노동과 인력관리』, 서울: 서울대학교 출판부, 2003.
태윤기, 『군인일기: 1950년 9월 1일부터 52년 10월 12일까지의 일기』, 서울: 일월서각, 1985.
통일연구원, 『북한 체제의 현주소: 개원 11주년 기념학술회의 발표논문집』, 서울: 통일연구원. 2002.
하연섭, 『제도분석: 이론과 쟁점』, 서울: 다산출판사. 2003.
한국사회학회(편), 『한국전쟁과 한국사회변동』, 서울: 풀빛, 1992.
한국산업은행조사부, 『한국산업경제십년사』, 서울: 한국산업은행조사부, 1955.

한국역사연구회 현대사분과(편), 『역사학의 시선으로 읽는 한국전쟁』, 서울: 휴머니스트, 2010.
한국일보사, 『증언: 김일성을 말한다: 유성철, 이상조가 밝힌 북한정권의 실태』, 서울: 한국일보출판국, 1991.
한국전쟁기념사업회(편), 『한국전쟁사 4』, 서울: 행림출판, 1992.
한국전쟁연구회(편), 『탈냉전시대 한국전쟁의 재조명』, 서울: 백산서당, 2000.
한국정신문화연구원 한민족문화연구소(편), 『내가 겪은 해방과 분단』, 서울: 선인, 2001.
한국정치외교사학회(편), 『한국전쟁과 휴전체제』, 서울: 집문당, 1998.

데이비드 레인, 현대평론(역), 『레닌이즘』, 서울: 청사, 1985.
브루스 커밍스, 김자동(역), 『한국전쟁의 기원』, 서울: 일월서각, 1986a.
브루스 커밍스, 김주환(역), 『한국전쟁의 기원 하: 해방과 단정의 수립: 1945~1947』, 서울: 청사, 1986b.
브루스 커밍스 · 존 할리데이, 차성수 · 양동주(역), 『한국전쟁의 전개과정』, 서울: 태암, 1989.
스탈린, 서중건(역), 『스탈린선집 Ⅰ』, 서울: 전진, 1988.
안드레이 란코프, 김광린(역), 『소련의 자료로 본 북한 현대정치사』, 서울: 오름, 1995.
알렉스 캘리니코스, 정성진 · 정진상(역), 『마르크스의 혁명적 사상』, 서울: 책갈피, 1994.
에드워드 그랩, 양춘(역), 『사회불평등: 고전 및 현대이론』, 서울: 고려대 출판부, 2003.
엥겔스, 김대웅(역), 『가족, 사유재산, 국가의 기원』, 서울: 아침, 1991.
와다 하루키, 서동만 · 남기정(역), 『북조선』, 서울: 돌베개, 2002.
찰스 틸리, 이향순(역), 『국민국가의 형성과 계보』, 서울: 학문과 사상사, 1994.
A. Liska, 장상희, 이성호(공역), 『일탈 사회학』, 서울: 경문사, 1986.
B. 진 밀러 · 윤혜미, 『사회적 행동과 인간환경』, 서울: 한울, 1995.
J. 린쯔 & A. 스테판, 김유남 외(역), 『민주화의 이론과 사례: 이상과 현실의 갈등』, 서울: 삼영사, 1999.
Kwon, Tai Hwan, *Demography of Korea: Polpulation Change and Its Components 1925-66*, Seoul: Seoul National University Press, 1977.

Schnabel, James, 채한국(역), 『한국전쟁 下』, 서울: 군인공제회 제1인쇄사업부, 1991.
V. I. 레닌, 김탁(역), 『레닌저작집 1: 1895~1901』, 서울: 전진, 1988.
W. 레온하르트, 강재륜(역), 『소비에트 이데올리기 Ⅱ』, 서울: 한울, 1986.
William Stueck, 『한국전쟁의 국제사』, 서울: 푸른역사, 2001.

2. 국내 논문

강정구, 「한국전쟁과 북한사회의 사회구조변화」, 경남대학교 극동문제연구소(편), 『한국전쟁과 북한사회주의체제건설』, 서울: 경남대학교출판부, 1992a.
강정구, 「해방후 월남인의 월남동기와 계급성에 관한 연구」, 한국사회학회(편) 『한국전쟁과 한국사회변동』, 서울: 풀빛, 1992b.
고병철, 「한국전쟁과 북한정치체제의 변화」, 경남대학교 극동문제연구소(편), 『한국전쟁과 북한사회주의체제건설』, 서울: 경남대학교출판부, 1992.
구갑우, 「북한연구와 비교사회주의 방법론」, 『북한연구방법론』, 서울: 한울, 2003.
김귀옥, 「한국전쟁과 북한사회주의 건설: '당과 인민대중의 결합'을 중심으로」, 한국사회학회(편), 『한국전쟁과 한국사회변동』, 서울: 풀빛, 1992.
김남식, 「북한의 공산화과정과 계급노선」, 공산권연구실(편), 『북한 공산화과정 연구』, 서울: 고려대학교 출판부, 1972.
김보영, 「한국전쟁 휴전회담 협상전략과 지휘체계」, 『역사학의 시선으로 읽는 한국전쟁』, 서울: 휴머니스트, 2010.
김부기, 「소련의 대한반도 정책과 냉전체제의 등장」, 『북한체제의 수립과정: 1945~1948』, 서울: 경남대학교 출판부, 1991.
김성보, 「해방 후 정치, 사회갈등과 민족분단」, 한국사연구회(편), 『한국사 길잡이 하』, 서울: 지식산업사, 2008.
김연철, 「북한의 산업화 과정과 공장관리의 정치(1953~70): '수령제' 정치체제의 사회경제적 기원」, 성균관대학교 박사학위논문(1996).
김영수, 「북한의 정치문화: 「주체문화」와 전통정치문화」, 서강대학교 박사학위논문(1992).

김용복, 「북한자료 읽기」, 박재규(편), 『새로운 북한 읽기를 위하여』, 서울: 법문사, 2009.

김용현, 「북한의 군사국가화에 관한 연구: 1950~60년대를 중심으로」, 동국대학교 박사학위논문(2001).

김주환, 「한국전쟁중 북한의 대남한 점령정책」, 최장집(편), 『한국전쟁연구』, 서울: 태암, 1990.

김창우, 「한국전쟁 초기 미국의 전쟁정책과 북한점령」, 최장집(편), 『한국전쟁연구』, 서울: 태암, 1990.

남성욱, 「북한의 식량난과 인구변화 추이, 1961~1998」, 『현대북한연구』, 2권 1호(1999).

류길재, 「북한정권의 형성과정: 인민위원회의 조직과 활동에 관한 연구」, 경남대학교 극동문제연구소(편), 『북한체제의 수립과정: 1945~1948』, 서울: 경남대학교 출판부, 1991.

류길재, 「북한의 국가건설과 인민위원회의 역할」, 고려대학교 박사학위논문(1995).

류길재, 「'수령'과 당 주도의 국가관료체제」, 박재규(편), 『새로운 북한읽기를 위하여』, 서울: 법문사, 2005.

박광섭, 「한국전쟁전후의 북한 형사법제」, 경남대학교 극동문제연구소(편), 『한국전쟁과 북한사회주의체제건설』, 서울: 경남대학교출판부, 1992.

박명림, 「한국전쟁의 전개과정」, 최장집(편), 『한국전쟁연구』, 서울: 태암, 1990.

박영자, 「한국전쟁이 북한 정치문화에 미친 영향: '臣民型 社會' 형성을 중심으로」, 『국방연구』 제48권 제1호(2005a).

박영자, 「6 · 25전쟁기 북한의 '후방정책': 후방 전시동원에 대한 로동신문 분석을 중심으로」, 『軍史』 제57호(2005b).

박영자, 「해방 60년, 북한 사회문화의 지속성과 변화: 생활문화와 사회규범을 중심으로」, 『국가경영전략』 제5집 1호(2005c).

박희진, 「북한 평성시의 공간전략과 도시성 변화: 위성도시에서 개방도시에로」, 북한연구학회 동계학술발표논문집(2013).

서동만, 「한국전쟁과 북한체제의 변화: 전시생산체제와 지방통치체제를 중심으로」, 한국전쟁연구회(편), 『탈냉전시대 한국전쟁의 재조명』, 서울: 백산서당, 2000.

서주석, 「한국의 국가체제 형성 과정」, 서울대학교 박사학위논문(1995).

신병식, 「한국전쟁과 북한사회주의체제 이행과정」, 경남대학교 극동문제연구소(편), 『한국전쟁과 북한사회주의체제건설』, 서울: 경남대학교 출판부, 1992.

신복룡, 「한국전쟁의 휴전」, 한국정치외교사학회(편), 『한국전쟁과 휴전체제』, 서울: 집문당, 1998.

심영희, 「푸코의 담론권력과 사회통제」, 심영희 · 전병재(공편), 『사회통제의 이론과 현실』, 서울: 나남출판, 2000.

연성진, 「사회통제이론의 흐름」, 심영희 · 전병재(공편), 『사회통제의 이론과 현실』, 서울: 나남출판, 2000.

오기완, 「북한의 「천리마운동」」, 공산권연구실(편), 『북한 공산화과정 연구』, 서울: 고려대학교 출판부, 1972.

윤대규 · 김동한, 「조선민주주의 인민공화국의 정부조직과 법제」, 『북한체제의 수립과정』, 서울: 경남대학교 출판부, 1991.

이상면, 「한국전쟁과 휴전의 당사자 문제」, 『국제법학회논총』 제52권, 2호(2007).

이성로, 「북한 사회불평등구조의 성격과 심화과정」, 중앙대학교 박사학위논문(2006).

이승만, 「더 무서운 전쟁의 서곡이 될 어떠한 평화 제안도 수락치 않는다(1951. 6.27)」, 『남북한 통일방안의 전개와 수렴』, 서울: 돌베개, 2001.

이승목, 「북한 집단주의의 형성 및 변천에 관한 연구」, 동국대학교 박사학위논문(2005).

이승일, 「북한의 국토 및 도시공간구조 현황과 과제」, 대한토목학회(편), 『북한의 도시 및 지역개발』, 서울: 보성각, 2009.

이태섭, 「북한의 집단주의적 발전전략과 수령체계의 확립」, 서울대학교 박사학위논문(2000).

이학립, 「북한의 범죄행태 연구에 대한 이론적 검토: 사회통제이론과 합리적 범죄선택이론을 중심으로」, 『한국동북아논총』 제63호(2012).

이현희, 「고프만의 「수용서(Asylums)」와 사회통제」, 『東國社會硏究』 제4권(1995).

임동우, 「사회주의 도시의 교훈」, 임동우 · 라파엘 루나(편), 『북한 도시 읽기』, 서울: 담디, 2014.

임재학, 「북한의 사회통제력과 산림황폐화」, 『사회과학 담론과 정책』 제4권 1호(2011).

정상돈, 「조선농업근로자동맹」, 『조선로동당의 외곽단체』, 서울: 한울, 2004.

정성장, 「김일성사회주의청년동맹」, 『조선로동당의 외곽단체』, 서울: 한울, 2004.
정은미, 「북한의 국가중심적 집단농업과 농민 사경제의 관계에 관한 연구」, 서울대학교 박사학위논문(2006).
정일영, 「북한의 쇠퇴에 따른 구성원의 대응과 회복 가능성 분석」, 『통일연구』 제15권 제1호(2011).
정일영, 「공장관리체제를 통해 본 북한사회의 변화: 당비서－지배인－노동자 삼각관계의 변화를 중심으로」, 『통일연구』 제17권 제1호(2013).
정일영, 「북한에서 민족주의 담론의 형성과 전개」, 『민족연구』 제56권(2013).
정일영, 「한국전쟁의 종결에 관한 연구: 휴전협상의 지연과 협정체결의 요인 분석」, 『현대북한연구』 제16권 2호(2013).
정일영, 「북한에서 '도시통제체제'의 형성」, 북한연구학회 춘계학술회의(2017.4.17).
조은희, 「북한의 상징적 공간과 국가의례」, 임동우 · 라파엘 루나(편), 『북한 도시 읽기』, 서울: 담디, 2014.
차문석, 「사회주의 국가의 노동정책: 소련 · 중국 · 북한의 생산성의 정치」, 성균관대학교 박사학위논문(1999).
최응렬 · 이규하, 「북한 인민보안부의 사회통제에 대한 연구」, 『사회과학연구』 제19권 제1호(2012).
한성훈, 「한국전쟁과 북한 국민형성: 동원, 학살, 규율과 전쟁의 미시적 분석」, 연세대학교 박사학위논문(2010).
한인섭, 「북한 형법의 변천과 현재」, 『북한정권 60년: 북한법의 변천과 전망 및 과제 학술대회자료집』, 서울: 북한법연구회(2009).
함택영, 「북한의 군사정책과 군사력」, 박재규(편), 『새로운 북한 읽기를 위하여』, 서울: 법문사, 2009.
홍민, 「북한의 사회주의 도덕경제와 마을체제」, 동국대학교 박사학위논문(2006).

칼 맑스 · 프리드리히 엥겔스, 「공산주의당 선언」, 『칼 맑스 · 프리드리히 엥겔스 저작 선집 1』, 서울: 박종철출판사, 1992.
칼 맑스, 「루이보나빠르뜨의 브뤼메르 18일」, 『칼 맑스 · 프리드리히 엥겔스 저작 선집 2』, 서울: 박종철출판사, 1992.
칼 맑스 · 프리드리히 엥겔스, 「고타강령 초안 비판」, 『칼 맑스 · 프리드리히 엥겔스 저작 선집 4』, 서울: 박종철출판사, 1992.

3. 북한 문헌

강룡수, 「의용군 모집사업에 대한 긴급지시(1950.8.4.)」, 『북한관계사료집 11』, 과천: 국사편찬위원회, 1991.

공민증게, 『공작일지』(National Archives and Research Administration, RG242, SA2009 Ⅱ, Box 10 Item# 119, 1950).

교육도서출판사, 『해방후 10년간의 공화국 인민교육의 발전』, 평양: 교육도서출판사, 1955.

국사편찬위원회(편), 『북한관계사료집』, 과천: 국사편찬위원회, 1982~1998.

김두봉, 「북조선 민주선거의 총결과 노동당의 당면과업(『로동신문』 1946.11.30)」, 『북한관계사료집 34』, 과천: 국사편찬위원회, 2000.

김일성, 「전체작가예술가들에게 주신 김일성장군의 말씀」, 『조선문학』, 1951년 6월호, 평양: 문학예술사, 1951.

김일성, 「조선로동당 중앙위원회 제5차 전원회의에서 진술한 보고(1952.12.15)」, 조선중앙통신사(편) 『조선중앙년감 1953년』, 평양: 조선중앙통신사, 1953.

김일성, 「1949년을 맞이하면서 전국인민에게 보내는 신년사(1949.1.1)」, 『김일성선집 2』, 평양: 조선로동당출판사, 1954.

김일성, 「1950년 10월 11일 방송연설(1950.10.11)」, 『김일성선집 3』, 평양: 조선로동당출판사, 1954.

김일성, 「1950년 7월 8일 방송연설(1950.7.8)」, 『김일성선집 3』, 평양: 조선로동당출판사, 1954.

김일성, 「국제년맹 조사단접견 석상에서 진술한 담화(1951.5.27)」, 『김일성선집 3』, 평양: 조선로동당출판사, 1954.

김일성, 「내무기관 내 간부들과 정치일꾼들 앞에서 진술한 연설(1952.4.4.)」, 『김일성선집 4』, 평양: 조선로동당출판사, 1954.

김일성, 「남조선 반동적 단독정부 선거를 반대하며 조선의 통일과 자주독립을 위하여」, 『김일성선집 2』, 평양: 조선로동당출판사, 1954.

김일성, 「당 단체들의 조직사업에 있어서 몇 가지 결점들에 대하여(조선로동당 중앙위원회 제4차 전원회의에서 한 보고, 1951.11.1.)」, 『김일성선집 3』, 평양: 조선로동당출판사, 1954.

김일성, 「로동당의 조직적 사상적 강화는 우리 승리의 기초(1952.12.15.)」, 『김일성선집 4』, 평양: 조선로동당출판사, 1954.
김일성, 「로동당의 조직적 사상적 강화는 우리승리의 기초(조선로동당 중앙위원회 제5차 전원회의에서 한 보고, 1951.12.15.)」, 『김일성 선집 4』, 평양: 조선로동당출판사, 1954.
김일성, 「모든 힘을 전쟁의 승리를 위하여(1950.6.26.)」, 『김일성선집 3』, 평양: 조선로동당출판사, 1954.
김일성, 「북조선 정치정세(1948.4.21)」, 『김일성선집 2』, 평양: 조선로동당출판사, 1954.
김일성, 「우리조국 수도 서울해방에 제하여 전국 동포들과 인민군대와 서울 시민들에게 보내는 축하(1950.6.28)」, 『김일성선집 3』, 평양: 조선로동당출판사, 1954.
김일성, 「전체 조선 인민들에게 호소한 방송연설(1950.6.26)」, 『김일성선집 3』, 평양: 조선로동당출판사, 1954.
김일성, 「조선민주주의인민공화국 정부의 정강(1948.9.10)」, 『김일성선집 2』, 평양: 조선로동당출판사, 1954.
김일성, 「조선민주주의인민공화국 창건 2주년에 제하여 진술한 방송 연설(1950.9.11)」, 『김일성선집 3』, 평양: 조선로동당출판사, 1954.
김일성, 「조선인민군 창건에 즈음하여(1948.2.8.)」, 『김일성선집 1』, 평양: 조선로동당출판사, 1954.
김일성, 「조선최고인민회의 선거를 앞두고(1948.8.23)」, 『김일성선집 2』, 평양: 조선로동당출판사, 1954.
김일성, 「통일적 민주주의 독립국가 건설을 위한 조선인민의 투쟁(1950.5)」, 『김일성선집 2』, 평양: 조선로동당출판사, 1954.
김일성, 「포고문(1951.2.24)」, 『김일성선집 3』, 평양: 조선로동당출판사, 1954.
김일성, 「프로레타리아 국제주의와 조선인민의 투쟁(1952.4.25.)」, 『김일성선집 4』, 평양: 조선로동당출판사, 1954.
김일성, 「현 정세와 당면 과업(1950.12.21)」, 『김일성선집 3』, 평양: 조선로동당출판사, 1954.
김일성, 「전국 건축가 및 건설자 회의에서 진술한 연설(1956.1.30)」, 『전후인민경제복구발전을 위하여』, 평양: 조선로동당출판사, 1956.

김일성, 「정전협정체결과 관련하여 전후 인민경제복구발전을 위한 투쟁과 당의 금후 임무(1953.8.5)」, 『전후인민경제복구발전을 위하여』, 평양: 조선로동당출판사, 1956.
김일성, 「20개조정강(1946.3.23)」, 『김일성선집 1』, 평양: 조선로동당출판사, 1960.
김일성, 「모든 힘을 조국의 통일 · 독립과 공화국 북반부에서의 사회주의 건설을 위하여: 우리 혁명의 성격과 과업에 관한 테제」, 『김일성선집 4』, 평양: 조선로동당출판사, 1960.
김일성, 「쏘련을 선두로 하는 사회주의 진영의 위대한 통일과 국제공산주의 운동의 새로운 단계(1957.12.5.)」, 『김일성선집 5』, 평양: 조선로동당출판사, 1960.
김일성, 「조선공산당 북조선 조직위원회 제3차 확대집행위원회 보고」, 『김일성선집 1』, 평양: 조선로동당출판사, 1960.
김일성, 「형제국가 인민들의 고귀한 국제주의적 원조(최고인민회의 제1기 제6차 회의에서 한 보고, 1953.12.20.)」, 『김일성선집 4』, 평양: 조선로동당출판사, 1960.
김일성, 「조선인민군은 항일무장투쟁의 계승자이다(1958.2.8)」, 『김일성선집 5』, 평양: 조선로동당출판사, 1963.
김일성, 『사회주의 경제관리 문제에 대하여 1』, 평양: 조선로동당출판사, 1970.
김일성, 「교육부문 앞에 나서는 몇 가지 과업에 대하여(1946.3.6)」, 『김일성저작집 2』, 평양: 조선로동당출판사, 1979.
김일성, 「새 조국 건설과 민족통일전선에 대하여(1945.10.13)」, 『김일성저작집 1』, 평양: 조선로동당출판사, 1979.
김일성, 「친일파, 민족반역자에 대한 규정(1946.3.7)」, 『김일성저작집 2』, 평양: 조선로동당출판사, 1979.
김일성, 「민족반역자들의 물산등록 및 처분에 관한 결정서(1951.3.3)」, 『북한관계사료집 7』, 과천: 국사편찬위원회, 1989.
김일성, 「당면한 군사정치적과업에 대하여(1950.7.23)」, 『김일성전집 12』, 평양: 조선로동당출판사, 1995.
김일성, 「모든 력량을 전쟁승리에로 총동원할 데 대하여(1950.6.26.)」, 『김일성전집 12』, 평양: 조선로동당출판사, 1995.
김일성, 「후방을 강화하기 위한 당단체들의 과업에 대하여(1950.7.24.)」, 『김일성전집 12』, 평양: 조선로동당출판사, 1995.

김일성, 「공화국 남반부 지역에 로동법령을 실시함에 관한 결정서(1950.8.18)」, 『북한관계사료집 23』, 과천: 국사편찬위원회, 1996.
김일성, 「공화국 남반부 지역에서의 토지개혁 실시정형에 관한 결정서(내각 결정 제168호, 1950.9.29)」, 『북한관계사료집 23』, 과천: 국사편찬위원회, 1996.
김일성, 「군인 적령자에 대한 군사증 교부에 관하여(군사위원회 명령 제35호, 1950.7.30)」, 『북한관계사료집 23』, 과천: 국사편찬위원회, 1996.
김일성, 「미제국주의자와 그 주구 리승만 매국도당들과 결탁하여 그들의 편으로 도주한 민족반역자들의 물산을 등록하며 이를 처분할데 관한 결정서(내각 결정 제190호, 1951.1.5)」, 『북한관계사료집 24』, 과천: 국사편찬위원회, 1996.
김일성, 「인민 속에서 대중적 정치사업 제고를 위한 유급 민주선전실장제도 확립에 관한 결정서(내각 결정 제224호, 1951.3.12)」, 『북한관계사료집 24』, 과천: 국사편찬위원회, 1996.
김일성, 「전시 의무로력 동원에 관하여(군사위원회 결정 제23호, 1950.7.26)」, 『북한관계사료집 23』, 과천: 국사편찬위원회, 1996.
김일성, 「조국해방전쟁에서 희생된 인민군장병 및 빨찌산들과 애국렬사들의 유자녀학원 설치에 관한 결정서(내각 결정 제192호, 1951.1.13)」, 『북한관계사료집 24』, 과천: 국사편찬위원회, 1996.
김일성, 「근로대중의 통일적 당의 창건을 위하여(1946.8.29)」, 『북한문헌연구: 문헌과 해제 I』, 서울: 경남대학교 출판부, 2004.
김일성, 「북조선로동당 제2차 대회에서 한 중앙위원회 사업 총화 보고(1948.3.28)」, 『북한문헌연구: 문헌과 해제 I』, 서울: 경남대학교 출판부, 2004.
김일성, 「사상사업에 있어서 교조주의와 형식주의를 퇴치하고 주체를 확립할 데 대하여(1955.12.28)」, 서대숙(편), 『북한문헌연구: 문헌과 해제 Ⅲ』, 서울: 경남대학교 출판부, 2004.
김일성, 「조선로동당 제3차 대회에서 한 중앙위원회 사업총결 보고(1956.4.23.)」, 서대숙(편), 『북한문헌연구: 문헌과 해제 I』, 서울: 경남대학교 출판부, 2004.
김찬식, 「자수청원서」, 국사편찬위원회(편), 『북한관계사료집 Ⅸ』, 서울: 국사편찬위원회, 1990.
김창호, 『조선교육사 3』, 평양: 사회과학출판사, 1990.
남상호, 「군중심판 받은 자들의 감시투쟁 강화에 대하여(1951.6.26)」, 국사편찬위원회(편), 『북한관계사료집 ⅩⅥ』, 과천: 국사편찬위원회, 1993.

남상호, 「몰수물품 처리에 대하여(1951.1.25)」, 국사편찬위원회(편), 『북한관계사료집 XVI』, 과천: 국사편찬위원회, 1993.
남상호, 「반동숙청사업 정형에 대하여(1951.2.23)」, 국사편찬위원회(편), 『북한관계사료집 XVI』, 과천: 국사편찬위원회, 1993.
남상호, 「비적토벌 정형보고에 대하여(1951.2.10)」, 국사편찬위원회(편), 『북한관계사료집 XVI』, 과천: 국사편찬위원회, 1993.
남상호, 「요감시사업 재강화 보강에 대하여(1951.4.10)」, 국사편찬위원회(편), 『북한관계사료집 XVI』, 과천: 국사편찬위원회, 1993.
당중앙정치위원회, 「농촌에서의 당 정치교양사업 및 군중문화사업 정형과 그의 개선방침에 관하여(1952.8.3)」, 국사편찬위원회(편), 『북한관계사료집 29』, 과천: 국사편찬위원회, 1998.
로병훈, 「로동에 대한 공산주의적 태도」, 『근로자』 1959년 1월(1959).
리권무, 『영광스런 조선인민군』, 평양: 조선로동당출판사, 1958.
리재도, 「공화국 재판 립법의 발전」, 안우형(편), 『우리나라 법의 발전』, 평양: 국립출판사, 1960.
박동철, 「농민독본(토지개혁)」, 『북한관계사료집 XI』, 과천: 국사편찬위원회, 1991
박일우, 「간첩분자를 체포한 내무원 및 자기대원 정보공작원에게 표창 및 상금수여에 대하여(1950.9.1)」, 『북한관계사료집 IX』, 과천: 국사편찬위원회, 1990.
박창옥, 「현단계에 있어서 대중정치사업의 강화」, 『근로자』 1951년 2월(1951).
박헌영, 「군중심판회에 관한 규정 시행요강에 관하여(내각 지시 제657호, 1951.3.24)」, 『북한관계사료집 24』, 과천: 국사편찬위원회, 1996.
방학세, 「사건취급 처리에 대한 지시(1950.11.19)」, 국사편찬위원회(편), 『북한관계사료집 XVI』, 과천: 국사편찬위원회, 1993.
방학세, 「반동분자 취급 처리에 대하여(1950.11.23)」, 국사편찬위원회(편), 『북한관계사료집 XVI』, 과천: 국사편찬위원회, 1993.
박효삼, 「포고문(1950.7.16.)」, 『빨치산자료집 6』, 춘천: 한림대 아시아문화연구소, 1996.
사회과학원 역사연구소, 『조선전사』, 평양: 과학, 백과사전출판사, 1981.
사회과학출판사(편) 『영도체계: 주체사상총서 9』, 서울: 지평, 1989.
사회과학출판사, 『조선해방전쟁 시기 발현된 후방인민들의 혁명적 생활기풍』, 평양: 사회과학출판사, 1976.

송국현,『우리 민족끼리』, 평양: 평양출판사, 2002.

시흥군 내무서 동면분주소장,『의용군 적년자 명단: 신림리, 안양리, 시흥리』(National Archives and Research Administration, RG242, SA2010, Box 856, Item# 47.12).

심현상,『조선형법해설』, 평양: 국립출판사, 1957.

안주군 정치보위부,『심사관계서류철』(National Archives and Research Administration, RG242, SA2010, Box 874-2, Item# 111, 1950).

안철,「건국사상총동원운동으로 새 조국 건설의 초행길을 열어나간 위대한 영도」,『력사과학』 2호(1995).

우천면부주소,『감철관계집』(National Archives and Research Administration, RG242, SA2011, Box 1067, Item# 32, 1950.7.15.).

인천시 정치보위부,『즉결처분자』(National Archives and Research Administration, RG242, SA2011, Box 1082, Item# 9-39, 1950.8.1.).

장종엽,『조국해방전쟁의 승리를 위한 조선인민의 투쟁』, 평양: 조선로동당출판사, 1957.

전국농맹 서면위원회,『보고서철』(National Archives and Research Administration, RG242, SA2012, Box 1150 Item# 4-126, 1950).

전국직업동맹전국평의회,「선전사업의 정상화추진에 관한 계획」, 국사편찬위원회(편),『북한관계사료집 Ⅹ』, 서울: 국사편찬위원회, 1990.

전회림,「단속통계표(1950.8.26)」, 국사편찬위원회(편),『북한관계사료집 ⅩⅥ』, 과천: 국사편찬위원회, 1993.

전회림,「상부지시문 집행할데 대한 지시(1950.9.7)」, 국사편찬위원회(편),『북한관계사료집 ⅩⅥ』, 과천: 국사편찬위원회, 1993.

전회림,「월북자단속사업 강화에 대하여(1950.9.16)」, 국사편찬위원회(편),『북한관계사료집 ⅩⅥ』, 과천: 국사편찬위원회, 1993.

정동파출소,『반동분자 및 월람자 명단』(National Archives and Research Administration, RG242, SA2010, Box 911, Item# 105, 1950).

정일룡,「기업소에서의 로동규률과 유일관리제 강화를 위하여(1950.1)」,『북한관계사료집 39』, 과천: 국사편찬위원회, 2003.

제315군부대 문화부,『성분지시분철』(National Archives and Research Administration, RG 242, SA 2006, Item# 15, 1950).

조림행, 『조선가족법』, 평양: 교육도서출판사, 1958.
조몽우, 「공화국로동법의 발전」, 안우형(편), 『우리나라 법의 발전』, 평양: 국립출판사, 1960.
조선공산당 청진시위원회, 「당의 생활(1946.4.10)」, 『북한관계 사료집 Ⅰ』, 서울: 국사편찬위원회, 1982.
조선로동당출판사(편), 『사회주의적 애국주의에 대하여』, 평양: 조선로동당출판사, 1958.
조선로동당출판사(편), 『청산리 교시와 사회주의 경제 건설』, 평양: 조선로동당출판사, 1962.
조선로동당출판사, 『조선로동당력사교재』, 평양: 조선로동당출판사, 1964.
조선민주주의인민공화국 과학원 조선어 및 조선문화연구소, 『조선어소사전』, 평양: 조선민주주의인민공화국 과학원, 1956.
조선민주주의인민공화국 군사위원회 군사동원국, 『군사동원에 관한 규정세측』(National Archives and Research Administration, RG 242, SA 2009II, Item# 73, 1950.8).
조선민주주의인민공화국 군사위원회, 「인민의용군을 조직할 데 대하여(1950.7.1.)」, 『김일성 전집 12』, 평양: 조선로동당출판사, 1995.
조선민주주의인민공화국 군사위원회, 『실무요강』(National Archives and Research Administration, RG 242, SA 2009II, Item# 146, 1950.8).
조선민주주의인민공화국 문화선전성, 『남반부각도(서울시) 문화선전사업규정』(National Archives and Research Administration, RG 242, SA 2010, Item# 42, 1950.8.1.).
조선민주주의인민공화국 사회과학원 언어학연구소, 『현대조선말사전』, 평양: 사회과학출판사, 1968.
조선민주청년동맹 서면위원회, 『보고서철』(National Archives and Research Administration, RG242, Box 1150 Item# 4-132, 1950).
조선중앙통신사(편), 『조선중앙년감 1949년』, 평양: 조선민보사, 1949.
조선중앙통신사(편), 『조선중앙년감 1950년』, 평양: 조선민보사, 1950.
조선중앙통신사(편), 『조선중앙년감 1951~1952년』, 평양: 조선민보사, 1952.
조선중앙통신사(편), 『해방후 10년 일지』, 평양: 조선중앙통신사, 1955.
직업동맹출판사, 『천리마 작업반 운동』, 평양: 직업동맹출판사, 1964.

최상울, 「전시에 있어서 특수범죄와의 투쟁에 대하여(1950.7.30.)」, 국사편찬위원회(편), 『북한관계사료집 XVI』, 과천: 국사편찬위원회, 1993.

최상울, 「서울시민 전출사업에 관한 협조사에 대하여(1950.9.5.)」, 『북한관계사료집 16』, 과천: 국사편찬위원회, 1995.

최용진, 「포고문(1950.7.9)」, 『빨치산자료집 6』, 한림대 아시아문화연구소, 1996.

최중극, 『위대한 조국해방 전쟁과 전시경제』, 평양: 사회과학출판사, 1992.

최창우, 「정치정세에 대한 보고(1950.8.11)」, 국사편찬위원회(편), 『북한관계사료집 XVI』, 과천: 국사편찬위원회, 1993.

한락규, 「공화국 형사입법의 발전」, 안우형(편), 『우리나라 법의 발전』, 평양: 국립출판사, 1960.

한병혁, 「민족반역자의 재산몰수에 대하여(1951.1.18)」, 국사편찬위원회(편), 『북한관계사료집 XVI』, 과천: 국사편찬위원회, 1993.

한상순, 「남반부 해방지역에 있어서의 당면한 일반 검찰사업에 대하여(1950.7.25)」, 국사편찬위원회(편), 『북한관계사료집 IX』, 서울: 국사편찬위원회, 1990.

해방일보, 「박렬 · 강락원 · 정백 등 무려 1만 1백여 명 죄과 뉘우치고 속속 자수(1950.7.15)」, 『빨치산자료집 6』, 춘천: 한림대 아시아문화연구소, 1996.

해주시인민재판소, 「판결(1948.8.13)」, 『북한관계 사료집 IX』, 서울: 국사편찬위원회, 1984.

National Archives and Research Administration, 『정치보위사업지도서』(RG242, SA2010, Box 893, Item# 33).

4. 외국 문헌

Acheson, Dean, *The Korean War,* New York: W · W · Norton & Company, 1971.

Appleman, Roy, *United States Army in the Korean war: South to the Naktong, North to the Yalu*, Washington: Office of the Chief of Military History Department of the Army, 1960.

Berndt, Ronald, *Excess and Restraint*, Chicago: University of Chicago Press, 1962.

Clark, Eugene Franklin, *The Secrets of Inchon: The Untold Story of the most Daring Covert Mission of the Korean War*, New York: Putnam's, 2002

Clausewitz, Carl Von, *On War,* Harmondsworth: Penguin, 1981.

Cohen, Stanley, *Deviance and Control*, Englewood Cliffs, N.J.: Prentice-Hall, 1966.

Cohen, Stanley and Scull, Andrew, "Introduction: Social Control in History and Sociology," Stanley Cohen and Andrew Scull(eds.), *Social Control and State*, New York: St. Martin's Press, 1983.

Cumings, Bruce, *The Korean War: A History*, New York: Modern Library, 2010.

Drumright, Evorott, "communist atrocities against Korean civilians in Seoul," 국사편찬위원회(편), 『남북한관계사료집 12』, 과천: 국사편찬위원회, 1995.

Durkheim, Émile, *The Rules of Sociological Method*, Solovay and Mueleer(Trans), New York: Free Press, 1964.

Ecker, Richard, *Korean Battle Chronology: Unit-by-Unit United States Casualty Figures and Medal of Honor Citations, North Carolina*: McFarland & Co., 2010.

Farrar, Peter, "A Pause for Peasce Negotications: The British Buffer Zone Plan of Nobember 1950," *The Korean War In History*, James Cotton and Ian Neary(eds.), Manchester: Manchester Univ. Press, 1989.

Fearon, James, "Rationalist explanations for war," *International Organization*, Vol.49, No.3(1995).

Ferrante, Joan, *Sociology: A Global Perspective*, Belmont: Wadsworth, 2006.

Foucault, Michel, *Discipline and Punish: The Birth of the Prison*. New York: Vintage Books, 1977.

Foucault, Michel, "Space, knowledge, and power," Paul Labinow(ed), *The Foucault Reader*, New York: Pantheon Books, 1984.

Friedrich, Carl Joachim and Brzezinski, Zbigniew, *Totalitarian Dictatorship and Autocracy*, Cambridge: Harvard University Press, 1965.

Goffman, Erving, *Asylums: Essays on the Social Situation of Mental Patients and other Inmates*, New York: Boubleday & Co. Inc, 1961.

Goulden, Joseph, *Korea: The Untold Story of the War*, New York: Times Books, 1982.

Hall, Peter, *Governing the Economy: The Politics of State Intervention in Britain and France*. New York: Oxford University Press, 1986.

Hirschman, Albert. *Exit, Voice and Loyalty: Responses to Decline in Firms, Organizations, and State*. Cambridge: Harvard UP, 1970.

Hirschman, Albert. "Exit, Voice and the State," *World Politics 31-1*(1978).

Hu, Wanli, *Mao's American Strategy and the Korean War*, Saarbrücken: VDM Verlag Dr. Müller, 2008.

Kim, Chum-Kon, *The Korean War*, Seoul: KwangMyoung Publishing Company, 1973.

Linz, Juan, *Totalitarianism and Authoritarian Regimes*, Boulder: Lynne Rienner Publishers, 2000.

Ludendorff, Erich, *The Nation at War,* London: Hutchinson and Co, 1936.

Maciver, Robert and Page, Charles, *Sociology: The Strudy of Human Relations*, New York: Alfred A. Knopf, Inc., 1969.

Mayer, John, "Notes towards a Working Definition of Social Control in Historical Analysis," Stanley Cohen and Andrew Scull(eds.), *Social Control and the State,* New York: St. Martin's Press, 1983.

Mead, George, *Mind, Self, and Society from the Standpoint of a Social Behaviorist*, Chicago: University of Chicago Press, 1962.

Mearsheimer, John, *The Tragedy of Great Power Politics,* New York: W. W. Norton, 2003.

Parsons, Talcott, *The Social System*, New York: Free Press, 1951.

Pfohl, Stephen, *Image of Deviance and Social Control; A Sociological History,* New York: McCraw-Hill, 1985.

Quinney, Richard, *Criminal Justice in America: A Critical Understanding*, Boston: Little, Brown & Co. 1974.

Shaw, Victor, *Social Control in China: a Study of Chinese Work Units*, Wesport Conn: Praeger, 1996.

Steinmo, Sven, Thelen, Kathleen, and Lognstereth, Frank(eds.). *Structuring Politics: Historical Institutionalism in Comparative Analysis*, 1-32. New York: Cambridge University Press(1992).

Tilly, Charles *Coercion, Capital, and European States*, Cambridge, Mass: B. Blackwell, 1992.

Troyer, Ronald and Clark, John, *Social control in the People's Republic of China*, New York: Praeger, 1989.

Turk, Austin, *Criminality and Legan Order*, Chicago: Rand McNally, 1969.

Turner, Jonathan, *The Structure of Sociological Theory*, Belmont: Wadsworth, 1991.

U.S. Department of State, *Foreign Relations of the United States(FRUS),* 1950, Vol.VII; Korea, Washington, D.C.: United States Government Printing Office, 1976.

5. 인터넷 자료

통일부 남북회담본부, 「국제연합군 총사령관을 일방으로 하고 조선인민군 최고사령관 및 중국인민지원군 사령관을 다른 일방으로 하는 한국 군사정전에 관한 협정」, https://dialogue.unikorea.go.kr/ukd/ca/usrtalkmanage/View.do

Dean Acheson, "Speech on the Far East," http://teachingamericanhistory.org/library/document/speech-on-the-far-east

정일영

2014년 성균관대학교에서 정치학 박사학위를 취득하고 현재 IBK기업은행 북한경제연구센터에서 연구위원으로 재직 중이다.

서강대학교 사회과학연구소 책임연구원, 성균관대학교 동아시아학술원 선임연구원, 사단법인 한반도평화포럼 연구원으로 재직하였으며, 현재 통일부 통일정책 자문위원, 천주교 서울대교구 평화나눔연구소 연구위원, 북한연구학회 대외협력이사로 활동하고 있다.

대표 저서로는 『북한의 변화와 한반도 미래』(편저), 『남북한 통합연구 분석: 정치, 행정, 법제, 외교 · 안보』(공저), 『통일 후 남북한경제 한시분리운영방안: 국유자산 분야』(공저) 등이 있으며, 학술논문으로 「남북합의서의 법제화 방안 연구」, 「개성공단의 안정적 운영과 법치경제의 모색」, 「북한에서 전시(展示)적 도시의 건설과 한계에 관한 연구」, 「한국전쟁 전후 북한 사회계층의 변화」 등이 있다.